能源资本化
及其市场支撑体系
建设研究

Research on Energy Capitalization
and Market Support System Construction

冯 涛 等 / 著

社会科学文献出版社
SOCIAL SCIENCES ACADEMIC PRESS (CHINA)

自　序

　　资源资本化是中国要素市场化改革面临的一个重大课题，对于提高资源配置的市场化程度有着重大影响。中国长期以来实行的是资源资产完全国有化的制度安排，在计划经济时代国家把资源的勘探开发通过无偿划拨方式交由国有企业承担，造成了资源开发的低效率和普遍亏损。改革开放后，随着市场主体多元化和利益多元化，中国在资源资产开发领域相继出台了一系列改革性的法规。从国家所有权派生出探矿权、采矿权及转让权等权益，在很大程度上发挥了促进中国资源资产市场化开发、提高资源资产开发效率的积极作用。然而，中国在能源资源实际开发利用过程中存在以下问题：一是资源权益的分配和定价机制带有浓厚的行政色彩，资源开发的高度垄断问题没有从根本上解决，造成开发中的寻租与腐败问题相当严重；二是资源过度开发、野蛮开发造成的资源浪费、生态问题日益严重；三是资源资产定价机制的缺失导致资源的资产价值未能得到充分体现。这表明中国能源资源资本化（以下简称能源资本化）发展程度极为有限，造成上述问题的根本原因在于缺乏完善的法律体系和制度规则。构建能源资本化市场体系，正是利用现代金融手段和工具探索能源资源的市场化定价机制，从根本上解决中国长期面临的能源供求矛盾、促进中国实现绿色经济发展目标的关键举措。因此，推进资源资产要素市场化改革，进而实现资源资产资本化是中国在深化要素市场化改革中必须解决的一个重大课题。

　　本书将在梳理相关文献的基础上，以产权理论为切入点，以资产定价理论为主线，结合中国的实际状况，深入挖掘能源资本化的内部价值，完善能源资本化的定价方法，设计能源资本化及其衍生品的实现途径，并构建相应的市场支撑体系，为中国能源资源及其他资源资本化的顺利开展提供理论、方法和操作依据。具体的研究逻辑和思路如下。首先，利用定量测度和实证分析等方法考察了中国能源资本化市场体系发展的实际效果，厘清中国与主要发达国家在能源效率水平方面存在的差距，探寻能源金融市场发展对中国能源效率提升的经验性证据以及在"碳达峰"和"碳中和"目标导向下中国能源消费转型的演变特征及其对能源资本化市场支撑体系构建的内在要求。在此现实背景下，沿着"资源—资产—资本"的逻辑，论证了能源从资源到资产，再从资产到资本的路径。通过对国内外能源产权制度体系的对比分析，深入剖析了中国能源产权体系中存在的问题及原因，揭示了现有能源资源产权体系的内在矛盾和制度缺失引发的资源浪费、权益分配不均衡、生态补偿责任缺失等问题，并从能源资源产权的所有权、探矿权、采矿权、转让权及派生的收益权、补偿权出发，提出了完善中国能源产权体系的基本框架。其次，在完善能源产权体系的基础上，结合国内外能源资本化过程中的价值发现和定价机制，重点以石油这一价格影响因素最多、因素间关系最复杂的能源资源品种为研究对象，对国际油价波动运行规律进行分析研究，并建立石油资本化指标评价体系，分析石油资本化、供需关系、美元、石油价格波动之间的关系，为中国能源衍生品的设计和价格体系的研究提供新方向和新思路。最后，围绕中国能源资本化市场体系建设过程中存在的具体问题，从产品体系、平台体系、市场运行机制体系入手，研究如何完善能源资本化市场支撑体系建设。

本书的创新性主要体现在以下三方面。

第一，提出了完善中国能源资源产权制度安排的原则、框架及具体路径，为提升能源资源开发和利用效率提供了制度基础。具体而言，本书从能源资源产权的所有权、探矿权、采矿权、转让权及派生的收益权、补偿权出发，系统地分析了如何完善中国能源资源产权制度体系。重点在于以下两个方面：一是分析如何解决现有能源资源产权体系中的所有权、探矿权、采矿权、转让权存在的问题；二是创新性地提出了权益分配机制和生态补偿机制，弥补了中国现有能源资源产权体系中有关权益分配和生态补偿的产权制度缺陷。在权益分配机制中，提出从完善能源资源的价格形成机制，建立财富合理转化机制、协调代际分配问题，深化资源税费改革、完善资源税费的分配机制三方面对能源资源的权益分配制度进行改革与完善；在生态补偿机制中，立足不同的利益主体视角，通过完善地方政府与中央政府资源收益共享机制、加大对资源所在地的补偿力度以及健全"资源－生态－社会发展"三位一体的补偿机制等路径，缓解中央政府与地方政府、当代人与后代人、资源输入地与资源输出地间的权益分配矛盾，实现企业、后代、资源所在地三方的收益，最大限度地发挥能源资源的经济效益和社会效益。上述问题的解决为推进中国能源资本化提供了坚实的理论基础。

第二，构建了能源资本化过程中的价值发现机制，为完善中国能源资源市场化定价机制、精准评估能源资产及其金融衍生品价值和最终实现能源资本化提供理论基础和实践保障。本书通过分析现有期权定价算法的优缺点以及倒向随机微分方程的基本特征，提出了一种新的解决期权定价问题的模型——基于时空离散的参数设置期权定价模型。首先，通过参数设置方案对期权定价模型的倒向随机微分方程形式进行转换；其次，根据时空离散化方法建立期权定价模型求解的时空网格结构；最后，使用优化的蒙特卡洛模拟方法和线性插值算法处理模型，得到本书提出的定价模型，为中国能源衍生品的设计和价格体系的研究提供新方向和新思路。

第三，从产品体系、平台体系、市场运行机制体系三个方面详细阐述了中国能源资本化市场体系构建的实施方案，为中国能源资本化的实现提供了具有可操作性的政策建议。具体来说，关于能源资本化产品体系，应当从能源期货产品的优化设计、能源期货期权产品的优化设计、能源资产证券化产品的优化设计三方面来进行建设。关于能源资本化平台体系，首先，建设好已有的能源资本化交易平台；其次，构建新的碳排放权交易平台、清洁能源交易平台、煤炭交易平台、天然气交易平台；最后，提升平台国际化程度，完善"一带一路"布局，加强金融科技（大数据、区块链、人工智能）应用，提升研发能力和服务能力。关于能源资本化市场运行机制体系，应该从完善股权市场交易机制、促进债权市场发育、完善评估机制、促进人民币在国际能源交易结算中的应用、完善法律制度、引入做市商制度、构建风险防范和预警机制、完善监管体制八个方面去建设。本书的研究成果将为中国能源资本化市场体系的建设和完善提供重要的支撑作用。

本书受到国家社会科学基金重点项目（15AZD013）的资助，由西安交通大学冯涛教授带领团队撰写完成。其中，冯涛教授负责本书的整体框架设计和核心理论观点的提炼，并负责统稿。全书共分为四篇，第一篇"中国能源资本化的效率评价和发展预测"主要由董嘉昌执笔；第二篇"中国能源资本化的产权体系及其制度结构"主要由长安大学马克思主义学院张美莎执笔；第三篇"能源资本化过程中的价值发现和定价机制"主要由傅斐执笔；第四篇"中国能源资本化的市场支撑体系建设"主要由吴茂光执笔，徐肇成参与了部分初稿内容的撰写。郭蕾、曾钰桐、黄金鸿、张琳、孙锐花、陈彦宇、孙小巧、李雅静等研究生多次参与了研究报告和书稿的文字校正工作。由于本书涉及内容颇广，错误之处在所难免，敬请读者批评指正。

冯　涛

2023 年 1 月

目　录

第三篇　能源资本化过程中的价值发现和定价机制

绪　论

一　研究背景和意义

（一）研究背景

资源资本化是中国要素市场化改革面临的一个重大课题，它对提高资源配置的市场化程度有着重大影响。长期以来，中国实行的是资源完全国有化的制度安排，中国《宪法》第 9 条规定，矿藏等自然资源，都属于国家所有，即全民所有。在计划经济时代，国家把资源勘探开发通过无偿划拨方式交由国有企业承担，造成了资源开发的低效率和企业的普遍亏损。改革开放后，随着市场主体多元化和利益多元化，中国在资源开发领域相继出台了一系列改革性的法规。1986 年出台的《矿产资源法》第 3 条规定，矿产资源属于国家所有。由国务院行使国家对矿产资源的所有权。地表或者地下的矿产资源的国家所有权，不因其所依附的土地的所有权或者使用权的不同而改变。2007 年出台的《能源法（征求意见稿）》第 31 条规定，能源矿藏、水能资源和海洋能资源属于国家所有，由国务院代表国家行使所有权，国务院可以授权有关部门或者省级人民政府具体负责所有权行使的管理工作。单位和个人按照有偿取得的原则，可以依法享有占有、使用和收益的权利，但不得损害国家的权益。这些法规，从国家所有权派生出了探矿权、采矿权及其转让权的权益体系，对促进中国资源市场化开发、提高资源开发效率带来了积极的影响。然而，中国在资源实际开发利用过程中存在以下问题：一是资源权益的分配和定价机制带有浓厚的行政色彩，资源开发的高度垄断问题没有从根本上解决，造成开发中的寻租与腐败问题；二是资源过度开发、野蛮开发造成的资源浪费、生态问题日益严重；三是资源定价机制的缺失导致资源的资产价值未能得到充分体现。这表明中国能源资本化的发展程度极为有限，造成上述问题的根本原因在于缺乏完善的法律体系和制度规则。长期以来中国能源产品定价受到政府管制，无法反映能源资源的真实供求状况，因而造成了能源开采和利用效率较低以及能源产业粗放式发展等问题。构建能源资本化市场体系，利用现代金融手段和工具探索能源资源的市场化定价机制，有助于加快能源产业的转型升级，提升能源资源的开采和利用效率，从根本上解决中国长期面临的能源供求矛盾，进而促进中国绿色经济发展目标的实现。

中国作为能源消耗大国，在能源储备和安全上面临巨大挑战，尤其是在当前美国遏制中国的背景下，中国能源安全问题面临着前所未有的挑战。为了缓解此问题，中国必须积极介入国际事务，保障稳定的能源供应，并充分利用"一带一路"倡议形成与沿线国家共同开发的共赢局面。要实现这一目标，中国必须借鉴国外成熟的能源资本化市场体系建设经验，进行完善的能源资本化制度安排。

中国的能源革命不断向纵深挺进，作为全球最大的能源消费国和生产国，中国同时也在积极推进全球能源绿色转型发展。党的十八大以来，政府为推进能源革命，构建清洁低碳、安全高效的能源体系做出了一系列重要的制度安排。2020年9月22日，习近平在第七十五届联合国大会一般性辩论上郑重宣布，"中国将提高国家自主贡献力度，采取更加有力的政策和措施，二氧化碳排放力争于2030年前达到峰值，努力争取2060年前实现碳中和"。中国当前仍处于工业化和城镇化进程中，经济发展和民生改善的任务还很重，并且能源结构偏煤、产业结构偏重，而从"碳达峰"到"碳中和"的时间比发达国家还缩短了一半左右，实现"碳达峰""碳中和"目标面临着巨大挑战。在此背景下，必须加快中国能源资本化进程，以提升能源利用效率、优化能源利用结构，为实现"碳达峰""碳中和"目标提供低碳技术路径。

国外能源资本化市场建立较早，体制机制相对成熟，相关研究也较为丰富。Prast和Lax（1983）首次系统描述了国际能源现货市场和期货市场的发展历史、成长经验以及失败教训，极大地引发了经济学界对能源交易市场的研究热情。Hart和Moore（1996）研究了能源交易市场不同治理模式的效率问题，通过对实行会员制的伦敦国际石油交易所和实行公司制的芝加哥期货交易所的市场效率比较，发现公司制的治理模式比会员制更为有效。Robert 和 Renato（1996）深入考察了 1970～1991 年世界主要能源交易市场的结构变化和交易机制变化，发现 1988 年之后能源期货市场价格发现机制的不断完善有效平抑了国际能源产品价格的变化，降低了能源供应对实体经济的冲击风险。Panagiotidis 和 Rutledge（2007）利用动态递归方法研究了英国石油和天然气市场的动态效率和影响因素。Mileva 和 Siegfried（2012）讨论了伦敦国际石油交易所的市场结构和交易机制，他们利用网络效应模型研究发现，多元化的交易货币设计和多层级的产品结构会大大提高能源交易市场的效率。

中国资源资本化市场发展迟缓，学术界并未对能源资本化的理论逻辑、定价机制、交易的组织构建和交易工具的应用等诸多问题进行深入探讨和系统研究，特别是对中国公有制度框架下能源资源产权的概念及派生属性的研究不够深入，对中国能源资源产权的客体、主体及权能体系，对中国能源资源产权配置、能源资产权益估价、能源商品价格波动、能源金融衍生品设计和定价等问题的研究还存在许多空白。蒋加强（2005）首先从安全性等四个角度分析了资源资本化的前提，然后从市场经济机制和体制两方面论述了资源资本化的条件，接着从区位因素等五个视角剖析了资源资本化的制约因素，最后从"深化改革，加快立法和制度建设进程，充分确立资本地位"等五个方面提出了资源资本化的实现路径。李国民（2005）通过考察中国农村资源使用的现状和农村土地资本化运作面临的主要问题，提出了现阶段中国农村资源资本化运作主要存在承包租赁等三种形式，剖析了影响农村资源资本化运作的思想认识问题等六大障碍因素，进而提出整体推进农村资源资本化运作的五项对策。段进朋、许道荣（2008）指出，由于中国在资源配置过程中存在产权主体单一且虚位、范围不明确、产权不完整，因而中国资源配置的市场化程度较低，资源定价不合理，以及资源利用效率低。因此，当前深化资源领域改革首先应探索资源公有权的不同实现形式，推动资源产权的多元化，完善资源产权体系，从而保障自然资源在开发和利用过程中实现经济过程和自然过程的有机统一，不断提升资源配置的社会效益和生态效益，进而利用资本化手段促进中国自然资源得到更有效率的保护、开发和利用。朱学义、戴新颖（2010）探讨了中国现阶段矿产资源管理体制改革中存在的四个主要问题，包括矿业权市场存在资金盲目流动现象等，然后从设立"发现权"及"开采权"、将征收的"资源税"改为"环境资源税"等方面提出了解决思路。王艳龙（2012）对中国西部地区的矿产资源资本化问题进行了深入探索，并从建立并完善矿业权交易机制及矿业资本市场机制、构建公平合理的矿产资源权益分配机制、建立资源生态保护机制、发展绿色环保开发方式等方面提出了资源资本化的保障体系建设建议。李因果、陈学法（2014）从土地、房产、人力、文化和生态等角度考察了农村资源资本化所带来的资源配置效应等四种效应，进而从农村土地制度、金融发展、文化习俗、生态环境和科技创新等角度剖析了中国农村资源资本化面临的主要障碍，据此提出了土地要素跨区统筹等一系列推进农村资源资本化的政府引导措施。吴志刚等（2009）从会计核算和权益归属角度研究了矿产资源的价值计量以及权益主体取得矿产资源资产的会计处理等问题。但已有研究较少关注矿产资源资本化的制度基础及相应的市场体系构建、资源资产定价和交易机制等问题，有待进一步研究。

资源资本化研究涵盖煤炭、石油、天然气等各类矿产资源和依附于土地资源上面的一系列自然资源，以及社会领域的人力资源、科技资源、文化资源等。本书研究的核心问题是如何将自然能源资源转化为资本。从"资源—资产—资本"的演化路径来看，能源资本化过程必然需要通过一定的产权制度安排来实现。能源资源转化为资本，首先需要建立所有权制度结构，并在此基础上分离出能源资源其他派生权力体系，明确能源的其他产权束。否则，能源资源的权益结构将处在模糊状态，不能得到有效分配，无法实现能源资源开发和利用效率的提升。其次，资产必须借助某种固定方式才能通过价值增值机制转化为资本，没有明确的定价机制，价格的风险预期不明确，就难以实现能源资产到资本的价值增值过程。最后，能源资本化的完成离不开交易平台的支持，只有市场化的交易平台才能为资本的转化提供所需的时间和空间。

基于此，本书将在梳理相关文献的基础上，以产权理论为切入点，以资产定价理论为主线，结合中国的实际状况，深入挖掘能源资本化的内部价值，完善能源资本化的定价方法，设计能源资本化及其衍生品的实现途径，并构建相应的市场支撑体系和政策保障，为中国能源资源及其他资源资本化的顺利开展提供理论和操作依据。

（二）研究意义

提出完善中国能源资源产权制度安排的原则、框架及具体路径，为提升能源资源开发和利用效率提供制度基础。本书探索了中国能源资本化市场体系构建过程中存在的理论和实践问题，丰富了能源资本化的产权理论基础，从理论层面破解了中国能源资本化发展滞后等重大问题。

构建实现能源资本化过程中的价值发现机制，设计合理的定价模型。本书将重点研究能源资源的定价机制及其资本化产品价值评估体系，厘清能源资产的价值构成及各构成要素之间的相互关系，为完善中国能源资源市场化定价机制、精准评估能源资产及其金融衍生品价格和最终实现能源资本化提供理论基础和实践保障。

提出能源资本化市场体系构建的实施方案。本书围绕中国能源资本化市场体系建设具体过程中存在的问题，分别从产品体系、平台体系、市场运行机制体系三个方面详细阐述了中国能源资本化市场体系构建的实施方案，为中国能源资本化的实现提供了具有可操作性的政策建议，研究成果将对中国能源资本化市场体系建设和完善提供重要的支撑作用。

二　本书内容和结构安排

目前，中国能源资本化面临着许多问题。首先，中国《宪法》规定，煤炭、石油、天然气等能源资源属于国家所有，这导致各方利益主体的产权边界模糊，利益矛盾突出。其次，能源资源要素的交易受到政府的严格管制，能源资源定价机制不健全，能源价格受经济波动的影响很大，这都在一定程度上削弱了中国在国际市场中对能源资源的定价权。加之中国能源资本化相应的市场交易体系建设还非常滞后，法律法规很不完善，这些问题对于一个大国经济体的影响是非常深远的。

本书在梳理相关文献的基础上，运用经济学的基本理论及现代分析工具对能源资本化的相关问题进行深入探讨。在具体研究内容上，首先，对中国能源资源的利用效率及其金融化效率进行实证分析，找出能源资本化对提升能源资源使用效率的经验性证据，以此为导向展开对能源资本化问题的研究；其次，依据产权理论和资产定价模型等现代分析工具，分别从制度结构视角和技术视角，透视中国能源资本化的现状和问题，通过理论和实证研究，探索构建中国能源资本化的产权制度基础，以及中国能源资源产权的客体、主体及权能结构；再次，深化对中国能源资本化过程中价值发现、定价机制、转化路径、产品设计及市场体系等一系列问题的研究，构建能源资源价值计量模型，进一步完善能源资产权益估值模型，对能源资产权益的评估方法进行比较分析；复次，探索能源资本化的实现途径，主要包括能源资源资产价值评估、定价以及金融衍生品的设计；最后，研究如何构建符合中国国情的能源资本化市场支撑体系、市场交易机制以及产品交易模式，破解中国能源资本化发展滞后、在国际能源市场上缺乏定价权等重大问题，促进中国能源安全及经济可持续发展。

基于上述研究内容之间的逻辑，本书将研究内容划分为以下四篇。

第一篇：中国能源资本化的效率评价和发展预测。首先，对中国能源效率进行定量评价，从经验层面回答中国能源金融市场发展对能源效率提升的促进作用，实证分析能源资本化对提升能源资源配置效率的作用；其次，结合中国能源消费总量和结构的变化情况，预测中国"十四五"时期能源消费的变化趋势，并围绕提升能源效率的目标，提出中国当前构建能源资本化市场体系所面临的主要问题，进而以这些问题为导向，展开对中国能源资本化问题的研究。

第二篇：中国能源资本化的产权体系及其制度结构。首先，从"资源—资产—资本"的演化逻辑出发，厘清能源资本化的路径选择机制；其次，通过对国外能源资源产权制度安排的比较研究，寻求符合中国国情的、可借鉴的能源资源产权制度安排，为完善中国能源资源产权制度提供借鉴和依据；再次，系统地分析中国能源资源产权制度安排的演变过程，深入剖析中国现有能源资源产权制度安排存在的问题；最后，在上述研究的基础上，提出完善中国能源资源产权制度安排的原则、框架及具体路径，为提升能源资源开发和利用效率提供制度基础。

第三篇：能源资本化过程中的价值发现和定价机制。第三篇重点以石油这一价格影响因素最多、因素间关系最复杂的能源资源品种为研究对象，对国际油价波动运行规律进行研究，分析原因、总结规律、借鉴经验，为中国应对复杂的石油价格波动，稳定能源价格波动给经济带来的不利影响提供指导意见。需要说明的是，本书在效率评价、发展预测、产权体系、制度结构、市场支撑体系等方面主要从煤炭、石油、天然气出发进行研究，之所以在价值发现和定价机制方面主要针对石油品种进行重点研究是出于以下几点考虑：一是受整体篇幅限制，不能研究所有能源品种的价值评估体系；二是当前石油仍是所有能源品种中消费量占比最高的能源品种，且短期内仍具有持续增长的态势；三是石油是所有能源品种中价格影响因素最多、因素间关系最复杂的能源品种，具有商品属性、金融属性、地缘政治属性等多重属性。因此，以石油这一具有极强代表性的能源品种为研究对象，深入剖析其价格变动的内在机制和定价机制，对研究整个能源市场的资本化路径和市场支撑体系具有较强的代表性和借鉴意义。

第四篇：中国能源资本化的市场支撑体系建设。在能源资本化市场支撑体系建设方面，我们围绕能源资本化市场支撑体系的不同组成部分展开深入研究，通过对比国内外能源金融体系存在的差异，揭示了中国能源资本化交易体系建设的主要方向，并针对能源产品体系、平台体系、市场运行机制体系分别给出了可操作性方案。

三 主要研究方法

本书以现代经济学的基本理论为基础，运用现代经济学分析工具，通过规范研究、比较分析、数理及计量模型分析等方法进行研究。

第一，规范研究法。本书以产权理论为工具，结合中国能源资本化过程中的产权制度缺陷，构建中国能源资本化的产权体系。

第二，比较分析法。本书通过对具有代表性的能源资源产权及其相关问题的比较分析，剖析中国能源资源产权权益实现过程中存在的产权界定和配置问题；进而结合国外能源资本化市场的运行机制、市场体系与制度保障，构建适合中国能源资本化市场的保障体系。

第三，数理及计量模型分析法。本书以 Black－Scholes 期权定价模型、二叉树模型、蒙特卡洛模拟方法、倒向随机微分方程等金融衍生品定价模型为基础，构建适合中国国情的能源资本化过程中的价值发现模型、金融市场的定价模型和金融产品设计模型。

四　可能的创新点

本书力争在以下几个方面取得创新性成果。

在能源资本化的绩效评价方面，本书利用定量测度和实证分析等方法考察了中国能源资本化市场体系发展的实际效果。具体而言，第一，基于单要素能源效率的指标概念，测算分析2001年以来中国总体和分地区的能源效率水平，在此基础上探讨经济发展方式转换、产业结构调整、绿色经济发展政策目标等因素对中国能源效率变化的影响，以及中国与主要发达国家在能源效率水平方面存在的差距。此外，进一步考察2004年中国能源期货市场重启前后能源效率所出现的趋势性变化。第二，利用双向固定效应模型检验能源金融市场发展对中国地区能源效率提升的实际效果，探寻能源金融市场发展对中国能源效率提升的经验性证据，从而为中国构建和完善能源资本化市场支撑体系提供有力的支持。第三，基于中国能源消费转型的主要特征，采用能源消费弹性系数法对中国"十四五"时期的能源消费总量和结构变化进行预测，分析在"碳达峰""碳中和"的目标导向下，中国能源消费转型的演变特征及其对能源资本化市场支撑体系构建的内在要求，从而为中国能源资本化市场支撑体系的构建提供方向。

首先，从已有产权理论出发对中国当前推行的所有权、探矿权、采矿权、转让权及收益权等在交易过程中存在的矛盾和产权缺失问题进行分析，揭示现有能源资源产权体系的内在矛盾和制度缺失所引发的资源浪费、权益分配不均衡、生态补偿责任缺失等问题。其次，结合国内外能源资源产权制度安排，提出如何构建中国能源资源产权体系的基本框架。从能源资源产权的所有权、探矿权、采矿权、转让权及派生的收益权、补偿权出发，系统地分析如何完善中国能源资源产权制度体系。第一，解决现有能源资源产权体系中的所有权、探矿权、采矿权、转让权存在的问题。在所有权方面，完善代理人监督管理制度，理顺矿产资源所有权的央地关系，加强对矿产资源所有权行使的监督保障；在探矿权方面，推进探矿权审批登记制度改革，优化审批登记事项，简化申请要件和审批流程，加快地勘行业信用体系建设，建立探矿权人信用惩戒和追责制度；在采矿权方面，改革采矿权管理制度，改进矿业权权属证的法律形式，加快探索研究油气探采合一权利制度;在转让权方面,完善矿业权出让制度,完善采矿权"招拍挂"出让制度,完善探矿权、采矿权转让合同管理,对采矿权转让的受让方资质进行限定。第二,创新性地提出权益分配机制和生态补偿机制,弥补中国现有能源资源产权体系中有关权益分配和生态补偿的产权制度缺陷。在权益分配机制中,本书提出从完善能源资源的价格形成机制,建立财富合理转化机制、协调代际分配问题,深化资源税费改革、完善资源税费的分配机制三方面对能源资源的权益分配制度进行改革与完善;在生态补偿机制中,立足不同的利益主体视角,通过完善地方政府与中央政府的资源收益共享机制、加大对资源所在地的补偿力度以及健全"资源 - 生态 - 社会发展"三位一体的补偿机制等路径,缓解中央政府与地方政府、当代人与后代人、资源输入地与资源所在地间的权益分配矛盾,最大限度地发挥能源资源的经济效益和社会效益。上述问题的解决为推进中国能源资本化提供了坚实的基础。

在能源资本化过程中的价值发现和定价机制方面,本书重点以石油这一价格影响因素最多、因素间关系最复杂的能源资源品种为研究对象,对国际油价波动运行规律进行分析研究,并通过建立石油资本化指标评价体系,分析石油资本化、供需关系、美元、石油价格波动之间的关系,为中国能源衍生品的设计和价格体系的研究提供新方向和新思路。具体而言,第一,本书依据石油资源具有的不同属性,从石油的商品属性、金融属性、地缘政治属性等角度分类分析影响石油价格波动的各核心因素,提炼出石油储量、石油资源分布格局、石油生产成本、石油库存等供给因素,需求因素,石油金融衍生品市场、石油美元流动等金融因素以及国际石油贸易的地缘政治格局等地缘因素,为后续研究石油价格波动、完善石油定价机制以及能源资本化路径提供理论基础。第二,本书基于长期、中期、短期三个不同时间周期系统性地分析石油价格的形成机制和石油价格波动的影响因素,并解释各核心因素对石油价格波动冲击效应的作用机制。第三,本书在研究石油价格波动的长期趋势时,通过长期价格均衡模型对石油价格波动的历史演变阶段进行了重新划分,更有利于对未来石油价格长期波动趋势进行判断和预测。在研究价格的中期趋势时,结合多元回归分析法和主成分分析法建立了一体化模型,并将所有变量加入模型进行综合分析,在更全面有效地得到各因素对石油价格波动的影响程度和作用机制的同时，也有效解决了多元回归分析方法影响因子之间的多重共线性而导致的变量剔除问题。与此同时，本书补充了诸如环保等特殊因素的影响，使一体化模型的分析结果更为全面。第四，本书通过分析现有期权定价算法的优缺点以及倒向随机微分方程的基本特征，提出了一种新的解决期权定价问题的模型——基于时空离散的参数设置期权定价模型，首先通过参数设置方案对期权定价模型的倒向随机微分方程的形式进行转换，然后根据时空离散化方法建立期权定价模型求解的时空网格结构，最后使用优化的蒙特卡洛模拟方法和线性插值算法处理模型，得到本书提出的定价模型，并对所提出的新型期权定价模型进行误差估计，对影响模型的主要因素进行详细分析。第五，现有的蒙特卡洛模拟方法具有产生均匀分布随机数的缺点，本书对此进行优化，设计了一种能够生成性能更优的随机样本的随机数产生方法，该方法产生的随机数所生成的随机样本具有更好的独立性和不相关性。

　　能源资本化的目标是通过产品、平台、市场实现交易，围绕这个目标，本书提出能源资本化市场支撑体系由产品体系、平台体系、市场运行机制体系三个部分构成，其内在逻辑关系是：产品体系是核心，平台体系是载体，市场运行机制体系是保障。第一，产品体系包含符合市场需求的层次丰富的能源资本化产品，沿着"资源—资产—资本"的基本思路，针对中国当前能源资本化实际短缺的产品类型，阐述了能源期货、能源期货期权、能源资产证券化产品设计方案。第二，平台体系包含已有能源产品的交易所、碳排放权交易所、清洁能源交易所、煤炭能源交易所、天然气能源交易所，在此基础上本书探索了金融科技（大数据、区块链、人工智能）在能源资本化平台建设过程中的应用，并重点探讨了如何在中国"碳达峰""碳中和"等战略目标下建设碳排放权交易平台，如何争取在国际能源领域的话语权、定价权、影响力等问题。第三，从八个方面提出了能源资本化市场运行机制体系的建设方案，具体包括：完善股权市场交易机制，促进债权市场发育，完善评估机制，促进人民币在国际能源交易结算中的应用，完善法律制度，引入做市商制度，构建风险防范和预警机制，完善监管体制。

第一篇

中国能源资本化的效率评价和发展预测

本篇将首先对中国的能源效率进行定量评价，从经验层面回答中国能源金融市场发展对能源效率提升的促进作用，实证分析能源资本化对能源资源配置效率提升的作用。其次，结合中国能源消费总量和结构的变化情况，预测中国"十四五"时期能源消费的变化趋势，并围绕提升能源效率的目标，提出中国当前构建能源资本化市场体系所面临的主要问题，以这些问题为导向，展开对中国能源资本化问题的研究。本篇研究的价值在于，在评价中国能源效率总体变化情况的基础上，分别探讨了经济发展阶段、产业结构调整、"碳达峰"和"碳中和"目标等因素对中国能源效率变化的影响，并通过分析中国在能源效率方面与主要高收入国家之间存在的差距，揭示中国当前以能源资本化市场体系的构建来推动能源效率提升的紧迫性和必要性。此外，通过预测中国能源需求和能源结构的未来演变趋势及特征，可以在当前构建能源资本化市场支撑体系的过程中，更好地为满足能源需求、提高能源利用效率、推进能源结构调整等目标提供有力的金融工具。

在能源资本化的绩效评价方面，本书采用了定量测度和实证分析等手段，给出了中国能源金融市场发展促进能源效率提升的经验证据。具体而言，第一，运用单要素能源效率的指标概念，测算分析了2001年以来中国总体和分地区的能源效率变化趋势，从统计意义上揭示中国能源金融市场发展与能源效率提升之间的共同趋势；第二，利用双向固定效应模型检验了中国能源金融市场发展对能源效率的影响，揭示了能源金融市场发展对能源效率提升的显著促进作用，为中国构建和完善能源资本化市场体系提供经验支持；第三，立足中国经济结构调整过程中的能源消费转型趋势，分析了中国现阶段能源消费的总量和结构特征，并采用能源消费弹性系数法对中国"十四五"时期的能源消费总量和结构变化进行预测，进而揭示在"碳达峰"和"碳中和"的目标导向下，中国必须加快构建和完善能源资本化市场体系，发挥能源资本市场在支撑能源效率提升和能源消费转型中的重要作用。

第一章　中国能源效率的测算分析

第一节　能源效率的内涵及测算方法

一　能源效率的内涵

学术界对能源效率的关注起源于 20 世纪 70 年代发生的石油危机，当时国际石油价格剧烈波动，引发了社会各界对节能问题的探讨。国际能源委员会将能源效率的内涵界定为：采取技术上可行、经济上合理、环境和社会可接受的一切措施来提升能源资源的利用效率，即在能源开采、生产和利用的所有环节采取有效措施来消除能源浪费。在有关能源问题的研究中，通常使用能源效率来衡量一个经济体利用能源要素生产经济产出的能力，能源效率越高就意味着这种能力越强。Patterson（1996）从帕累托效率的角度阐述了能源效率的内涵：用更少的能源生产出同等数量的产品。魏一鸣、张跃军（2013）将能源效率定义为所消耗的能源量对于维持或促进整个经济、社会和环境系统可持续发展的贡献量。

二　能源效率的测算方法

能源效率的测算方法主要有两种，即只考虑能源投入与经济产出之间关系的单要素能源效率的测算和同时考虑包括能源在内的多要素投入的全要素能源效率的测算。这两类测算方法各有优势。单要素能源效率指的是一个经济体的单位要素投入所能够实现的产出水平，通常以经济增加值与能源投入量的比值来刻画，文献研究中也将单要素能源效率称为能源强度。该指标一方面反映了经济发展对能源投入的依赖程度，另一方面也体现了经济体对能源资源的利用效率。单要素能源效率的测算较为简单直观，可操作性强，因而受到国内外众多学者的青睐，长期以来成为研究能源效率问题的主流方法。全要素能源效率考察的是多种要素投入情况下的能源效率水平，这种测算方法不仅体现了能源投入与劳动、资本等其他要素投入之间的替代关系，而且还涉及期望产出和非期望产出等多种产出，因而被认为能够更加综合地刻画一个国家或地区的能源效率水平。但全要素能源效率的测算在本质上与全要素生产率的测算方法相同，即将能源看成一种生产投入要素，其测算结果虽然能够反映一个经济体随着能源投入变化而发生的产出效率变化，但这种变化同样受到了各类要素的配置效率、技术进步速度等因素的影响，因而这种效率变化并不完全归因于能源效率的改变。鉴于此，本书选取单要素能源效率来衡量中国能源效率的变化情况。该方法较为简单直接，能够清楚反映能源投入与经济产出之间的关联，具体测算方法是用一个国家、地区或行业某段时期内的总增加值除以能源投入量，其测算结果是单位 GDP 能源消耗量的倒数。

第二节　能源效率的测算分析

本书采用单要素能源效率方法对中国总体以及分地区的能源效率进行测算。由于中国能源期货市场于 2004 年重启，因此本书重点考察 2004 年以来中国能源效率的变化情况，从经验层面揭示中国能源金融市场发展与能源效率变化的内在关联。测算过程中涉及的数据均来自国家统计局网站。

（一）中国能源效率的总体变化情况

基于单要素能源效率的概念和方法，分别测算 2001～2019 年中国总体的能源效率和 2001～2017 年中国分地区的能源效率，其中中国总体能源效率的测算结果如表 1－1 所示，分地区的能源效率测算结果如表 1－2 所示。

由表 1－1 可知，2001～2004 年，中国总体能源效率相对稳定，2004 年之后开始逐步上升，由 2004 年的 0.70 亿元/万吨持续上升至 2019 年的 2.03 亿元/万吨，意味着 2019 年中国每万吨能源消费拉动的 GDP 规模为 2.03 亿元。

表 1 - 1   2001 ~ 2019 年中国总体能源效率的变化情况

单位：亿元/万吨

年份	能源效率	年份	能源效率
2001	0.71	2011	1.26
2002	0.72	2012	1.34
2003	0.70	2013	1.42
2004	0.70	2014	1.50
2005	0.72	2015	1.59
2006	0.77	2016	1.69
2007	0.87	2017	1.83
2008	1.00	2018	1.95
2009	1.04	2019	2.03
2010	1.14		

资料来源：数据来源于国家统计局，由笔者整理计算得到。

从分地区的能源效率情况来看，其与总体能源效率的变化趋势基本保持一致。2004 年之前中国各地区的能源效率保持在较低水平，其中东部地区的能源效率由 2001 年的 1.09 亿元/万吨降至 2004 年的 0.86 亿元/万吨，同一时期中部和西部地区的能源效率远低于东部地区。2004 年之后，不论是东部、中部还是西部地区，能源效率都出现了明显提升趋势，其中东部地区的能源效率由 2004 年的 0.86 亿元/万吨上升至 2017 年的 2.89 亿元/万吨，中部地区的能源效率由 2004 年的 0.49 亿元/万吨上升至 2017 年的 1.45 亿元/万吨，西部地区的能源效率由 2004 年的 0.46 亿元/万吨上升至 2017 年的 1.30 亿元/万吨。各地区能源效率的整体上升趋势反映出 2004 年之后中国能源资源的配置效率开始不断提升，其背后的主要原因在于市场化改革在能源领域的推进，尤其是 2004 年以来中国能源期货市场重启，能源期货产品在能源资源的定价和使用效率提升方面发挥了极为重要的作用。但同时需要注意的是，目前中国地区之间的能源效率差异仍然十分巨大，中部和西部地区的能源效率远低于东部地区，因此未来必须通过深化能源市场化改革和推动能源金融市场发展来促进中部和西部地区能源效率的不断提升。

（二）中国经济发展方式转换与能源效率变化分析

中国的总体能源效率会随着经济发展方式的转换而发生深刻变化。一方

表1-2 2001~2017年中国30个省份能源效率的变化情况

单位：亿元/万吨

地区	2001年	2002年	2003年	2004年	2005年	2006年	2007年	2008年	2009年	2010年	2011年	2012年	2013年	2014年	2015年	2016年	2017年
江苏	0.83	0.86	0.89	0.86	0.83	0.89	1.01	1.17	1.26	1.36	1.38	1.50	1.63	1.81	1.94	2.03	2.33
天津	0.45	0.47	0.50	0.51	0.58	0.62	0.69	0.86	0.89	0.88	0.96	1.06	1.15	1.28	1.39	1.57	1.76
辽宁	0.34	0.36	0.35	0.35	0.34	0.37	0.42	0.48	0.49	0.49	0.54	0.57	0.64	0.67	0.69	0.70	0.72
山东	0.64	0.64	0.57	0.56	0.49	0.52	0.56	0.62	0.65	0.68	0.75	0.79	0.91	0.91	0.94	0.95	1.05
广东	1.16	1.21	1.24	1.28	1.34	1.43	1.61	1.79	1.84	1.87	1.98	2.18	2.43	2.65	2.93	3.17	3.37
浙江	0.91	0.97	0.98	0.99	0.97	1.00	1.08	1.22	1.27	1.43	1.57	1.75	1.91	2.10	2.26	2.47	2.64
北京	0.91	1.10	1.22	1.31	1.46	1.70	2.03	2.36	2.57	2.97	3.71	4.20	5.29	5.85	7.39	9.29	11.1
上海	0.69	0.75	0.79	0.90	0.97	1.14	1.35	1.45	1.59	1.66	1.81	1.99	2.10	2.55	2.66	2.97	3.23
福建	1.35	1.24	1.17	1.14	1.03	1.09	1.21	1.34	1.33	1.51	1.55	1.77	2.06	2.05	2.30	2.75	2.93
海南	4.34	—	0.92	1.25	1.75	1.36	0.86	0.97	0.98	1.11	1.20	1.27	1.50	1.51	1.48	1.66	1.85
河北	0.34	0.33	0.34	0.35	0.33	0.35	0.38	0.44	0.44	0.49	0.51	0.54	0.57	0.63	0.67	0.72	0.80
东部地区	1.09	0.72	0.82	0.86	0.92	0.95	1.02	1.15	1.21	1.31	1.45	1.60	1.84	2.00	2.24	2.57	2.89
河南	0.51	0.51	0.56	0.49	0.49	0.51	0.57	0.66	0.70	0.77	0.81	0.98	1.08	1.18	1.28	1.41	1.64
湖北	0.50	0.51	0.52	0.55	0.58	0.61	0.70	0.86	0.91	0.96	1.03	1.17	1.58	1.76	1.91	2.10	2.31
湖南	0.74	0.76	0.74	0.72	0.59	0.65	0.74	0.91	0.98	1.12	1.21	1.41	1.64	1.86	1.97	2.10	2.18
江西	0.66	0.72	0.69	0.68	0.72	0.79	0.88	1.04	1.10	1.17	1.30	1.45	1.52	1.63	1.68	1.83	1.97
吉林	0.34	0.35	0.33	0.35	0.32	0.34	0.41	0.47	0.52	0.55	0.57	0.65	0.74	0.79	0.85	0.91	0.95
山西	0.12	0.11	0.12	0.14	0.15	0.15	0.19	0.23	0.23	0.27	0.30	0.31	0.30	0.30	0.30	0.31	0.32

续表

地区	2001年	2002年	2003年	2004年	2005年	2006年	2007年	2008年	2009年	2010年	2011年	2012年	2013年	2014年	2015年	2016年	2017年
黑龙江	0.38	0.41	0.40	0.42	0.42	0.45	0.48	0.51	0.50	0.53	0.59	0.62	0.71	0.72	0.70	0.69	0.71
安徽	0.47	0.49	0.49	0.56	0.59	0.63	0.69	0.73	0.75	0.87	0.98	1.08	1.13	1.21	1.28	1.41	1.55
中部地区	0.47	0.48	0.48	0.49	0.48	0.52	0.58	0.68	0.71	0.78	0.85	0.96	1.09	1.18	1.24	1.34	1.45
广西	0.85	0.93	0.86	0.78	0.78	0.84	0.91	1.08	1.07	1.07	1.07	1.09	1.20	1.35	1.57	1.62	1.71
重庆	0.66	0.67	0.88	0.91	0.86	0.89	1.00	0.98	1.02	1.12	1.24	1.47	1.95	2.06	2.26	2.62	2.92
甘肃	0.29	0.30	0.30	0.32	0.33	0.37	0.40	0.45	0.49	0.52	0.55	0.59	0.65	0.69	0.72	0.78	0.83
贵州	0.21	0.22	0.20	0.20	0.21	0.21	0.25	0.33	0.33	0.39	0.43	0.47	0.54	0.65	0.76	0.80	0.94
四川	0.77	0.73	0.63	0.65	0.76	0.81	0.90	0.97	0.96	1.19	1.43	1.55	1.70	1.84	2.13	2.43	2.98
内蒙古	0.25	0.26	0.24	0.23	0.23	0.23	0.25	0.25	0.27	0.28	0.25	0.27	0.30	0.31	0.33	0.35	0.36
宁夏	—	—	0.13	0.17	0.16	0.18	0.20	0.24	0.24	0.25	0.23	0.24	0.24	0.25	0.26	0.28	0.26
新疆	0.35	0.37	0.39	0.40	0.41	0.42	0.46	0.48	0.41	0.46	0.47	0.46	0.45	0.45	0.43	0.42	0.45
云南	0.58	0.56	0.46	0.44	0.42	0.44	0.53	0.61	0.61	0.68	0.81	0.91	1.07	1.31	1.56	1.74	1.92
陕西	0.48	0.48	0.48	0.47	0.48	0.48	0.54	0.61	0.63	0.65	0.71	0.71	0.75	0.78	0.81	0.83	0.92
青海	0.39	0.46	0.47	0.52	0.57	0.51	0.54	0.54	0.56	0.68	0.70	0.65	0.66	0.78	0.97	0.89	1.06
西部地区	0.44	0.45	0.46	0.46	0.47	0.49	0.54	0.59	0.60	0.66	0.72	0.77	0.86	0.95	1.07	1.16	1.30

注：本书"省份"指省、自治区、直辖市。根据2003年国家统计局发布的划分标准，中国大陆31个省份划分为东、中、西部地区。因数据获取原因，本表不含西藏。此外，由于内蒙古和广西在国家西部大开发战略中享受优惠政策，故将其划分到西部地区。

资料来源：数据来源于国家统计局，由笔者整理计算得到。

面，近年来中国经济社会发展的各个领域深入贯彻高质量发展理念，经济发展方式不断由粗放型向集约型转变，从而极大地促进了能源效率的提升。本书通过计算全要素生产率（TFP）来衡量地区经济发展方式的转变，TFP越高意味着该地区的经济发展方式越接近集约型。图1-1、图1-2和图1-3分别展示了中国不同地区能源效率与TFP的变化趋势，可以看到，不论是东部、中部还是西部地区，能源效率均伴随着TFP的上升而表现出上升趋势，说明随着中国整体经济发展方式的转换以及发展质量的提升，能源效率也得到提升。另一方面，中国不同地区的经济发展阶段存在较大差

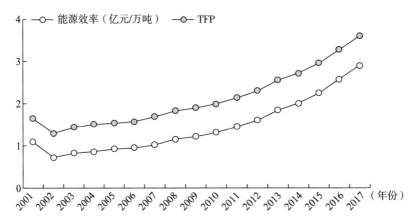

图1-1　2001～2017年东部地区经济发展方式转换与能源效率变化趋势

资料来源：数据来源于国家统计局，由笔者整理计算得到。

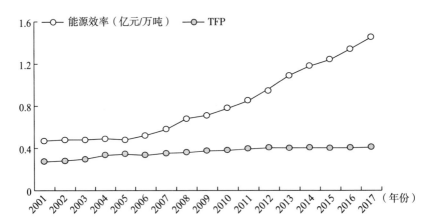

图1-2　2001～2017年中部地区经济发展方式转换与能源效率变化趋势

资料来源：数据来源于国家统计局，由笔者整理计算得到。

异，东部地区经济较为发达且资源市场化配置的效率较高，经济发展方式
也更为集约，相比之下，中部和西部地区的经济发展相对落后且资源配置
的市场化程度较低，经济发展方式仍然处在由粗放型向集约型转变的过程。
对比图1-1、图1-2和图1-3中不同地区的能源效率和TFP变化特征，
可以看出东部地区的经济发展方式转换速度更快，其能源效率也明显高于
中部和西部地区。相比之下，中部和西部地区的经济发展转换速度缓慢，
能源效率也较低。

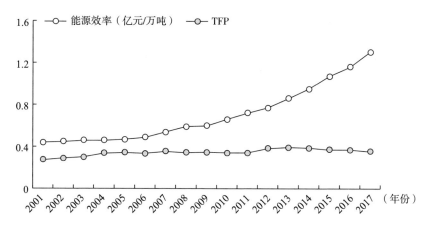

图1-3 2001～2017年西部地区经济发展方式转换与能源效率变化趋势

资料来源：数据来源于国家统计局，由笔者整理计算得到。

（三）中国产业结构调整与能源效率变化分析

伴随着经济发展过程的产业结构调整也影响中国能源效率的变化。随
着中国经济发展由高速增长阶段进入中高速增长阶段，产业结构调整的主
要特征表现为第二产业的增速放缓，同时第三产业的发展速度不断加快。
如图1-4所示，2003年以来，中国第二产业增加值占比总体呈下降趋势，
与此同时，第三产业增加值占比则迅速增加并超过了第二产业。在中国产
业结构的调整过程中，由于传统工业部门对能源的依赖程度较高，且存在
能源利用效率较低等问题，因而中国在工业化前期、中期的能源效率低下。
如图1-5所示，2001～2018年期间中国第二产业的能源效率明显低于第一
产业和第三产业。相比之下，第三产业发展对能源的依赖程度较低，同时
更加容易采用新型能源来替代传统石化能源，因此中国第三产业的能源效

率要高于第二产业，同时第三产业能源效率的提升幅度也较为明显。因此可以判断，随着中国经济进入第三产业主导的发展时期，中国总体能源效率将进一步得到提升。

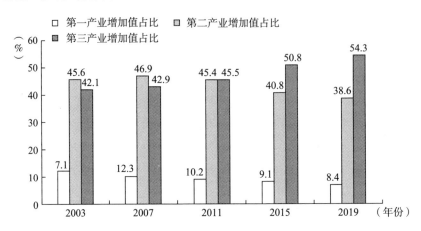

图1-4 中国三次产业结构的变化情况

资料来源：国家统计局网站。

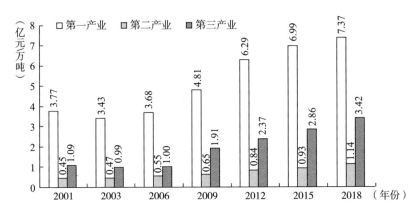

图1-5 中国三次产业能源效率的变化情况

资料来源：数据来源于国家统计局，由笔者整理计算得到。

（四）绿色经济发展目标与能源效率变化分析

中国长期以来都致力于推动绿色经济发展。《中国应对气候变化国家方案》是发展中国家颁布的第一部应对气候变化的国家方案，当时中国正处在工业化和城镇化发展的关键阶段，且能源消费结构以煤炭为主。在这种情况下，降低碳排放面临的困难较大，政府主要通过拉闸限电和停产等方式来降低单位 GDP 的碳排放强度，但中国在这一时期并未从根本上解决绿色经济发展所面临的能源问题。2020 年 9 月 22 日，国家主席习近平在第七十五届联合国大会一般性辩论上宣布，"中国将提高国家自主贡献力度，采取更加有力的政策和措施，二氧化碳排放力争于 2030 年前达到峰值，努力争取 2060 年前实现碳中和"，并在随后的中央财经委员会第九次会议上指出，"实现碳达峰、碳中和是一场广泛而深刻的经济社会系统性变革，要把碳达峰、碳中和纳入生态文明建设整体布局"。因此，在今后很长一段时间里，中国能源消费转型的重点就在于发展绿色低碳技术，推动能源消费结构由传统石化能源向清洁能源转变，以实现有效降低碳排放的政策目标。在这一过程中，随着新能源领域技术进步的加快，中国总体能源效率也将不断提升。如图 1 - 6 所示，2015 年以来中国非石化能源消费占比与能源效率保持同步上升的趋势。

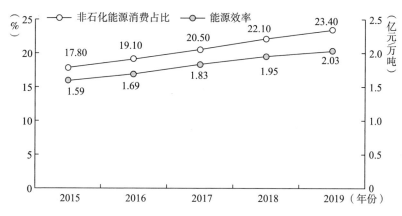

图 1 - 6 中国非石化能源消费占比与能源效率变化情况

资料来源：数据来源于国家统计局，由笔者整理计算得到。

（五）发达国家经济发展过程中能源效率变化的经验事实

21 世纪以来，为了应对全球能源需求增长、油价波动和日益严峻的气候环境问题，许多发达国家开展了能源生产和消费的转型实践。例如，美国政府延续了 20 世纪 70 年代石油危机以来的能源独立思想，通过扩大能源供给、以市场化手段调节能源需求、适度开发新能源品种以及支持先进能源技术研发等手段，探索能源独立的道路。一方面，美国能源部成立了先进能源研究计划署，2009 年以来资助了数百个研究项目，研究领域涉及太阳能、风能、生物燃料、储能技术等，其中多项技术已经取得重大进展并走向了商业化应用，为世界能源技术的进步做出了突出贡献。另一方面，奥巴马就任美国总统后签署了《2009 年美国清洁能源与安全法》，首次系统提出清洁能源和节能减排的发展目标，并确立了推动能源系统清洁化、增加清洁能源（包括核能、可再生能源、天然气和洁净煤等）使用比例的能源转型方向。可以看出，美国能源转型的核心问题是在调整能源结构的同时，通过技术进步来实现能源效率的不断提升，最终实现本国经济发展中的能源独立。相比之下，中国的能源转型起步较晚，目前总体能源效率明显低于美国、日本以及德国等主要高收入国家。如图 1 - 7 所示，2005 年中国能源效率仅为美国的 64.3%、德国的 43.9%、日本的 49.0% 以及主要高收入国家的 53.3%，2018 年中国的能源效率也仅为美国的 73.6%、德国的 48.3%、日本的 56% 以及主要高收入国家①的 63.7%。中国能源效率之所以明显低于主要高收入国家，主要原因在于能源资源的市场化配置机制尚不健全，以及缺乏金融市场的有力支撑。因此，今后一段时期中国要实现"碳达峰""碳中和"目标，关键是要不断发展绿色低碳技术，引导能源结构不断朝着非

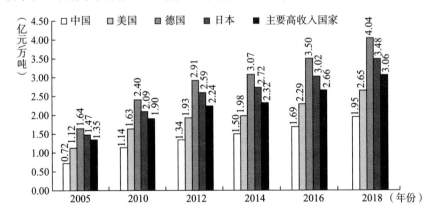

图 1 - 7　中国与高收入国家能源效率的对比

资料来源：世界银行数据库。

---

① "主要高收入国家"按照世界银行对不同收入阶段的划分标准选取，是指除美国、日本、德国之外的其他高收入国家，具体包括澳大利亚、加拿大、丹麦、法国、西班牙、英国和韩国。

石化能源的方向转型，同时也要利用好现代资本市场工具，促进能源资源得到更加有效的配置和利用。

（六）中国能源金融市场发展与能源效率的关联性

中国能源期货交易规模与能源效率之间的关联如图 1-8 所示。20 世纪 90 年代中国能源期货市场处于暂停交易状态，2004 年上海期货交易所推出了燃料油期货合约，标志着中国能源期货市场的重启。随后中国各大期货交易所先后推出了焦炭期货合约、焦煤期货合约、石油沥青期货合约、动力煤期货合约、原油期货合约、低硫燃料油期货合约和液化石油气期货合约等能源期货品种，交易规模呈现不断上升的趋势，这反映了中国能源金融市场发展在促进能源效率提升中的重要作用，但要得出严格的结论还需要进行实证检验。

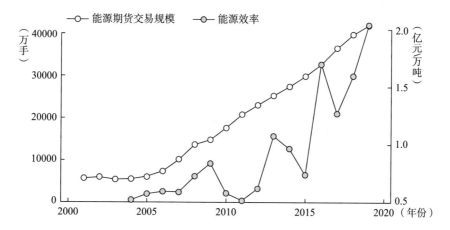

图 1-8 中国能源期货交易规模与能源效率变化的趋势
资料来源：上海国际能源交易中心。

第二章 能源资本化促进能源效率
提升的实证检验

第一节 能源资本化促进能源效率提升的机制分析

在现代经济体系中，金融市场是实现要素资源与产业发展良性互动的有效保障。随着现代金融交易手段越来越多地在能源市场中使用，能源金融融合发展对各国能源市场的发展发挥着越来越重要的作用。已有关于金融发展对能源效率影响的研究主要集中在以下几个方面。第一，能源金融市场的发展能够缓解能源产业发展过程中遇到的融资约束问题。Levine（1997）认为企业采用新的能源技术时会面临短期资金风险，而完善的市场化金融体系能够解决短期资金融通问题。Levine（2012）认为能源企业在提升能源开采、生产和利用效率时必须不断更新生产技术，而技术更新改革需要大量的前期资金投入，因而离不开完善的金融体系支持。当能源金融市场较为发达时，能源企业既可以通过发行有价证券直接融资，也可以通过商业银行或者政策性银行间接融资，从而缓解了融资约束。第二，能源金融市场的发展能够解决能源资源配置过程中的信息不对称问题，金融市场中的资金出于逐利动机会通过不同类型的金融工具流向更具发展潜力的行业。Green 和 Jovanovic（1990）从信息传递、减少信息不对称的角度分析了能源金融发展对资源配置效率的正向影响，并指出随着能源金融化程度的提升，金融市场不仅能够有效解决资源在配置过程中所面临的信息不对称问题，而且还可以缓解企业所面临的融资约束，促进能源资源得到更有效率的开采和使用，进而提升整体经济的能源效率。第三，能源金融市场的发展能够提升能源产品的定价效率，有效对冲国际能源价格的波动。能源资源化市场体系的重要功能在于通过多样化的能源金融产品来传递能源资源的价格变化信息，促进能源资源的合理化定价，同时能源期货等衍生品交易工具为能源企业提供了可以用来管理和规避能源价格波动风险的工具。当然，能源金融市场上过度的短期投机行为也会加大能源价格波动的风险，可能导致实体产业受到负面影响。

总体而言，随着中国能源资本化市场体系的构建和完善，能源金融市场的发展程度不断提升，这将有利于能源价格定价效率的提高和能源资源配置的优化，同时也有利于能源产业本身的技术升级和效率提升。韩旺红、马瑞超（2013）实证考察了中国工业行业的能源效率情况，结果发现能源金融市场发展程度的提升能够显著促进中国工业行业能源效率的提高。胡自灵（2014）的实证检验结论也支持了能源金融市场发展对能源效率提升的正向作用。同时，由于能源金融市场发展程度的提升可以表现在三个不同方面，即能源金融总资产扩大、能源金融机构数量及种类增加、能源金融产品数量增加（许旭红等，2018），因此可以利用实证分析来检验中国近年来能源金融市场发展程度的提升是否显著提升了能源产业的发展效率。基于此，本书提出如下待检验假说。

假说 H：随着能源金融市场发展程度的提升，中国各地区的能源效率将显著提高。

第二节　能源资本化促进能源效率提升的实证检验

一　模型设定

为了考察中国近年来能源金融市场的发展是否促进了能源效率的提升，选取 2004～2018 年中国 30 个省份的数据对假说 H 进行检验。为了更好地控制宏观因素和个体因素的影响，采用双向固定效应面板模型，具体设定如下：

$$EEF_{i,t} = \alpha_0 + \alpha_1 FIN_t + \beta X_{i,t} + \eta_i + \eta_t + \varepsilon_{i,t} \tag{2-1}$$

在式（2－1）中，被解释变量为中国各省份的能源效率（$EEF_{i,t}$），数据来自前面的测算结果。解释变量为能源金融市场发展程度（FIN_t），这里采用郑州商品交易所、大连商品交易所、上海期货交易所等国内大型期货平台上主要能源类期货产品每年的交易量作为代理变量，其中涉及的期货品种包括焦煤、焦炭、液化石油气、燃料油、石油沥青、原油和低硫燃料油等期货合约。此外，还在模型中加入了一系列可能影响各省份能源效率的控制变量（$X_{i,t}$），包括 GDP 增速、工业化程度、投资率以及基础设施等变量，并且实证回归中的所有控制变量均采用一阶滞后项，以避免解释变量与被解释变量之间可能存在的反向因果关系，相关数据均来自国家统计局网站。

在控制变量中需要特别说明的是，本书采用全要素生产率来衡量地区经济发展方式的转变，正如前文所述，经济发展方式转变在很大程度上体现为全要素生产率的不断提升。尽管很多研究中都采用全要素生产率的概念来衡量经济增长过程中的技术进步，但实际上全要素生产率的提升并不仅仅来自技术进步，它受到技术进步、产业结构变迁、要素资源配置效率以及体制机制等多方面因素的综合影响。因此，本书认为全要素生产率指标更准确的内涵在于体现经济发展方式的转变，即全要素生产率的提升意味着经济发展方式由粗放型向集约型转变，因此本书在回归分析中加入了全要素生产率指标来控制经济发展方式转变对地区能源效率的影响。此外，由于技术进步也是影响能源效率的重要因素，而技术进步得以实现的关键在于技术创新能力的持续提升，不论是熊彼特的创新理论还是罗默的内生增长理论都阐述了这一观点，因此本书在回归分析中进一步加入了以地区专利强度衡量的技术创新能力变量，以控制技术进步对地区能源效率的影响。

二　结果分析

为了清晰地显示控制变量的引入对回归结果可能造成的影响，本书采用逐步添加控制变量的方式对回归结果进行汇报。由表 2－1 可知，不论以何种方式回归模型中添加的控制变量，核心解释变量 FIN_t 的系数均在 1% 水平下显著为正，表明中国能源金融市场的发展显著促进了中国各省份能源效率的提升。由表 2-1 中第 (1) 至 (6) 列结果可知，中国能源金融市场发展程度每提升 1%，各省份的能源效率可以提升 0.2% 左右，从而支持了假说 H 成立。此外需要说明的是，由于数据限制，实证检验样本仅到 2018 年，但根据前文的测算结果可知，2019 年之后中国能源期货市场交易规模和能源效率仍然表现为上升趋势，可以预见未来随着中国能源期货品种不断丰富以及能源期货交易规模不断扩大，中国各省份的能源效率有望进一步提升。

表 2-1 结果分析

	(1)	(2)	(3)	(4)	(5)	(6)
能源金融市场发展程度	0.002 *** (6.36)	0.002 *** (6.33)	0.001 *** (4.08)	0.001 *** (3.93)	0.002 *** (4.63)	0.002 *** (4.62)
技术创新能力	0.595 *** (11.34)	0.485 *** (9.52)	0.440 *** (7.95)	0.440 *** (7.92)	0.461 *** (8.28)	0.461 *** (8.26)
全要素生产率		5.844 *** (7.67)	5.939 *** (7.81)	5.940 *** (7.80)	5.967 *** (7.90)	5.965 *** (7.75)
GDP 增速			-2.874 ** (-2.03)	-2.771 * (-1.87)	-3.411 ** (-2.28)	-3.408 ** (-2.26)
工业化程度				-0.185 (-0.23)	0.213 (0.26)	0.212 (0.26)
投资率					-0.367 *** (-2.59)	-0.369 ** (-2.14)
基础设施						-0.939 (-0.02)
常数项	0.253 *** (4.32)	-2.095 *** (-6.74)	-1.747 *** (-4.93)	-1.675 *** (-3.56)	-1.585 *** (-3.39)	-1.581 *** (-3.10)
时间固定效应	控制	控制	控制	控制	控制	控制
个体固定效应	控制	控制	控制	控制	控制	控制
样本个数	450	450	450	450	450	450
调整后的 R^2	0.38	0.46	0.47	0.47	0.47	0.47

注：*、**、*** 分别表示在 10%、5%、1% 的水平下显著。

三 研究启示

通过上述实证分析可以看到，随着能源金融市场发展程度的不断提升，中国能源效率出现了显著的提升，主要原因在于能源资本化市场体系的建立有助于完善能源价格的市场化形成机制，有利于能源资源合理配置和有效利用，同时也在一定程度上加快了中国能源开采和生产行业的生产技术改进速度。然而，当前中国各地区之间的能源效率差异十分巨大，尤其是中西部地区的能源效率仍然处在较低的水平。因此，加快中国能源资本化市场体系的构建和完善，推动能源与金融产业融合发展，是进一步提升中国整体能源效率的迫切需要。

第三章 中国能源消费趋势的预测分析
及其内在要求

第一节 中国能源消费的总体情况

一 中国能源消费结构变化

以标准煤为计量单位，2015～2019年中国能源消费在保持总量稳步增长的同时，能源消费结构发生了显著变化。如图3-1所示，传统石化能源的增长速度开始放缓，由2015年的356841万吨标准煤小幅上升至2019年的373042万吨标准煤，增长4.54%。与此同时，非石化能源日益成为中国能源消费的重要组成部分，消费量由2015年的77272万吨标准煤不断上升至2019年的113958万吨标准煤，增长47.48%，但目前非石化能源的消费比重仍然偏低。

从不同能源产品的消费情况来看，目前中国能源产品按照消费量大小依次为煤炭、石油、一次电力和天然气。如图3-2所示，煤炭仍然是中国最主要的能源消费产品，其消费量占能源消费总量的比重保持在50%以上，但2015～2019年煤炭消费占比出现了明显的下降趋势，由63.8%下降至57.7%；石油消费占比保持相对稳定，大致维持在接近20%的水平；天然气消费占比由2015年的5.8%逐步上升至2019年的8.1%；一次电力消费占比由2015年的12.0%上升至2019年的15.3%。不难看出，以一次电力和天然气为主的清洁能源正在部分替代中国传统的煤炭能源，且在中国能源消费结构转型中的重要性不断加强。

图 3 - 1   2015 ~ 2019 年中国能源消费的总体情况

资料来源：国家统计局网站。

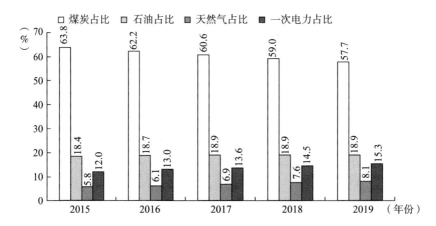

图 3 - 2   2015 ~ 2019 年中国不同能源产品的消费情况

资料来源：国家统计局网站。

二   中国单位 GDP 能耗情况

随着经济结构的调整和绿色发展理念的贯彻，中国经济发展对能源的依赖程度有所下降，同时近年来能源效率出现了显著提升，这些因素共同促进了中国单位 GDP 能耗的下降。如图 3 - 3 所示，中国单位 GDP 能耗由 2015 年的 63.02 万吨标准煤/亿元降至 2019 年的 49.37 万吨标准煤/亿元。

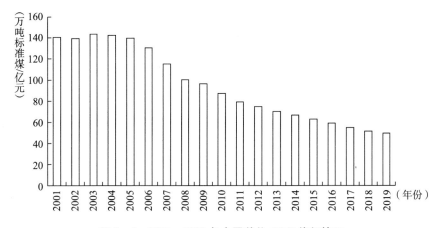

图 3 - 3　2001～2019 年中国单位 GDP 能耗情况
资料来源：国家统计局网站。

三　中国能源消费弹性系数变化情况

如图 3 - 4 所示，中国能源消费弹性系数总体呈下降趋势。未来，随着中国产业结构持续转型升级以及能源资本化市场体系的不断完善，能源消费弹性系数有望进一步降低。

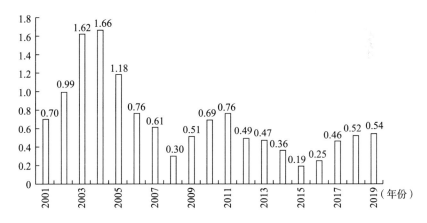

图 3 - 4　2001～2019 年中国能源消费弹性系数变化情况
资料来源：国家统计局网站。

第二节 "十四五"时期中国能源消费需求预测

一 中国能源消费变化的主要影响因素

(一) 经济结构变化

经济结构是影响中国能源消费量的主要因素。工业化时期中国能源消费主要集中在第二产业，工业和建筑业能源消费量占一次能源消费总量的比重长期在60%以上，其中仅钢铁行业的能源消费量就占能源消费总量的20%左右，这一比例超过了交通运输业的能源消费量，也超过居民生活用能和商业服务能源消费的总和。随着中国大规模工业化进程基本结束，中国能源消费总量有望在"十四五"时期达到峰值并进入下行区间。但同时，随着中国城市化进程的加快，现代服务业发展以及居民生活等方面的能源消费量将持续增长，尤其是随着私人交通、居民生活等方面对电力和天然气的需求量不断增加，中国能源消费的重点将发生转移。

(二) 绿色低碳经济发展的要求

随着能源安全和全球气候变化挑战的升级，加快发展清洁低碳能源尤其是非石化能源举足轻重。"十四五"期间中国非石化能源的发展规模和速度将双双加快，这会提升非石化能源消费量在能源消费总量中的比重，从而促使中国石化能源消费量在较短的时间内达到峰值。结合绿色低碳发展的总体目标，中国未来在提升能源消费效率的同时，将不断推动能源消费结构由传统的煤炭和石油消费向以天然气为主的清洁能源消费转变。

二 不同情形下中国能源消费情况预测

本章采用能源消费弹性系数法来对"十四五"时期中国能源消费总量和结构进行预测。该方法是基于经济增长与能源消费的历史关系，通过预测未来能源消费弹性系数以及可能的经济增速，进而得到能源消费量的变化情况。

对于经济增速的预测，本书参考已有研究的结果，分别设定乐观和悲观两种情形下中国经济的增速。在乐观情形下，中国经济能够迅速复苏，2021～2025 年可能的增长率水平为 6.5%、6%、5.8%、5.7% 和 5.7%；在悲观的情形下，新冠肺炎疫情反复可能导致中国经济复苏缓慢，这种情况下增长率将会下降，2021～2025 年的可能值为 6.3%、5.6%、5.3%、5.1% 和 4.9%[①]。

在设定经济增长预测值后，还需要对能源消费弹性系数的预测值进行设定。首先，考虑到中国绿色低碳经济发展的任务将在"十四五"时期进一步落实，但同时城市化发展加速会产生新增的能源消费需求，本书预测"十四五"时期中国总体能源消费弹性系数将有所下降，但降幅不会过大，因此将 2021～2025 年总体能源消费弹性系数的预测值设定为 0.52、0.51、0.5、0.49 和 0.48。同时，考虑到中国能源结构的转型趋势，绿色低碳经济发展对天然气和一次电力等清洁能源的需求量将不断上升，而对煤炭和石油等传统石化能源的需求量会进一步减少，这种情况会导致煤炭和石油的消费弹性系数低于总体平均值，而天然气和一次电力的消费弹性系数则会高于总体平均值。因此，设定 2021～2025 年中国煤炭的消费弹性系数分别为 0.49、0.48、0.47、0.46 和 0.45，石油的消费弹性系数分别为 0.50、0.49、0.48、0.47 和 0.46，天然气的消费弹性系数分别为 0.54、0.53、0.52、0.51 和 0.50，一次电力的消费弹性系数分别为 0.53、0.52、0.51、0.50 和 0.49。

基于以上设定，以下是"十四五"时期中国能源消费总量和结构的预测情况（见表 3-1 和表 3-2）。

表 3-1　乐观情形下中国能源消费总量和结构的预测结果

主要指标	2021 年	2022 年	2023 年	2024 年	2025 年
GDP 增速（%）	6.5	6	5.8	5.7	5.7

① 文中对中国未来一段时期 GDP 增速的预测是基于中国经济潜在增长率水平测算得到的，主要反映的是经济中长期的变化趋势。2021 年中国 GDP 增速实际值为 8.1%，显著超出了当年的潜在增长率水平，原因在于新冠肺炎疫情对 2020 年中国 GDP 造成了较为严重的冲击，使得 2021 年 GDP 核算的基数水平较低，如果从 2020 年和 2021 年两年的平均 GDP 增速来看，其数值与潜在增长率水平较为接近。

续表

主要指标	2021 年	2022 年	2023 年	2024 年	2025 年
能源消费弹性系数	0.52	0.51	0.50	0.49	0.48
能源消费总量增速（%）	3.38	3.06	2.90	2.79	2.74
能源消费总量（万吨标准煤）	514832	530586	545973	561222	576577
煤炭的消费弹性系数	0.49	0.48	0.47	0.46	0.45
煤炭消费增速（%）	3.19	2.88	2.73	2.62	2.56
煤炭消费量（万吨标准煤）	298039	306623	314982	323241	331532
石油的消费弹性系数	0.50	0.49	0.48	0.47	0.46
石油消费增速（%）	3.25	2.94	2.78	2.68	2.62
石油消费量（万吨标准煤）	92553	95274	97927	100550	103187
天然气的消费弹性系数	0.54	0.53	0.52	0.51	0.50
天然气消费增速（%）	3.51	3.18	3.02	2.91	2.85
天然气消费量（万吨标准煤）	82477	85099	87666	90215	92786
一次电力的消费弹性系数	0.53	0.52	0.51	0.50	0.49
一次电力消费增速（%）	3.45	3.12	2.96	2.85	2.79
一次电力消费量（万吨标准煤）	41213	42498	43755	45002	46259

注：表中所有数据均为预测值，来源于笔者计算。需要说明的是，由于预测的时间段为2021～2025年，笔者将2020年的能源消费总量以及煤炭、石油和天然气消费量作为预测的基准值，相应的数据来源于国家统计局网站。预测时所涉及的 GDP 增速来源于相关文献的测算结果，能源消费弹性系数则是根据中国当前能源结构转型趋势所做出的设定。

表 3-2　悲观情形下中国能源消费总量和结构的预测结果

主要指标	2021 年	2022 年	2023 年	2024 年	2025 年
GDP 增速（%）	6.30	5.60	5.30	5.10	4.90
能源消费弹性系数	0.52	0.51	0.50	0.49	0.48
能源消费总量增速（%）	3.28	2.86	2.65	2.50	2.35
能源消费总量（万吨标准煤）	514318	529003	543022	556592	569683
煤炭的消费弹性系数	0.49	0.48	0.47	0.46	0.45
煤炭消费增速（%）	3.09	2.69	2.49	2.35	2.20
煤炭消费量（万吨标准煤）	297757	305760	313377	320729	327801
石油的消费弹性系数	0.50	0.49	0.48	0.47	0.46
石油消费增速（%）	3.15	2.74	2.54	2.40	2.25

续表

主要指标	2021 年	2022 年	2023 年	2024 年	2025 年
石油消费量（万吨标准煤）	92464	95001	97417	99753	102001
天然气的消费弹性系数	0.54	0.53	0.52	0.51	0.50
天然气消费增速（％）	3.40	2.97	2.76	2.60	2.45
天然气消费量（万吨标准煤）	82391	84836	87174	89441	91633
一次电力的消费弹性系数	0.53	0.52	0.51	0.50	0.49
一次电力消费增速（％）	3.34	2.91	2.70	2.55	2.40
一次电力消费量（万吨标准煤）	41170	42369	43514	44624	45695

注：表中所有数据均为预测值，来源于笔者计算。需要说明的是，由于预测的时间段为 2021～ 2025 年，笔者将 2020 年的能源消费总量以及煤炭、石油和天然气消费量作为预测的基准值，相应的数据来源于国家统计局网站。预测时所涉及的 GDP 增速来源于相关文献的测算结果，能源消费弹性系数则是根据中国当前能源结构转型趋势所做出的设定。

三 "十四五"时期中国能源消费转型对能源资本化市场构建的启示

通过对中国能源消费总量和结构的预测分析可知，"十四五"期间随着中国工业化后期经济结构调整以及城市化发展的深入，中国在能源消费量保持稳步增长的同时，能源消费结构的转型趋势开始日益明显，以一次电力和天然气为主的清洁能源将在中国能源消费结构中占据更加重要的位置。但同时也必须清楚认识到，"十四五"时期中国在煤炭、石油等传统石化能源方面的消费量仍然十分巨大，在这种情况下，只有加快提升能源效率，才能保障中国顺利完成在 2030 年前实现"碳达峰"和 2060 年前实现"碳中和"的绿色发展目标。因此，在今后一段时期内，中国必须加快能源资源市场化改革的步伐，通过构建能源资源合理配置的制度和市场化交易体系，充分发挥能源金融市场在促进能源效率提升方面的重要功能，不断促进能源效率的提升。

具体而言，中国构建能源资本化市场体系就是要实现以下几个主要目标。

第一，完善能源资源的产权制度安排，为能源资本化的定价、产品设计和交易奠定坚实基础。

第二，提升能源金融产品创新能力，加快能源期货交易平台的发展。同时，要加快完善相关的能源交易制度和交易平台发展规范，鼓励多元化的市场主体参与能源期货市场的发展，优化能源期货市场发展环境。

第三，深化能源价格体系改革，推动市场化定价机制的形成。以能源资本化市场体系构建为契机，推动中国能源价格体系改革，充分发挥能源衍生品价格在能源价格形成中的基础性功能，减少并逐步取消能源价格补贴的相关政策，让在市场化力量下形成的能源价格能够充分反映能源的真实供求状况、生产成本以及资源开采过程中的外部性成本，从而提升中国能源资源的配置和利用效率。

第四，完善能源价格风险防控机制，促进能源金融产业健康发展。在加快能源资本化市场体系发展的同时，还要高度重视能源金融衍生品价格波动可能带来的风险，构建相应的风险防范和预警系统。建立权威的能源信息发布平台，及时关注和发布国内外宏观经济变化的相关信息，促进中国能源金融市场的信息流通。同时还要借鉴中国传统金融市场发展过程中的成功经验，通过优化能源金融交易的制度安排、完善交易体系以及控制风险等，不断促进中国能源资本化市场体系的健康发展。

第五，运用多层次金融工具，拓宽能源产业融资渠道。充分发挥金融市场配置资源的功能，合理运用金融杠杆来满足中国能源产业的巨大融资需求。一方面，充分利用金融市场的融资功能，解决能源开采、生产和利用企业的融资约束问题；另一方面，合理引导银行信贷资金流向能源行业，加大信贷资金对资源节约型、环境友好型能源项目的支持力度，杜绝信贷资金流向高污染、高浪费的粗放式能源企业。此外，还可以成立专门的能源投资银行，引入产业投资基金、能源信托、风险投资等专业化交易机构，发行与能源相关的证券化产品，进一步拓宽能源产业发展的投融资渠道，加速能源产业技术升级和效率提升速度。

第二篇

中国能源资本化的产权体系及其制度结构

能源资源作为人类的生存基础和工业化的强大动力，在人类社会经济发展中具有无可替代的作用，作为一国的战略性资源，在国家生存和竞争中发挥基础性作用。每一个国家对能源资源的保护、开发、利用都有明确的制度安排，从宪法层面到法律法规、税赋制度、环境保护等多个层面，因此能源资源具有很强的制度属性。能源资源的资本属性在于它蕴藏着巨大的经济利益，通过对能源资源各种资产权益的界定、定价，将其转化为可交易的资本工具，从而实现对能源资源的最佳配置和可节制利用。

资本是一种抽象概念，亚当·斯密在《国富论》中指出资产必须借助某种固定方式才能通过价值增值机制转化为资本。因此，能源资产转化为资本，首先需要建立从宪法到法律层面的所有权制度结构，并在此基础上分离出能源资源其他派生权力体系，明确能源的其他产权束。如果没有完善的能源资源产权制度安排，能源资源的权益结构就会处在一种模糊状态，无法得到有效分配，难以实现能源资源的有效开发和利用效率的提升。因此，如何充分认识和把握中国能源资源的法律规范及其制度体系，分析评判中国现存能源资源产权制度安排的优点和不足，有效防范和减少在能源资源开发利用过程中可能产生的风险和矛盾，完善能源资源产权制度安排，已成为当前以及未来相当长时间内亟待解决的重大问题。

现有文献已经从会计学、资本、能源市场化等角度对能源资本化进行了许多有益的探讨，取得了丰富的研究成果，但其重点关注能源资源的资产价值，未能从资源资产的衍生、派生视角出发，考虑能源资产的资本潜能。事实上，随着制度的完善和技术的进步，能源资源的现值、潜在价值、衍生价值、附加价值都包含在预期收益中，而这些价值对能源开发的价值增值以及企业的价值增值都具有重要的意义。本书认为能源资本化是指遵循一定的制度及法律规定对能源资源的各种权力束进行界定和分离，并在此基础上通过定价机制和交易机制将能源资源价值转化为各种交易产品的过程，从而促进能源资源的价值增值和能源配置效率的提升。

基于上述逻辑，第二篇首先从"资源—资产—资本"的演化逻辑出发，厘清能源资本化的路径选择机制；其次，通过对国外能源资源产权制度安排的比较研究，寻求符合中国国情的、可借鉴的能源资源产权制度安排，为完善中国能源资源产权制度提供借鉴和依据；再次，系统地分析中国能源资源产权制度安排的演变过程，深入剖析中国现有能源资源产权制度安排存在的问题；最后，在上述研究基础上，提出完善中国能源资源产权制度安排的原则、框架及具体路径，为提升能源资源开发和利用效率提供制度基础。

第四章　相关概念界定及能源资本化路径

第一节　能源的定义及其分类

目前，国内外诸多学者已经对能源的概念进行了界定。张德英、杨银阁（2018）认为，能源是指"可从中直接获取或经过转换而得到能量的自然资源"。蒋高振（2017）认为，"能源是指自然界可以提供能量转化的物质资源"。李繁荣等（2018）把能源界定为由自然界提供的可以从中获得热、光和动力之类能量的资源。姜玉敬（2012）对能源的总结较为全面，认为能源本质上是一种可为自然系统提供能量的具有可作功的物质，其作用和表现形式具有多样性，可以直接获取使用，也可以通过某种方式，如加工、能量转化等方式获取。

能源的分类很多，不同标准下能源分类的结果不同。从能源蕴藏方式和能源来源角度来看，能源可以分为以下三类。一是来自地球外部天体的太阳能。人类生存所需的大部分能量以直接获取或间接能量转化的方式来自太阳。从能量转化角度来讲，煤炭、石油、天然气等能源资源是最初由太阳能转化，并由古代生物固定留存下来的能量储存。二是地球本身所蕴含的能量，通常指地热能和核能。其中，地热能是指地球内部放射性元素衰变辐射的粒子等所蕴含的能量，核能是指以核裂变、核聚变形式存储的能量。三是由地球和其他天体间相互作用产生的能量，如潮汐能等。

按照能量转化程度的不同，可以将能源分为一次能源和二次能源。一次能源主要是指可以从自然界中直接获取并使用，不需要改变其物理形态，也不需要包含人为加工过程的能源（王俭，1995；王维兴，2017），如煤炭、石油、天然气等能源资源，这也是本书的重点研究范畴。二次能源是指由一次能源直接或者间接转化为其他形态或者种类储存的资源，如电力、沼气、激光、蒸汽等均属于由一次能源加工获得的二次能源（王其营，2015；王静，2012）。

按照稀缺性的不同，可将能源分为可再生能源和不可再生能源。关于可再生能源的内涵，周丽婷（2018）提出，可再生能源是指理论上能够实现"利用—再生—再利用"模式的资源，具有可持续利用的特点，如自然界中的风能、太阳能等。樊梦薇（2018）也针对可再生能源的内涵提出了自己的观点，认为可再生能源涵盖了自然界中所有可循环、无污染、无穷尽的能源，是指不需要通过劳动力参与便可通过自然生态系统不断循环的能量。相对地，不可再生能源指无法实现可循环利用的能源，在特定的一段时期内具有固定的存储量，例如煤炭、石油、天然气等，在自然生态系统达到稳态的条件下，通常无法再生。

按照对环境质量影响程度的不同，可将能源分为清洁能源和非清洁能源。目前国内部分学者对清洁能源的含义做了如下界定。杜海涛（2016）认为，广义上的清洁能源包括通过清洁技术处理的化石能源，如洁净煤和洁净油等。刘邦凡等（2015）认为，清洁能源并非一种实物形态，而是技术进步视角下使资源利用效率不断提升的技术体系。吴顺昌（2017）将清洁能源等同于绿色能源，即在使用过程中不会对环境造成损害的能源资源，如太阳能、地热能、生物能等。邹敏（2015）认为清洁能源是对能源清洁、高效、系统化应用的技术体系。相对地，非清洁能源是指对环境污染较大的能源，抑或没有使用高效、系统的清洁技术进行处理的能源。

除上述分类外，有研究按照开发与使用时间的长短，将能源分为常规能源和新能源。常规能源和新能源并非一成不变，二者的划分主要取决于特定的历史时期和技术水平。当前所谓的常规能源主要包含煤炭、石油、天然气、水力、电力等开发和使用较为成熟的能源；新能源主要指开发、利用、加工过程尚处于研究阶段的能源，如太阳能、地热能、潮汐能等。

本书认为，随着科技的进步，各种新型能源资源不断被人类认识并开发，因此，能源资源的宽泛化定义能够涵盖其各种可变化形态。从能源资源的可用属性和财富属性出发，本书认为，能源资源指的是，广泛存在于自然界中的、一切可被人类开发和利用的、能够为人类社会经济发展提供强大动力的物质能量的总称。从价值形态看，它本身具有极强的财富属性并能够创造出一系列新的财富形态。考虑到煤炭、石油、天然气在中国能源资源结构中占据主导地位，本书将以煤炭、石油、天然气这三类矿产资源为主要研究对象，探索能源资本化的产权制度安排和路径。

第二节　能源资本化的界定

目前学者们对能源资本化主要是从会计学、资本及能源市场化角度展开研究。

从会计学的角度来看，黄国良等（2002）认为矿产资源资本化包含两个层面的含义：一是企业将取得采矿权所支出的费用等以无形资产摊销方式转到开采资源的成本中；二是矿产资源所有者（国家）将获得的采矿权价款等以资本的形式投入企业后续的经营管理中。向建群等（2013）以及沈振宇、王秀芹（2001）都支持这样的观点，即把向国家支付的费用视为矿山企业的一项递耗资产。朱学义等（2000）认为矿产资源资本化可以被看作矿山企业资源支出的资本化，在会计上可将企业为获得采矿权所付出的整体价值作为一项长期资产核算，随着矿产的开发和利用，以某种会计核算方法将其分摊到矿产资源开采的成本中，进而从开采资源所获得的收益中核减。沈振宇、朱学义（2000）和郭冬卉（2012）提出的观点也与此类似。

部分学者从资本角度对能源资本化的内涵进行了解释。伍世安（2016）从资源到资产转化的性质出发，认为能源资源在产权界定明晰的条件下会转化为总资产，具有资产属性的能源可以通过价值增值机制转化为资本，"资源—资产—资本"的转化过程即为能源资本化。周立等（2010）、余红燕（2003）、范林娟（1998）以及聂华林、高新才（1999）的研究均与上述观点类似，认为能源资本化实际上就是能源资源向资本转化的过程。谢贵勇（2018）认为能源资本化是指矿产资源所有者通过对矿产资源开采权征收价款及各种相关税费，实现资源、生态和利益协调的过程。范振林（2011）、高征西（2013）认为能源资本化是指能源所有者不直接开发和经营矿业权，而是通过一级市场和二级市场将能源资源所有权所派生的占有、使用、收益、处分等权利进行交易，进而实现能源资本的流通价值增值目的。

此外，还有部分学者另辟视角，从能源市场化角度来解释能源资本化的含义。曹耀（2014）认为能源资本化是指在明确界定矿产资源各项产权的基础上，矿产资源所有者将能源资源通过市场化运作实现能源资本的保值和增值，提高能源、经济、社会和环境的效益水平。王艳龙（2012）认为能源资本化过程就是指将能源作为生产要素参与社会再生产，进而实现资本积累和增值，而不是将能源作为普通的矿产进行开发销售。朱清（2015）从矿产资源的勘察、开采、冶炼过程分析能源资本化，指出能源资本化实质上是通过市场配置和交易手段实现价值增值的过程。蒋加强（2005）对能源资本化概念的界定同朱清（2015）类似。段进朋、许道荣（2008）认为能源资本化是通过市场机制作用于能源的开采、利用和保护过程，最终促使资源脱离一般的商品，转化为具有资本属性、能带来价值增值的特殊意义上的有用物。严立冬等（2018）认为能源资本化的实现过程就是人们对能源资源进行产权界定，辅以生态技术支撑，并通过市场建设与政策加以支持的过程。

从上述分析来看，现有文献在研究能源资本化的时候，重点关注能源资源的资产价值，未能从资源资产的衍生、派生视角出发，考虑能源资产的资本潜能。事实上，随着制度的完善和技术的进步，能源资源的现值、潜在价值、衍生价值、附加价值都包含在预期收益中，而这些价值对能源开发的价值增值以及企业的价值增值都具有重要的意义。依据上述逻辑，本书认为能源资本化是指遵循一定的制度及法律规定对能源资源的各种权力束进行界定和分离，并在此基础上通过定价机制和交易机制将能源价值转化为各种交易产品的过程，从而促进能源资源的价值增值和能源配置效率的提升。

第三节　能源资本化路径

本书从能源的定义和转化过程出发，认为能源具有资源、资产和资本三种属性。资源属性指能源是一种自然界的物质资源，是人类生活和社会发展的物质基础。宇宙存在的基本形式是运动的物质，运动需要能量；人类生存、繁衍乃至文明的演化，也是一种运动，也需要能量。以煤炭、石油、天然气等物质形态存在的能源资源是含能物质，能够为生产生活提供所需的动力。能源的资产属性是指能源资源在开发利用过程中凝结了人类劳动，价值属性得以体现，价值属性显性化后能源资源就被纳入所有权的范畴，转化为具有权属关系的资产。能源的资产属性包含两个要义：一是经济属性，即人类在开发利用能源资源的过程中能够带来经济利益；二是法律属性，即能源资源所产生的经济利益是有归属主体的。能源的资本属性是指通过某些交易能够实现能源资产价值增值的工具，为实现能源资源资产交易提供了一种具有产权属性和计量属性的工具。上述三种属性构成了能源存在的三种状态，资源属性本质上是能源的物理状态，资产属性是能源存在的一种物权状态，资本属性是能源资产创造价值的状态。这三种状态属于逐层递进的关系，首先，能源本身以一种物理状态的形式存在于自然界中；其次，以物理状态存在的能源需要在产权明晰的前提下才能被货币化为资产；最后，资产通过某种工具、制度或规则实现价值增值过程。由此可见，能源具有资本的属性，并不是初始时就执行资本的职能，像资本一样不断地创造价值。它的最初形态是资源，只有经过从资源到资产、从资产到资本的转化过程，才能持续创造价值，能源的资产属性也才能够体现。

从能源的"资源—资产—资本"演化路径来看，能源资本化过程必然需要通过一定的产权制度安排来实现。亚当·斯密在《国富论》中指出，要想让积累的资产成为活跃的资本并产生附加值，就必须将它们以某种特定的方式固定下来。能源资产转化为资本，首先，需要建立从宪法到法律层面的所有权制度结构，并在此基础上分离出能源资源其他派生权力体系，明确能源的其他产权束。否则，能源资源的权益结构将处在模糊状态，不能得到有效分配，无法实现能源资源的有效开发和利用效率的提升。因此，构建完善的能源资源产权制度安排就成为能源资本化的基础。其次，资产必须借助某种固定方式才能通过价值增值机制转化为资本，没有明确的定价机制，价格的风险预期不明确，就难以实现能源资产到资本的价值增值过程，因此制定合理的能源定价机制已成为当前促进能源资本化的技术路径。最后，能源资本化的完成离不开交易平台的支持，只有市场化的交易平台才能为资本的转化提供所需的时间和空间。在市场化交易平台下，能源资源产权进入市场，各种生产要素在市场机制的作用下具有了高度的流动性，有利于实现能源资源的优化配置和利用效率提升。基于上述分析，本书拟从制度路径、技术路径、交易路径三个层面出发，完善能源资本化路径，为提升能源利用效率，促进能源转型，实现经济可持续、高质量发展提供动能。为此，本书就能源资本化的实现路径提出如下构想。

一　制度路径

能源资本化的本质是产权的资本化。产权作为市场平等交易的法权，不仅激励与约束着产权主体的行为，而且还影响着资源形态转化与配置效率。产权是包含所有权、占有权、使用权、支配权、处置权和收益权六种基本权能的一组权力束。从六种基本权能的关系来看，所有权是产权束的核心构成要素，其余五种权能是基于所有权的权能派生而来的。其中，收益权是产权的目的和表现形式，产权所有者对产权客体进行一系列经济活动，最终目的都是获得权益分配。在产权界定明确的情况下，由于产权主体在资本化过程中能获得稳定的预期收益，其参与资本化的主观能动性被最大限度地激发出来，因此能源资源将得到有效的配置并顺利地转化为能源资产，而价值形态的能源资产的出现为资本形态的能源资本的形成创造了可能，最终通过能源资本的运动实现能源的资本化价值。可见，产权界定在能源资本化过程中起到了相当重要的作用，是保障自然资源资本化价值顺利实现的重要前提条件。要实现能源的资本化价值，首先需要构建完善的能源资源产权制度。

人类社会的财产制度处在一个动态演化的过程，随着社会生产力的发展和社会分工的深化，静态的财产权关系逐渐向动态的产权关系演化。产权理论最早是由美国经济学家科斯提出来的。科斯认为，产权是一种通过社会强制而实现的对某种经济物品的多种用途进行选择的权利。科斯的产权理论被应用于社会经济运行的各个领域。首先，该理论可以用于解决环境污染问题。将环境资源作为一种生产要素计入成本，实施排污权交易，可以帮助企业充分利用信息，节省更多的排污权，从而实现资产价值最大化，社会也会达到最优的排污水平。其次，该理论可以用于完善土地制度。中国实施了"三权分置"，所有权归集体，承包权归农户，经营权归土地经营者，这种制度有利于明晰土地的资源产权，让需要使用土地的人在市场中博弈，实现土地利用效益最大化。最后，该理论也可用于指导中国的国企改革。从1997年开始，中国明确提出国企改革要遵循"产权明晰，权责明确，政企分开，管理科学"的原则，以此实现资源的最优配置。

科斯的产权理论在构建能源资源产权制度上对我们的启示体现在以下三方面。第一，该理论可以应用于矿产企业与国家所有者之间的产权关系中。中国矿产资源所有权归国家所有，但在过去一段时间里，矿产企业利用无偿开采政策轻易获得利润，将国家财富转化为集体或者个人所有。为了解决这一问题，更好地利用能源资源，中国现阶段实行矿产资源有偿使用制度，主要形式是收取资源税和矿产资源补偿费，既体现了国家的所有权，也不会干预矿产企业的经营事务。第二，该理论可以应用于矿产企业与社会之间的产权关系中。矿产资源的开采会为当地的生态环境带来负外部性，开采者只有采矿的权利，并无污染环境的权利，如果要继续开采必须对造成的生态负外部性做出补偿，在界定采矿权后，就可以更好地解决这个问题。第三，该理论也可以应用于矿产企业之间的产权关系中。科斯强调通过市场交易来达到帕累托最优，允许矿业权在市场流转，以提高矿产资源的开采利用效率。本书拟从产权理论出发，首先对能源资源所有权及所有权衍生的基本权能进行界定。其次，在能源资源产权束界定的基础上，探索实现能源资源产权束的具体路径。这也是本书第二篇的主要研究内容。

二 技术路径

能源资源的产权界定和价值评估是能源资本化的两大重要前提，通过对能源资源的产权界定将其变为能源资产，再通过对能源资产的价值评估，使其成为价格可量化、资产归属明晰、价格波动具备连续性的资产，进而将能源资产转化为能源资本。

中国能源价格体系的发展大致经历了计划价格、管制价格和国家指导价格三个阶段。新中国成立之后到改革开放之前，政府充分利用计划价格体制对能源价格实行计划管理；改革开放后国家在其他领域逐步放开了计划价格，但对能源依然实行严格的管制价格；1998 年市场化改革后，中国开始对能源实行国家指导价格。中国的能源价格机制虽取得了一定成就，但仍存在众多问题：能源价格改革相对滞后，价格杠杆效用较低，价格调控主动性较弱。与此同时，还存在忽视市场需求、交叉补贴严重、资源环境成本难以体现、部分产业上下游一体化垄断等问题。究其本源，主要在于缺乏合理透明的定价机制，因此制定合理的能源定价机制已成为当前完善能源资本化的技术路径。

基于此，本书第三篇将重点研究能源定价机制及其资本化产品价值评估体系，厘清能源资产的价值构成要素及各构成要素之间的相互关系，为完善中国能源市场化定价机制、精准评估能源资产及其金融衍生品价格和最终实现能源资本化提供理论基础和实践保障。同时，在梳理当前国际上对能源资源、能源资产权益及能源衍生品研究的前提下，结合中国目前能源资产证券化市场及能源金融衍生品市场的实际状况，设计出能源资源价值计量模型、能源资产权益估价模型以及能源金融衍生品定价模型，并对能源商品的价格波动、能源资源的经济周期进行定量分析，为能源资本化过程的设计和实现奠定基础。借鉴发达国家的能源定价模型，制定适合中国的能源定价方案，进而提高能源使用效率。通过上述研究，为能源资本化的技术路径提供支撑。

三　交易路径

完善市场化交易机制是能源资本化的交易基础。只有构建良好的交易平台，才能保证能源资产在交易过程中的潜在价值、衍生价值和附加价值不断被挖掘，实现资本增值和价值转化，最终实现能源利用效率的提升和能源结构的优化升级。基于此，本书第四篇将从产品体系、平台体系、市场体系入手，侧重研究如何完善能源资本化市场支撑体系建设。具体而言，首先，阐明能源资本化的市场支撑体系由产品体系、平台体系、市场体系三部分构成，其中：产品体系是核心，确定提供的能源品种；平台体系是载体，确定能源产品交易的场所；市场体系是保障，提供各种市场机制和促进交易的制度安排。其次，分析国际、国内能源交易体系，主要梳理了能源交易体系的发展过程，介绍国际、国内主要期货交易所及其能源品种，并由此进行了市场支撑体系的对比分析，提出了国内市场支撑体系建设的方向。沿着这些建设方向，提出能源资本化产品体系、平台体系、市场体系的改进措施。具体来说，能源资本化产品体系应当从期货产品的优化设计、期权的优化设计、资产证券化的优化设计来进行建设；能源资本化平台体系应当从提升国际化程度和进行"一带一路"布局、应用大数据等金融科技、提升产品研发能力和服务水平、设立碳排放权等碳资产交易机构四个方面来进行建设；能源资本化市场运行机制体系应该从完善股权市场交易机制、促进债权市场发育、完善评估机制、促进人民币在国际能源交易结算中的应用、完善法律制度、引入做市商制度、构建风险防范和预警机制、完善监管体制八个方面来建设。

第五章　国外能源资源产权制度安排的 典型特征及启示

目前世界各国的能源资源产权制度各式各样，具体模式也不尽相同。美国、英国和加拿大三国的能源资源所有权分属于联邦政府、州（省）政府和私人所有，而能源资源所属土地所有者对其拥有使用、处置和管理权。在欧洲大陆（如法国、德国），能源资源的所有权与土地所有权相分离，能源资源的产权由政府授予勘察者或开发利用者，被授权的组织或个人对其拥有占有、使用、支配、收益和处置的权利。巴西、智利、墨西哥和印度等国明确规定能源资源是国家或全民的财富。它既不属于国家财产中的公产，也不属于个人私产，国家对能源资源具有所有权和支配权，同时设立国营的能源资源开发利用企业，并将能源资源的产权授予这些国营企业，由它们全权进行能源资源的勘察、开发、利用和处理。本章通过对国外能源资源产权制度安排的比较研究，寻求符合中国国情的、可借鉴的能源资源产权制度安排，为完善中国能源资源产权制度提供借鉴和依据。

第一节　发达国家能源资源产权制度安排

一　地下权和地表权结合模式

（一）所有权

英美和澳大利亚的土地制度普遍采用普通采邑制，即土地所有权分为地下权、地面权和地上空间权，均归属土地所有人。目前，美国土地所有权分属联邦政府、州政府以及私人所有，另有2%为印第安人的保留地（李国平等，2011）。例如，美国密歇根州规定，在普通采邑制下，产权初始分配时矿产资源地表所有权和地下权（矿业权）均属于地表权所有者，并且地表权和矿业权均可被独立销售。就油气资源而言，澳大利亚规定，初始分配中的油气资源（涵盖陆上、海上）为女王所有，其他人可通过许可取得该资源的所有权。英国1998年《石油法》规定，自然状态下的地层石油所有权属于国家。

（二）发现（勘探）权

在美国，矿产资源由国家所有，亦受国家支配。主权者将石油和天然气资源的勘探权和开发权授予私人实体或者公共实体，即国家拥有石油和天然气的所有权，上述权利采用许可证或者租约的方式授权给企业或地方。在取得许可证的实体于许可证范围内直接经营的情况下，所授予的实际上是特许权。例如，加拿大宪法将所有土地、矿山、矿产和特许税费明确授予原始省份。

加拿大的探矿权由联邦政府与省政府两级分权管理，探矿权实行审批登记制度。联邦和各省都有立法权，省内矿产资源的相关法律规制由本省负责制定。探矿权采取审批登记制度，一系列工作由省矿产业管制部门负责。矿山的监督工作则交由受到政府委托的监督员或者资格人进行。

澳大利亚勘探权具有排他性，授予勘探许可证时对允许勘探的边界、面积和矿种均有所限定。申请勘探权人申请时，需明确申请勘探区块个数，进而确定特定的地区、边界、矿种、面积和时间。

（三）采矿权

对于通行地役权是否为独立地役权，英国和美国有着不同的规定，英国的通行地役权是从属权而非独立权，美国则将具有商业性质的通行地役权视为可转让的独立地役权。

美国司法将地役权制度延展至矿产资源，主要体现在《财产法第三次重述：役权》中。此外，采矿权人具有商业性质的通行获益要求在现代矿业物流上获得了美国司法的肯定。

新西兰《矿业法》明确指出，在规定的土地上，包括王国的土地、公共保护区及其他、私人土地等，允许进行采矿。而对于有重要价值的矿产，法律以强制性土地准入支持采矿获益权。

（四）矿业权转让

美国采取许可主义，允许以契约形式转让、租让和转租陆上矿产的探矿权，并规定转让方式需按照矿种特点确定，包括申请、竞标、一次性出售等，而法定继承人具有受让矿业权的权利。

在澳大利亚，矿产资源是国有的，探矿权和采矿权可转让，其中探矿权转让由联邦和州两级政府管制。矿业权转让采用特许申请制度，申请探矿权人提交含勘查情况、生态保护义务履行等内容的申请给上级部门，符合资质审查的方可批准转让登记，手续完成后再公开声明即可。此外，澳大利亚政府的勘探许可证授予为有偿出让，需征收探矿权租金、采矿权租金。获得勘探权的矿业公司必须满足最低勘探资金投入要求，并定期提交勘探报告。

（五）财产权

绝大多数欧洲国家制定的宪法中都包含了自然法理念和自然正义。宪法把财产作为一项基本人权予以保护。1969 年《美洲人权公约》承认财产权的合法性。1934 年英国《石油法》规定，将所有石油资源授予皇室。这就意味着如果有关石油资源随私人土地财产而存在的话，则它是一部没有补偿的征收法律，或者是对这一资源已存在的公共性质的承认。加拿大 1867 年《宪法》第 92A 条（1982 年增加了内容）授予各省制定与石油和天然气以及其他不可再生资源勘探、开发、保护和管理有关的法律的专属权利。自由保有的不动产除外，联邦政府对位于各省边界之外的、处于 3 个自治领域内的矿山和矿产拥有所有权和管理权。联邦政府还保留了对加拿大近海矿产资源的所有权。澳大利亚昆士兰州 1915 年《石油法》对公众所拥有的任何石油权利进行了实际上的国有化。

（六）排放权

澳大利亚与土地复垦有关的法律主要包括《采矿法》、《原住民土地权法》、《环境保护法》和《环境和生物多样性保护法》等。专门的组织管理机构共同使土地复垦贯穿于采矿的全过程，将矿业生产对环境的影响下降至最低程度。首先，政府在综合考虑复垦区域内的环境价值、原土地所有者的利用情况以及相邻土地利用方式后，确定区域土地复垦总体目标。其次，政府要求在矿山开采或开发前必须进行环境影响评价，编制详尽的复垦方案，方案以土地复垦为主，包括水资源管理和污染防治。政府加强对土地复垦过程的管理和监控。实行土地复垦保证金制度，保证金缴纳面积为每年扩大开采的面积，并允许将已复垦面积按比例抵消破坏的土地面积，以此作为奖励。矿山企业在开矿前，要依法编制矿山环境保护和闭矿规划，申请环境许可证。土地权益的相关方和矿山企业共同决策复垦后土地的利用方向、复垦土地质量的检测指标和评价标准等，公众全程监督土地复垦。

美国有着一套从联邦到州政府的完整的土地复垦制度体系，并为不同的矿产资源有针对性地制定了环境管理法律法规。1977 年以前，美国各州对土地复垦有各自的规定。1977 年之后，美国针对矿山土地复垦颁布了《露天采矿管理与环境修复法》（简称《复垦法》），统一露天矿管理和复垦标准。该法规定，矿产开发须取得许可证，未经许可不得开发；土地复垦与采矿同时进行，申请许可证须提交土地复垦计划并缴纳复垦保证金；国家通过建立复垦基金的方式组织复垦已废弃的矿山，复垦基金来自现有采矿企业缴纳的费用、滞纳金、罚款、捐款等。在不违背《复垦法》的前提下，美国也有一些土地复垦地方法规和部门法规，作为《复垦法》的补充。

关于矿区土地复垦，英国颁布的主要相关法律包括《矿物开采法》、《矿山采矿法》和《环境保护法》等。《矿物开采法》规定，相关责任主体必须从政府财政拨款、复垦基金、矿企支付资金和社会募捐资金中预留出一部分，用于恢复治理矿区开采后的土地与环境。《矿山采矿法》规定，矿主须先提交采矿后的土地复垦计划，才可进行开采。《环境保护法》明确规定，矿产资源开采须缴纳土地复垦抵押金。

二 地下权和地表权分离模式

（一）所有权

德国《民法典》规定，除与法律或第三人的权利抵触外，物的所有人可以排他性地拥有该物的随意处置权。德国《矿藏法》规定，除指定的非重要矿种允许为土地所有权者所有，其余矿藏的所有权均属于国家。

法国《民法典》规定，土地所有权的客体包括地上物和地下物。《矿业法》规定，某些地下矿藏的开采权为国家而非土地所有人所有，即使是非国家所有的露天矿藏，其开采和转让也须由国家授权。

丹麦《地下资源法》规定，石油、天然气、盐和地热能等能源的所有权属于国家。荷兰2002年《矿业法》和西班牙1973年《矿业法》也规定重要矿产的所有权归属国家。

（二）发现（勘探）权

法国通过颁发排他性和非排他性两种许可证来授予勘探权，此外，根据矿产处于固态、液态、气态等不同状态，许可证也有所区别。矿产调查工作须向省长申报，勘探可由土地所有人或土地所有人允许的他人进行，否则须由经济财政工业部部长批准。

（三）采矿权

法国《矿业法》规定，采矿权以采矿权许可证或矿山开采特许许可证的形式授予。在许可证期限上，采矿权许可证5年，矿山开采特许许可证可长达50年。在采矿量（累计）上，采矿权许可证有限定，超量开采须申请矿山开采特许许可证。在开采申请上，地表主人、矿床调查者及其他人是考虑和考察的优先群体。采矿权许可证申请，须先通过技术和财政条件的资质审查，再取得矿业委员会同意，由主管部长授予方可。矿山开采特许许可证，则由国务委员会以法令的形式授予符合要求的法国国有或国家指定的矿业企业。

日本《矿业法》规定，矿产资源的开采管理采用许可证制度。日本的矿业权不包含探矿内容，采矿权则分为勘探权与采掘权。关于采矿权的取得，日本《矿业法》遵循竞争性申请原则，规定同等条件下最先申请的企业或个人将优先获得采矿权，即依据申请的先后顺序取得采矿权。

俄罗斯对采矿活动实行采矿许可证制度，依照《地下资源法》规定的招标程序或"PSA"法律程序授予。俄罗斯对于采矿活动有着较为严格的要求，首先，从事采矿活动需要环境专家出具意见；其次，俄罗斯《环境法》规定，从事采矿活动需取得由地方土地管理部门授予的地下使用许可证、采矿配置证书等。

为区别普通所有、地面上所有和包含地下资源的所有，德国《矿藏法》严格定义了矿产或土地区块的所有者。德国法律规定，国家是矿藏资源的所有者，国家以许可证制度管理矿藏的勘探开采活动，但土地所有权人享有先占权利。德国《矿藏法》规定，仅对指定矿种和特定区域的矿产，土地所有权人同时享有勘探和开发权，而在特定区域内，矿业权所有人亦享有该矿区的地上权。此外，地面上所有的所有权与矿业权不分离，此时该土地所有权属于房地产范畴，该矿产资源也就不适用联邦矿业许可或项目计划审批制度。

（四）矿业权转让

法国《矿业法》规定，土地所有权者对地下矿产资源进行勘探，或转让矿业权给第三方，应优先通知，且矿业权转让的交易情况需告知矿业部部长。若第三方想对矿产进行勘探，而该资源所属区块的土地所有权者拒绝，则需要通过招标、拍卖或投标的方式获取由矿业部部长授予的采矿权。

德国的矿业权转让也有协议转让和许可证两种。德国《矿藏法》规定，矿业权协议转让时，转让协议须征得相关监管机构同意，而矿产资源的地下使用许可能够以招标、拍卖或投标等方式取得。

按照俄罗斯《地下资源法》规定，俄罗斯对矿业权转让采取有限市场化原则，除规定的情形外，不允许将矿业权转让给第三方。即使是在例外情况下，也须征得俄罗斯联邦政府同意。

（五）财产权

1952年的《欧洲人权公约第一议定书》规定，在不损害国家为保障公共利益、税收等实施有关法律的前提下，承认所有人财产权的合法性以及不可侵犯。第1条规定，按照欧洲人权法院的实践，欧洲法院已经把征收概念扩展到了所谓的事实上的征收，即对财产使用的限制。2000年的《欧盟基本权利宪章》和1981年的《非洲人权和民族权宪章》都承认财产权的合法性。联合国大会1948年通过的《世界人权宣言》第17条承认，财产权免受任意剥夺。根据一般国际法的规定，国家对陆地自然资源享有永久主权。

荷兰《宪法》规定，征收仅能在公益所需且保证给予充分补偿时，根据或者符合议会法律之规定进行。在根据或者符合议会法律之规定而进行征收的情况下，财产所有者有权当其财产被政府有关部门出于公共利益所需而毁损，或无法使用，或使用权受限时，获得全部或部分补偿。荷兰《所有权拆分法》规定，禁止能源管网的运营以及能源生产、贸易和供应（无论是荷兰还是外方进行的）在同一集团企业内进行。

（六）排放权

德国的《矿藏法》是矿区复垦重要的法律依据。该法规定驻矿区有义务对矿区复垦提出具体措施，并编制一份包含停止采矿生产作业的详细技术可行性内容的矿山关闭报告，交由上级主管部门审批，此报告是采矿许可证签发的先决条件。对于老矿区和新矿区，复垦资金来源有所区别。老矿区的土地复垦资金由联邦政府和州政府按3∶1分摊；新矿区的复垦资金则来自矿区业主根据复垦工作量预留的复垦专项资金，一般为年利润的3%。此外，对于矿区开发和复垦的环保和质量要求，德国《矿藏法》做出了严格的规定。例如，必须异地等面积恢复森林、草地；须按原土层复垦露天开挖的土地，并保证其地力；复垦为耕地的须种植作物7年并变为熟地后，才予以验收。

第二节　欠发达国家能源资源产权制度安排

一　地下权和地表权有限结合模式

（一）所有权

在南非，地下权和地表权的统一是有限存在的，有两种情况下二权合一。第一种情况，在限定的地区，限定的矿种允许私人或部落所有，此时地表权所有者亦拥有地下规定范围内的矿种所有权。第二种情况，由于州政府是绝大多数矿产的所有者，当土地亦为州政府所有时，地下权和地表权的初始配置自然合二为一。此外，南非还存在土地私有形式，在这种土地上，二权分离。

因此，南非的矿产资源地表权与地下权的形式有以下四种。第一，私有土地，矿产资源二权合一，均归属于土地所有者。第二，州政府所有土地，矿产资源二权合一，均归属于州政府。第三，被转让的州土地则二权分离，矿产地下权由州政府所有，但地表权可私有。开采活动经州政府准许方可进行，若地表权私有，则探矿活动须经地表权所有者同意。第四，信托或部落土地，这种制度下名义上二权合一，实质上是二权分离。名义上，部落掌握地表权和地下权的初始配置权，实际上是由受部落委托的州政府对矿产资源勘探权和采矿权进行支配。

（二）发现（勘探）权

南非《矿产资源和石油开发法》明确规定有 10 类矿业权，有关发现（勘探）权规定如下。第一，踏勘许可。有效期为 2 年，经地表权人或法定占有者的许可，允许踏勘许可权人进入土地进行踏勘工作。该许可不包括任何勘探或采矿活动的许可，同时也没有授予持有人任何排他的权利。踏勘许可不得转让、出租、转租、让渡、处置或设抵押债权，不得展期。第二，勘探权。有效期不超过 5 年，可展期 1 次，展期时间不超过 3 年。权利人拥有排他性的展期权和采矿权，同时在法律许可的情况下，有权移走和处置矿产权。第三，勘查权（针对石油）。有效期不超过 3 年。在遵守规定条件的情况下，可以转让和抵押。最多可以展期 3 次，每次不超过 2 年。有申请和被授予生产权、展期权的排他权利。第四，踏勘许可（针对石油）。有效期不超过 1 年。不得转让，不得展期。第五，社区优先勘探或采矿权。该矿业权的权利主体是社区，社区以发展和社会地位的提高为目的对矿产资源进行勘查开发，项目收益用于社区。有效期不超过 5 年。可以展期，每次展期不超过 5 年。社区优先勘探或采矿权不能在现有的勘探权、采矿权、采矿许可、留置权、生产权、勘查权、技术经营许可或踏勘许可所覆盖的区域内授予。

（三）采矿权

南非《矿产资源和石油开发法》明确规定，矿产资源和石油归国家所有，是全南非人的财产。南非的长期目标是矿产资源国家所有制，但在过渡时期，为限制拥有矿业权却囤积不进行开采的采矿权人，遵循"有开采才可继续拥有"的原则。对于不具有开采经济效益，或开采会导致市场波动的，仍保障其采矿权。关于采矿权的规定如下。第一，采矿权的有效期不超过 30 年。可展期，但是不超过 30 年。有排他申请和采矿权变更的权利。第二，采矿许可证。不得转让、中止、出租、转租、留置或处置。但是经部长许可，允许以融资的目的进行抵押。有效期不超过 2 年，可展期 3 次，每次不超过 1 年。

（四）矿业权转让

南非《矿产资源和石油开发法》有关矿业权转让的条款如下。第一，留置许可。有效期不超 3 年。不得以任何方式转让、中止、出租、转租、留置或处置、抵押。可展期 1 次，展期时间不超过 2 年。有获得相应区域采矿权的排他权利。第二，技术合作许可。技术合作许可主要是授予权利人在权利覆盖地区进行技术合作研究的权利，权利人对于权利所覆盖地区有排他勘查权。该许可有效期不超过 1 年，不得转让，不能展期。第三，生产权（针对石油）。授予权利人开采和处置在生产期间所发现的石油的权利。有效期不超过 30 年。在遵守法定条件的前提下，可以转让和抵押。可以展期，每次不超过 30 年。

南非法律规定，未经部长书面许可，任何探矿权或采矿权均不得以任何方式处置；任何违反上述规定的处置都是无效行为。此外，需要在探矿权或采矿权流转交易行为发生后的 60 天内前往主管部门注册。

（五）财产权

《非洲人权和人民权利宪章》承认财产权的合法性。南非 1996 年《宪法》对财产权做出了具体的解释，《宪法》第 25 节第（5）~（9）条向立法机关施加了起草并制定促进土地改革的法律的义务。将这些土地改革规定与第 25 节第（4）条联系起来，该条规定土地改革是为了公共利益。第 25 节第（5）条对土地再分配做出规定，规定再分配过程是将土地给予那些无地或少地的人，或使得他们有可能获得土地，用途可以是农业（生存或商业）或住宅。第 25 节第（6）条规定了地租改革，规定地租改革过程是将已有的无保障的或不适宜的土地出租，加以合法的转变以提供更多或更好的适宜权利。第 25 节第（7）条对返还土地做出规定，规定土地返还是一个有限期限内的有限过程，对于那些种族隔离时代受到种族歧视的人或特定的人，返还其特定地块的土地。南非《宪法》不仅具有改革论的性质，还为立法和司法机关施加了根据《宪法》的精神、主旨和目标来对再分配模式与性质以及财产权制度加以变革的干预义务。财产权配置的合法性、财产权的社会缘起与局限、立法机关和规制机构对财产权的再定义与规制、国家介入财产权制度的合法性与正当性，都无可避免地成为公共争论的一部分。

（六）排放权

南非《矿产资源和石油开发法》对矿产所有人和开发人提出了关于排放和复垦的要求，视权利形式不同，矿业权人的义务范围也有所不同。总的来看，矿业权人的义务同其他国家的规定类似，主要包括以下几个方面：①按照规定的格式提交矿业权申请，并交纳费用；②在相应的矿权处登记；③在规定的时间内，按照被批准的设计工作；④矿业权人须承担污染以及生态退化等环境方面的法定责任，直到部长发放闭坑证书；⑤交纳权利金和其他费用；⑥保存记录和信息（财务、产量等方面的记录和信息），并按规定定期或不定期提交报告和数据。此外，为确保矿业权人有实施工作计划的能力，矿业权人需提交社会和用工计划，以及必要的财务担保。

二 国有所有

（一）所有权

巴西、智利、墨西哥和印度等国明确规定能源资源是国家或全民的财富。它既不属于国家财产中的公产，又不属于个人私产，国家对能源资源具有所有和支配权利，设立国营的能源资源开发利用企业，并将能源资源的产权授予这些国营企业，由它们全权进行能源资源的勘察、开发、利用和处理。

沙特阿拉伯1992年《治理基本法》规定，国家领域内的所有资源属于国家财产，且这些资源的开采、保护和开发方法均由法律规定。伊朗《石油法》第2条规定：国家的石油资源是公共资源（财产和资产）和财富的组成部分，根据（伊朗伊斯兰共和国）《宪法》第45条的规定应当由伊朗伊斯兰共和国政府支配和控制，伊朗伊斯兰共和国政府是行使石油资源和设施主权和所有权的权力机关。巴布亚新几内亚1998年《石油和天然气法》第6条第1款规定：根据本法，任何土地的地上或者地下的全部石油和氦都是国家财产，并且都应当被认定为从来就是国家财产，其他法律或者其他文件另有规定的除外。莫桑比克 2001 年《石油法》第 6 条规定：作为自然资源而位于土壤、底土、内水、领海、大陆架以及专属经济区的所有石油资源，都是国家财产。尼日利亚 1999 年《宪法》第 44 条第 3 款明确规定：尼日利亚所控制的全部财产，包括尼日利亚领水和专属经济区内的全部矿产、石油和天然气，归属于联邦政府。尼日利亚 1969 年《石油法》第 1 条还规定任何土地内的全部石油的所有权和控制权由国家享有。尼日利亚《专属经济区法》第 2 条第 1 款也规定：在不违反《领水法》、《石油法》以及《海洋渔业法》的前提下，勘探和开发尼日利亚联邦共和国专属经济区内自然资源所对应的主权和专属等权利，由尼日利亚联邦共和国享有，而且应当通过联邦政府或者其指定的部长或机构普遍地或在任何特定的情形下代表联邦政府行使。保加利亚 1991 年《宪法》第 18 条规定：地下资源、水资源等是特有的国有财产。国家对勘探、开采、利用、保护和经营大陆架、专属近海经济区以及其中的生物、矿藏和能源资源行使主权。乌克兰《宪法》第 13 条规定：位于乌克兰领土范围内的土地、地下矿产、空气、水等以及乌克兰大陆架的自然资源等是乌克兰人民的产权对象，由代表全体人民的国家和地方机关依法行使所有权。也门共和国 1978 年《宪法》第 14 条规定：国家是土地和地下、地上、领海、大陆架和经济特区内自然资源及其副产品和各种能源的唯一占有者。

安哥拉 1992 年《宪法》主张国家所有权原则。《宪法》第 12 条第 1 款规定：存在于土壤之中和土壤之下的、内水和领水中的、大陆架上的和专属经济区内的所有自然资源，都属于国家财产，国家应当决定其使用、发展和开发的条件。安哥拉 2004 年《石油活动法》第 3 条进一步确认了石油资源国家所有权的基本原则。该法规定：存在于第 1 条所述区域内的石油矿藏是国家公共财产不可分割的组成部分。第 1 条所述区域是"安哥拉国家领土的地表和地下区域、内水、领水、专属经济区和大陆架"。

墨西哥 1917 年《宪法》第 27 条规定：国家是国内所有土地和水的原始所有权人；私有财产权是一种国家赋予的权利，因而受到国家限制和征收；对经济发展具有战略重要性的自然资源（水、矿产以及烃类能源），国家进行直接控制。

在阿根廷，《烃类能源法》规定，联邦政府是国家最高支配权人，代表国家拥有"不可剥夺的和非依时效取得的"地下石油和天然气资源（储藏）财产。经第24145号法律修改后，当现有特许期限届满后，这种最高支配权归于资源所在省。

（二）发现（勘探）权

根据现代特许权，石油企业需要以支付所有成本和特定税费为代价取得勘探石油以及发现石油后生产、销售和运输石油的专营权利。现代特许权有各种称谓，如许可证、租约等。另外，国家所有权制度下的大部分国家依据其立法规定，都有权参与石油和天然气的勘探、开发、销售和出口。国家参与的方式根据具体情况，可以是特许权、产品分成合同或者服务合同。国家参与的比例可以由立法固定下来。巴布亚新几内亚1998年《石油和天然气法》第165条宣布，国家对任何项目都保持22.5%的权利。根据安哥拉《石油活动法》第15条第1款，安哥拉国家石油公司持有的参与权益应当大于50%。石油和天然气权利的配置通过立法方法予以规范，而且在某些情况下，立法方法和合同方法之间并没有区别。尼日利亚1969年《石油法》第2条第1款a项规定了石油调查许可证，这种许可证于授权当年12月31日期满而且期限不得超过1个日历年。第2条第1款b项规定，石油勘探许可证为一定区域内的石油生产活动授予了排他性的地表和地下勘探权利，区域的面积不得大于2590平方千米。第2条第1款c项还规定，本国认可石油开采租约，租约授予勘探、开采、生产以及从相关区域运出石油的排他性权利。规定面积为1295平方千米，期限为20年。根据尼日利亚1969年《石油（钻探和生产）附属法规》第30（b）和第31条的规定以及其他适用于该许可证的条件，受许可人已经完成工作承诺的，可以要求将许可证转换成石油开采租约。在巴布亚新几内亚，根据其1998年《石油和天然气法》第23条、第40条和第57条规定，石油和能源部门须对石油的勘探、保留和开发分别颁发和管理相应的石油许可证。这些许可证由石油和能源部部长授予申请人。这三类许可证分别针对勘探、生产和开发阶段颁发。巴布亚新几内亚1998年《石油和天然气法》第25条规定：根据本法以及许可证设定的条件，石油勘探许可证在有效期内和许可范围内授予受许可人排他性的专有权利：进行石油勘探；评价所发现的石油；为实现上述目的而运行和实施必要的工作，例如建设和运营输水管线、油层评价试验站，以及对相关作业所产生的石油进行回收、销售或者其他处理。

自 19 世纪晚期以来，巴西关于调整石油和天然气勘探和生产的法律制度就已经有不少。巴西 1891 年《宪法》第 72 条第 17 款规定地表土地所有者对其底土中的所有资源享有充分权利。然而，自 1934 年《宪法》通过以来，巴西对土壤（地表土地）所有权与底土所有权已经予以区分。这种区分为 1988 年《宪法》第 176 条所确认，该条规定，在底土中发现的石油和天然气储藏及矿产资源归联邦政府所有。在联邦政府允许私人个人或者私人企业开采这些资源的范围内，后者必须向巴西联邦政府或地方政府缴纳特许税费。印度尼西亚 1945 年《宪法》规定，国家拥有控制土地、水及其蕴藏的自然资源的权利，并且以最大化人民利益为使用目标。

阿根廷 1994 年改革后修订的《宪法》第 124 条，承认各省对位于其管辖范围内的"全部自然资源"享有最高支配权。阿根廷《烃类能源法》和第 24145 号法律规定，原油和天然气一旦生产出来以后，其权利根据特许文件归特许权持有人。自然资源勘探、开发和开采的技术复杂性和资本密集性导致了既有（自然）因素和附加值（开采和加工）因素之间的复杂关系，而且也使得技术发达的资本密集型商业实体容易面临采矿风险。

（三）采矿权

在作为西班牙殖民地期间，墨西哥实行的是适用烃类能源的公共支配原则。修改之后的《宪法》条款保留了这一原则，但是允许私人参与石油资源开采。鉴于此，墨西哥《宪法》第 27 条第 6 款规定，国家对烃类能源的支配权是不可剥夺的，不是宪法限制的对象。后来，为了实现国家直接和排他性的烃类能源开采目标，1940 年墨西哥通过了一项宪法改革，将《宪法》第 27 条第 6 款修改为：对于石油以及固体、液体或气体的烃类能源，不得授予任何特许或者合同；国家开采这些资源的方式，应当由专门的监管法律予以规定。然而，尽管进行了宪法改革，但是该部法律于 1941 年被《关于石油领域的监管法》废除。根据 1941 年的法律法规，私人公司能够通过风险合同从事石油勘探和开采活动，而对此类私人公司所提供服务的补偿，可以是货币，也可以是所获得产品的一定比例。后来，墨西哥于1960年、1982年先后对《宪法》进行了修改。目前，墨西哥《宪法》第27条第4款规定：国家对于大陆架和岛屿海底区域的所有自然资源拥有直接所有权。这些自然资源不管是储藏于岩脉还是岩层中，无论是大量还是少量，都构成区别于地球本身组成部分的一种不同性质的储藏。墨西哥《宪法》没有授权国家对石油产业基础设施的财产权，而是在第28条规定了一种国家对烃类能源的直接和排他性的开采权制度。第28条规定：在墨西哥，禁止任何垄断和垄断做法，不豁免任何商业税收……国家在下列战略领域以一种排他性的方式履行职能的行为不应当构成垄断：邮政服务、电报和无线电，放射性矿产和核能发电，电力以及由联邦国会制定的法律所明确确定的其他行为。根据墨西哥现行的《关于石油领域的〈宪法〉第27条之监管法》（2008年修改）第1条的规定，位于国家领土（包括大陆架和专属经济区）内的所有烃类能源的直接的、不可分割的以及非时效性的所有权归属国家。第2条进一步规定，根据《宪法》第25条第4款以及第27条第6款的规定，只有国家才能开采构成石油产业的烃类能源。此外，尽管根据《关于石油领域的〈宪法〉第27条之监管法》（2008年修改）第4条的规定，石油和天然气的勘探和开采是公有公司墨西哥国家石油公司的一个垄断领域，但是该法第6条允许该公司及其附属机构同私人个人或私人企业签订合同，由后者来从事前者所要求的工作或提供前者所要求的服务，包括那些与勘探和开采有关的活动。因此，墨西哥国家对烃类能源的绝对公共支配原则并不意味着对石油产业的绝对公共垄断。

（四）矿业权转让

巴西《矿业法》规定，允许将采矿许可权转让给符合规定的他人。依法转让或抵押特许权的，特许权本身及其附属权利均有效。所有自然资源（如石油、天然气）都是国有的，对于矿产的勘探权和开发权，主权者可以采用许可证或者租约的方式授予私人或企业。这些主权权利通常是由国家元首或者政府部长根据现行法律行使的。

尼日利亚1969年《石油法》第2条和安哥拉《石油活动法》第8条、第37条都规定，部长负有代表国家颁发许可证的职责。在取得许可证的实体于许可证范围内直接经营的情形下，所授予的实际上是特许权。传统的特许权是政府和企业之间最早类型的石油安排。根据特许权，石油企业取得勘探石油以及发现石油后生产石油、销售石油和运输石油的专属权利。尼日利亚授予石油公司的最早特许权是根据1914年《矿物石油法令》授予的，特许权被称为勘探权利。

安哥拉《石油活动法》第4条第1款规定，矿业权由政府授予安哥拉国家石油公司。第5条规定，石油公司无权以任何形式转让矿业权。第13条规定，在安哥拉境内，任何企业只能与安哥拉国家石油公司共同经营或者联合经营勘探许可外的石油业务。第16条第1款规定，在征得监管部长以行政法令形式做出的同意后，安哥拉国家石油公司的联营者可以部分或全部地转让合同权利与义务给第三方，但第三方必须获得产量、技术、金融能力方面的认可。第16条第2款规定，向第三人转让股份超过转让人股份资本的50%的转让行为，被视为相当于合同权利与义务的转让。

（五）财产权

尼日利亚1999年《宪法》第162条第（2）款规定：根据财政收入分配委员会的建议，总统应当向国民大会提交关于从联邦账户进行税收配置的提议，而且在决定配置公式时，国民大会应当考虑相关配置原则，特别是有关人口、各州平等、国内税收、土地面积、地形以及人口密度的配置原则。

印度尼西亚《宪法》第33条规定：①经济应当以家庭原则为基础，作为一项共同事业进行组织；②由国家统治重要的、影响人民生活的生产部门；③土地、水等自然资源均为国有，且以人民利益最大化为目标。

阿根廷《宪法》第75条第17款要求国民议会以及各省承认阿根廷原住民已存在的伦理道德和文化。保证尊重他们的身份，承认其部落的法律能力，以及他们传统上占用土地的部落占有权和所有权；规范人类发展所需要的其他土地的授权；这些土地不得出售、转化或者成为留置、抵押或担保的对象。《宪法》授予阿根廷原住民对其土地及矿产的所有权和财产权。

（六）排放权

巴西《矿业法》规定，按照"谁办矿谁关闭"的原则来分配关闭资源枯竭矿山的工作。国家环保部门对矿山企业施行一系列的监督管理措施：采矿权申请时，需提交矿区卫星图片，并制订阶段性实施的复垦计划；开采过程中，监督复垦计划的实施；矿区关闭后，会定期检查，不符合环保要求的，先通知企业进行整改，整改不合格的则处以罚款。同时，对矿业生产过程中的环境保护，巴西规定：保护生态环境和公民的健康安全；前期的环境影响评价报告将公开矿业活动中对环境有影响的因素；保护动植物，禁止任何不利于生态平衡和物种安全的活动；开采矿产资源必须自行或通过有实力的公共中介恢复被破坏的环境；个人或法律实体应当对其破坏环境的行为承担刑事责任。

泰国1992年《国家环境质量改善和保护法》对复垦做出了规定：①任何采矿项目必须在采矿活动开始前向环境政策与规划办公室提交环境影响评价报告；②所有经济活动（包括采矿）必须符合环境标准（如地表水质和空气质量标准）；③环境政策与规划办公室有权将任何地区指定为环境保护区；④已经建立的环境基金可以作为中小型矿山进行恢复活动的贷款来源。同时，泰国《矿产资源法》也对经营者的环保义务做出了规定，要求其保护环境并将受矿产资源开发影响的地区环境恢复至开发前的状态。

印度1986年《环境保护法》对矿业生产者的环境保护活动做出了严格的要求，包括污染物排放的标准和采矿的地区。未经印度矿山局指定官员批准，任何环境污染物的排放量不得超过标准。

第三节　国外矿产资源产权制度安排的总体特征及启示

（一）矿产资源所有权制度

从国外矿产资源的所有权制度安排来看，本质上所有权制度主要分为私有制、公有制和两种制度并存。由于矿产资源不能脱离土地而单独存在，因此矿产资源所有权制度最终体现为以下三种模式。

第一，地下权与地表权完全统一模式。这种所有权制度安排的优势在于矿产资源的市场经济比重较大，国家不再是矿业市场唯一的经济利益主体，私人所有者可以自行开发矿产资源，也可以转让矿业权，吸引投资者开发，经济利益主体的多样化促进了矿业的繁荣与发展。然而，这种产权安排模式也存在难以克服的问题，在能源资源产权私有化前提下，个人和企业具有较高的能源自主性，政府面临较高的处置成本，并成为维护能源安全的唯一责任主体，很难借助能源企业的力量保证能源安全。

第二，地下权与地表权完全分离模式。采用此模式的主要是欠发达国家。国家拥有矿产资源，并全程把控矿产资源的勘探、开发、转让，有利于矿产资源的一体化管理，能较好地维护矿业市场的平稳运行与发展。与此同时，矿产资源所有权的完全公有制有助于政府通过行政手段和法律手段维护能源安全，发挥能源在一国中的战略性基础作用。该模式的劣势在于：一方面，政府在资源的勘探、开采和流转等方面占据主导地位，导致能源市场化进程较慢，不利于市场充分发挥资源配置功能；另一方面，国家作为矿产资源所有者的代理，政府作为矿产资源的管理者，容易滋生腐败。

第三，地下权与地表权有限统一模式。这种模式是矿产资源私有制与公有制并存的表现形式，即部分地区或部分种类的矿产属于私人所有，其余属于国家所有。地下权与地表权有限统一模式结合了完全统一和完全分离的优劣势，但是毕竟政府仍掌握着绝大部分的矿产资源所有权，即更倾向于完全分离模式，因而受完全分离模式的影响更大。值得注意的是，少数非重要的矿种或地区的矿产资源市场化还是能够在一定程度上促进矿产勘探、开采技术的升级，促进矿产市场的繁荣。

（二）矿业权流转制度

从各国现行的矿产资源法律制度体系来看，矿业权主要包含探矿权和采矿权两种产权束。矿业权流转制度的制定与矿产资源所有权属性存在千丝万缕的联系。相比于地下权与地表权完全分离的完全公有制模式，地下权与地表权完全统一的私有制模式在矿业权流转方面市场化程度更高、限制条件相对较少。例如，在美国矿业权转让采取许可制度，澳大利亚允许矿业权合法转让。相反，在完全公有制下，矿业权转让的限制条件更多、审批流程更为烦琐，如俄罗斯在矿业权转让过程中实施的是有限市场化原则，法国也规定了矿业权转让必须经过相关机构的许可。

（三）矿产资源财产权制度

各国均认可矿产资源共有财产权或私有财产权的合法性，财产所有权人享有财产所有的权、责、利。若矿产资源为私有财产，但被合法认定为公共所需时，征收需要依法进行，遵循公平原则，并适当考虑社会公共利益以及后代人利益，给予财产赔偿。矿产资源财产权制度，一方面有利于维护所有者权益，使得矿产资源的流转更便利、更合理，避免了资源的流失和浪费；另一方面，也在一定程度上抑制了政府腐败、权力滥用的行为，避免矿产资源在开采过程中沦为"公共财产"。

（四）矿产资源环境保护制度

国外现行的矿产资源环境保护制度主要包括污染物排放限制和土地复垦义务。污染物排放限制主要表现为授予矿产资源开发者一定额度的排放权；土地复垦义务则是指遵循"原样复垦"的原则，矿产资源开发者利用一定的技术对其破坏的土层和植被进行恢复，以还原其用处或功能。考虑到矿产资源开采者在环境保护方面大多缺乏主观能动性，往往以利益最大化为目标，不注重环境危害和安全问题，从而使得矿产资源开采活动对生态环境造成极大程度甚至不可逆转的破坏，因此发达国家通过建立矿产资源环境保护的法律制度体系，明确矿产资源开采者的环保义务，利用法律约束其行为，以更好地保证当代和后代的生态环境平衡，同时对矿区环境保护的具体实施情况进行严格审查和监管。

通过对国外矿产资源产权制度安排的典型特征分析，我们可以从中汲取适合中国矿产资源改革的相关经验。总的来说，主要体现在以下四方面：一是结合中国矿产资源国家所有的前提，可以借鉴国外矿产资源国家所有权模式下地表权和地下权相分离的有关产权制度安排模式，进一步完善中国矿产资源国家所有的产权体系；二是当前中国矿业权流转制度尚不完善，可借鉴国外矿产资源产权流转制度安排，对中国采矿权转让中受让方的资质限定、矿业权流转过程中的合同管理以及矿业权交易市场（一级市场、二级市场）进行改革，为能源资本化交易提供完善的制度基础；三是借鉴现有发达国家的经验，注重能源资源所有权衍生的财产权和附加收益权，完善能源资源产权制度的收益来源及类别；四是在资源权益分配时，要考虑生态补偿和代际分配问题，初步构建能源资源的代际补偿机制和生态补偿机制。

第六章　中国能源资源产权制度安排

第一节　中国矿产资源产权制度的发展历程

一　中国矿产资源所有权的发展历程

中国近代矿业立法始于 1898 年，其标志是清政府发布的《矿物铁路公共章程二十二条》，该章程划定了中央和地方在矿产开发经营中的权限，强调总局在矿产开发经营上的决定权，明确了地方政府保障矿业发展的具体职责，突出了国家对矿业的控制力。1907 年颁布的《大清矿务章程》是近代首部较为成熟的矿业法规，确立了矿产资源国家所有的制度，将矿产资源权归入"地腹"权利，明确规定矿产资源的所有权和开采权归国家所有。1931 年 11 月，中国正式颁布了《中华苏维埃共和国宪法大纲》，规定"帝国主义手中的银行、海关、铁路、航运、矿山、工厂等一律收归国有"。

1949 年中华人民共和国成立以后，政府就矿产资源所有权问题进行了一系列改革。1950 年实行的《中华人民共和国土地改革法》将矿产资源的归属利用作为特殊土地问题进行处理，规定矿山资源全部属于国家所有，由人民政府管理经营。1951 年，《中华人民共和国矿业暂行条例》在中国正式施行，其中规定"全国矿藏，均为国有"。随后，1954 年通过的《中华人民共和国宪法》从国家基本法的角度，把矿产资源的国家所有权纳入国家基本经济制度。

改革开放以来，中国在矿产资源法方面也付出许多努力。1982 年，全国人民代表大会通过《中华人民共和国宪法》，其中第九条内容如下："矿藏、水流、森林、山岭、草原、荒地、滩涂等自然资源,都属于国家所有,即全民所有;由法律规定属于集体所有的森林和山岭、草原、荒地、滩涂除外。"同时规定,除以上自然资源允许属于集体外,自然资源中的矿产资源属于例外,这部分资源只允许属于国家,而不能属于集体所有。其后,中国在1986年颁布了第一部《中华人民共和国矿产资源法》,清晰界定了土地所有权和矿产资源所有权。1996年,国家首次修改《中华人民共和国矿产资源法》,除了保留原有的"矿产资源属于国家所有"这一内容,还另外增添了新的内容,表明国务院有权使用矿产资源所有权,而与土地所有权无关。

二 中国矿产资源探矿权的发展历程

中华人民共和国成立前,《中华民国矿业法》规定了矿业权包含探矿权和采矿权,而企业代表法人和个人在经办相关合法程序之后,可得到国家允许进而获得矿业权,之后方可从事与探矿权、采矿权相关的经营活动。在中华人民共和国成立初期,虽然中国法律上承认探矿权的存在,但在当时并没有构建一个完备的法律体系。完成社会主义改造后,中国矿业领域的企业归国家所有。之后在计划经济时期,国家投资矿产资源的勘探以及开采工作。先由地质勘查单位对可能的矿产资源所属的地质进行条件普查、详查和勘查,然后完成各阶段地质成果报告,将报告全部提交给国家有关部门,由国家主导对勘查、采矿等任务做出详细筹划,并定期下达给地勘单位和相关企业。

1986年正式通过的《中华人民共和国矿产资源法》明确表示,"勘查矿产资源,必须依法登记"。1996年对《中华人民共和国矿产资源法》进行了修订,肯定了探矿权、采矿权的财产权属性,并规定"从事矿产资源勘查和开采的,必须符合规定的资质条件"。这一修订促进了中国矿业的规范化管理,同时提升了中国矿产资源勘查开发相关制度的规范程度。

2005年,中国出台了《关于规范勘查许可证采矿许可证权限有关问题的通知》,主要对探矿权、采矿权的登记审核管理进行了完善。2007年出台的《中华人民共和国物权法》承认了探矿权的物权性质,有助于保护权利人的合法权益,防止属于权利人的合法权益被其他无关人员投机获得。

三 中国矿产资源采矿权的发展历程

在计划经济体制下，中国对矿产资源实行统一的计划经济管理。1982年，国务院正式颁布《中华人民共和国对外合作开采海洋石油资源税条例》，规定"参与合作开采海洋石油资源的中国企业、外国企业，都应当依法纳税，缴纳矿区使用费"。在此条例出台两年之后，国务院又出台了《中华人民共和国资源税条例》，该条例的颁发意味着要对天然气、石油和煤矿等企业收取资源税，避免这些企业利用不可再生的珍贵公共资源换取私人利益，进而损害国家乃至全体人民的整体权益。

1986年，中国在经过一系列的探索尝试之后正式制定了首个矿产资源类法律，即《中华人民共和国矿产资源法》。该资源法明确规定"任何单位和个人不得进入他人取得采矿权的矿山企业的矿区"。该法对后续资源法的发展具有深远意义，其中特别指出了采矿权这一权利。但该法律还不够完备，其中不足的一点是国家无偿授予采矿权，并不能转让。因此，国外矿业企业和私营企业等涌现，它们免费占用了国家对地质勘探工作所投入的大量资金，进而严重侵犯了中国整体利益。为了确保这些法律制度的有效实现，矿产资源相关法律强调，矿产资源的勘查、开发工作应当由国家有关部门依法进行监督管理。

在从社会主义计划经济向社会主义市场经济转变的进程中，国家对资源法也进行了相应的改进。1996年，国家对1986年的《中华人民共和国矿产资源法》进行了修订，并取得了里程碑式的进展，主要表现为在探矿权和采矿权上明确了所有权和使用权相分离的原则，并在此基础上完善了依法取得探矿权、矿业权的制度，以及有偿依法转让探矿权、矿业权的制度。其中，第十三条和第十四条明确要求进行矿产资源开采要严格遵循审批和发证制度。除此之外，还明确规定了各相关部门的监督管理职能。经过两年的发展，1998年，中国通过了《矿产资源勘查区块登记管理办法》和《矿产资源开采登记管理办法》，包含了深入并且详细描述的矿业权有偿取得的相关制度。2007年3月，中国通过了《中华人民共和国物权法》，并于2007年10月正式施行，该法明确规定，通过合法途径拥有的采矿权受到法律保护。

四　中国矿产资源转让权的发展历程

1951 年，《中华人民共和国矿业暂行条例》施行，这一条例的出台意味着中国初步建立了矿产资源计划经济体制。在矿产资源方面，中国开始秉承统一管理、统筹规划、统一开发这一管理方法。根据国家筹划的具体任务和相关指标，允许企业无偿取得矿业权，然后合法对矿产资源进行深度利用。《中华人民共和国矿产资源法》于 1986 年生效，其明确规定，矿藏、林地、山脉、草原、荒地、滩涂等自然资源均属于国家或集体所有，未经法律允许不能出售（租）、抵押或者以任何其他非法形式让其属于私人或企业。随后，于 1994 年生效的《中华人民共和国矿产资源法实施细则》进一步强调了采矿权不能非法转让这一内容。

1996 年，中国对 10 年前出台的《中华人民共和国矿产资源法》进行了修订，开始允许矿产权的合法合理转让。除此之外，还规定了探矿权和采矿权转让的条件。修改后的法律明确规定，除了两种特殊情况外，探矿权和采矿权不允许进行转让，必须按照法律规定以及经过国家许可才可进行转让。

国土资源部 2000 年推出《矿业权出让转让管理暂行规定》。该规定论述了矿业权转让这一理念，不仅同意矿产权可以转让，而且详细阐述了转让的方式以及条件，其中就把招标拍卖作为矿业权依法转让的一种方式。不足之处在于没有制定严格的强制性规定，所以招标拍卖这一方式没有被广泛采用，转让时仍以批准转让申请方式为主。推出招标拍卖这一方式主要是为了让市场在矿产资源这一重要领域发挥最大的优势，即更好地进行资源配置，以达到保护资源、不浪费资源以及合理开发资源的多重目标。2003 年 6 月，《探矿权采矿权招标拍卖挂牌管理办法（试行）》开始生效，其中对相关规定进行了充实。在这些条令的推及和政府的帮助下，招标拍卖这一方式逐渐被采用，为实现矿业资源优化配置、加速市场化进程提供了制度基础。2006 年，国土资源部进一步推出《关于进一步规范矿业权出让管理的通知》。该通知在矿业权出让管理方面提出了新的办法，同时还规定了申请首次转让和协议转让的流程。2017 年，《矿业权出让制度改革方案》生效，强调了竞争出让的主导地位。2019 年 12 月底，自然资源部就

《矿产资源法（修订草案）》（征求意见稿）向社会公开征求意见，该修订草案与前有条例的理念相同，既要充分发挥市场在矿产资源领域的资源配置作用，又要更好地发挥政府在创造制度环境、提升监管能力等方面的作用。

五 矿产资源权益分配机制和生态补偿机制的发展历程

（一） 能源资源交易的权益分配

《中华人民共和国矿业暂行条例》明确规定，申请探矿或采矿时，向国家缴纳 15 万 ~30 万元费用，可视为国家出让矿产资源的收益；探矿人和采矿人缴纳矿区使用费用和矿产税。1954 年 9 月颁布的《中华人民共和国宪法》明确规定了矿藏属于全民所有，生产资料的全民所有制即国家所有制，为矿产资源的权益分配确定了制度前提。

改革开放以后，国家加快了对能源资源交易权益分配制度的制定。在开采矿产资源时要依法遵从有偿开采原则，并且自然人和法人等开采主体必须缴纳资源税和矿产资源补偿费等费用。另外，还明确规定了这些相关费用的征收方式，具体是按期征收，就地上缴，年底分拨，中央和地方政府按 4∶6 的比例分配。1998 年，国务院出台了《矿产资源勘查区块登记管理办法》和《矿产资源开采登记管理办法》，这些管理办法规定国家应摒弃以往无偿将矿业权授予他人的做法，而需取得相应报酬，即取得矿业权要支付给国家使用该种权利的许可费，并应当支付取得国家授予的矿产资源权利的相应价款，这是国家以法制方式和税费形式对矿产资源权益进行分配的重要规定和调整。1999 年，财政部和国土资源部共同颁发了《探矿权采矿权使用费和价款管理办法》。该办法指出，国务院和相关矿产资源部门按照资源的不同收缴不同数目的探矿权和采矿权费用，从而实现资源权益在中央和地方政府之间分配这一目标。2006 年 8 月，财政部和国土资源部再一次联合颁布《关于探矿权采矿权价款收入管理有关事项的通知》，进一步详细说明收取费用的比例和分配办法。其中，收取的许可费 20% 归属于中央，而剩余部分则分配给当地政府。省级以下各级政府的分配比例不做出明确规定，由省级人民政府根据各地区的实际情况自行规定。

近年来，国家针对能源资源权益分配进行了一系列试点和改革，取得了显著成效。2016 年，为了响应国家 2015 年提出的脱贫攻坚决定，实现"十三五"目标，中国发布了《贫困地区水电矿产资源开发资产收益扶贫改革试点方案》。该方案提出了一个创新的角度，即将矿产资源开发与脱贫攻坚两者结合起来，将入股分红作为资源征地补偿的新方式，建立了矿产资源开发资产收益扶贫的长效机制，让矿产资源这一看似与贫困人群无关的东西与他们结合在一起，让贫困人群能享受到资源开发的利益，进而促使这一人群脱贫。随后，2017 年国务院发布了《矿产资源权益金制度改革方案》，致力于矿产资源税费制度的改革完善，其中对相关税费的征收使用进行了重新调整，特别是将矿业权价款调整为出让收益，使矿产资源的国家所有者权益得到充分体现。2019 年中办、国办发布的《关于统筹推进自然资源资产产权制度改革的指导意见》提出要合理调整中央和地方的权益分配比例和支出结构。

（二）能源资源交易的生态补偿机制

改革开放以前，中国对能源资源的生态补偿问题关注很少，1986 年《中华人民共和国矿产资源法》的制定首次将生态补偿问题纳入法律制度范畴。其中明确表示如若开采矿产资源就要缴纳相关标准的费用，而不再是无偿开采，这部分费用被称作资源税或者资源补偿费。除此之外，对开采矿产资源者，也做出了详细要求，要求开采者尽量节约用地，不损害周围的生态环境，如若破坏草地、林地等，要实施相关补救措施或者做出一定数量的赔偿。随后，1994 年出台了《矿产资源补偿费征收管理规定》，其中明确规定：凡属于中国国土和海域，在其上进行矿产资源的开采活动之时，必须参照该管理规定标准上缴相关费用。两年之后，修订的《中华人民共和国矿产资源法》也强调了同样的内容，即对开采者收取资源税和资源补偿费。1996 年，《国务院关于环境保护若干问题的决定》明确规定，要建立完备的经济补偿机制，具体体现在自然资源的有偿使用和生态环境的修复方面。2006 年 3 月，《中华人民共和国国民经济和社会发展第十一个五年规划纲要》出台，进一步提出生态补偿这一概念，要求开发者负起保护矿产资源的责任，受益者在获取利益的同时要以补偿破坏为代价，这一切的宗旨都是要建立一套完备的生态补偿机制，以免人类在获取自然资源的同时，由于太容易得到或者不付出相应代价而对生态环境造成不可挽回的伤害。之后，政府及相关部门开始逐渐对生态补偿机制给予高度重视，力求维护生态平衡。

2005 年，十六届五中全会公报要求政府加快生态补偿机制的充分合理建设。2013 年，在十八届三中全会通过的《中共中央关于全面深化改革若干重大问题的决定》中，提出生态补偿机制应该实现横向性，同时也应该以地区和市场为导向，吸引更充足的社会资本投资生态环境保护。2014 年中国出台《中华人民共和国环境保护法》，具体阐述了建立和完善生态补偿制度的相关内容。2016 年的《中华人民共和国环境税法》强调，矿产企业在生产经营的过程中产生固体废物、噪声和其他危害环境的物质时，应当缴纳法律规定的环境补偿税。2019 年，《中共中央关于坚持和完善中国特色社会主义制度推进国家治理体系和治理能力现代化若干重大问题的决定》倡导完善自然资源产权相关制度，让民众对自然资源予以重视，以免造成公地悲剧。同时再次强调自然资源的有偿开采和使用，致力于打造一个和谐、清洁低碳、安全有效的能源体系。

在上述制度背景下，近年来各地持续推进生态保护补偿制度建设，充分调动各方积极性，不断健全生态环境保护的市场机制，取得了较大进展。例如，新安江流域生态保护补偿试点自 2011 年启动实施，成为中国首个跨省流域生态保护补偿试点。通过试点，新安江流域水质逐年改善，千岛湖营养状态指数呈下降趋势，达到了以生态保护补偿为纽带，促进流域上下游共同保护和协同发展的目的，探索出了一条生态保护、互利共赢之路。再如，云、贵、川三省把赤水河流域作为生态环境保护的重中之重，坚持高位推动完善政策规划。2011 年，《贵州省赤水河流域保护条例》颁布实施。2014 年，赤水河成为贵州首个生态文明改革实践示范点，开展 12 项生态文明制度改革任务，其中之一就是建立流域生态保护补偿制度，通过各项改革办法和举措，初步建立起流域上下游联防联控、共保共治、责权明晰、政企联动的长效机制。2018 年 2 月，云、贵、川三省人民政府达成共识，共同签署《赤水河流域横向生态补偿协议》，三省按照 1∶5∶4 比例共同出资 2 亿元设立赤水河流域横向生态保护补偿资金，根据赤水河干流及主要支流的水质情况界定三省责任，按 3∶4∶3 的比例清算资金。2018 年 12 月，三省生态环境、财政部门共同印发实施《赤水河流域横向生态补偿实施方案》。

第二节　中国能源资源产权制度存在的问题

本节从产权理论的内在逻辑出发，结合国外产权制度的对比分析以及中国产权制度改革的具体实践，分别指出当前中国矿产资源产权权能体系中所有权、探矿权、矿业权转让、权益分配及生态补偿机制中存在的问题，为完善中国能源资源产权制度提供思路和方向。

一　矿产资源所有权制度存在的问题

（一）中央和地方政府的产权制度边界不明晰

从中国当前的矿产资源产权制度安排来看，能源资源所有权及所有权所派生的占有权、支配权、处置权、使用权和收益权的权利边界尚不明晰。中国的矿产资源归国家所有，由中央政府代表国家行使所有权，这种行使权会分解至地方各级政府，而同时政府又承担着对矿产资源开发利用的管理职能，这就导致中央和地方政府的能源资源产权边界不明晰。同时，中央政府与地方政府的分级代理，实质上是赋予了各级政府能源资源开发的主动权，中央政府与实际开发资源的各级地方政府之间存在冗长的代理链条，增加了逆向选择风险。地方政府出于投机动机，会选择不断扩大能源资源开发的审批权限，利用能源资源信息的不完全性和不对称性，扩大能源资源的开发规模，以此来增加财政收入、解决居民的就业问题和提高居民的福利，最终导致资源过度开发利用，造成一系列严重的后果。

（二）矿产资源开发监督管理制度不完善

中国的矿产资源产权制度以公有制为前提，所有权归国家所有。政府作为矿产资源所有权的责任主体，在矿产资源权能分配以及开发利用过程中起着举足轻重的作用。然而，当前中国对各级政府行使矿产资源各种权利的过程缺乏有效监督，缺乏程序的透明性和公正性，容易导致政府官员借助手中的公权力谋取私利，最终导致矿产资源得不到有效利用，损害国家所有权权益。因此，完善矿产资源开发监督管理制度是完善能源资源产权制度安排、保护国家所有者财产权益的必要条件。

二 探矿权制度存在的问题

（一）探矿权监管主体权责不对等

从中国探矿权的发展历程来看，当前探矿权制度仍处在探索和发展阶段，存在很多需要改进和完善的地方。从探矿权权能体系来看，最根本的问题在于探矿权监管主体权责不对等。当前探矿权审批权限主要集中在省级及以上国土资源部门，而市级和县级部门负责取得探矿权后的后续管理、审查和监督工作，这种制度形成了权责不对等的行政管理格局。这种权责不对等的管理格局难以调动地方政府、基层国土资源管理部门的探矿权监管积极性，导致矿产资源难以实现有效配置。

（二）勘查用地权利保障制度缺失

矿产资源依附土地而存在，矿产资源的开发利用过程必然涉及土地使用权。从中国当前的探矿权制度来看，矿产企业在取得探矿权后并不能立刻开始勘探活动，矿产企业在行使探矿权前，首先要取得所勘探的矿产资源所在地的勘查用地权利。比如，若探矿区域隶属 A 城市管辖区，在取得探矿权后矿产企业要先去 A 城市所在地的城市规划部门申请勘查用地权利，待批准之后再去县级及以上人民政府相关主管部门申请探查用地的临时使用权。这种制度导致探矿权人在取得探矿权后需要承担额外的勘查用地准入风险，损害了探矿权人的利益。因此，为了进一步提升矿产勘探效率、保证探矿权人的合法权利，应该尽快完善矿产资源开采过程中的勘查用地权利保障制度。

三 矿业权转让制度存在的问题

（一）矿业权流转制度不完善

当前中国现行的矿业权转让和流转制度处于探索阶段，尚未形成完善的流转制度。按照现行法律规定，矿业权包括探矿权与采矿权，中国矿产资源所有权制度建立在公有制的基础上，这就决定了矿业权的转让和流转会受到诸多限制，导致矿业权的流转缺乏市场化运作机制，难以发挥市场在资源配置中的作用。中国在矿产资源转让方面的相关法律制度尚不完善，导致矿产资源流转过程中产生的权利和利益冲突得不到有效的解决，严重制约了矿业权的流转。同时，矿业权流转制度不完善还体现在矿业权的交易信息、交易中介缺乏透明性和规范性，进一步抑制了矿业权流转市场的发展。

（二）采矿权"招拍挂"出让制度流于形式

当前中国采矿权出让方式采用的是"招拍挂"出让制度。按照现行的制度安排，在采矿权出让以前县级矿产资源管理部门需要提前花费时间和成本组织专业地质调研人员开展相关的资料编制和采矿权出让之前的基础性筹备工作。但在现实工作中，由于缺乏配套的激励机制，县级政府通常不愿意花费过多的人力、物力在这上面，这就导致有意向竞争采矿权的购买人会采用寻租的方式优先获得采矿权，最终造成"招拍挂"出让制度流于形式，无法实现真正意义上的"招拍挂"目的。因此，如何完善采矿权"招拍挂"出让制度也是当下需要解决的问题之一。

（三）矿业权转让合同管理效力问题

矿业权流转交易过程中出让人和受让人双方需要签订矿业权转让合同，签订完的合同经过矿产资源相关主管部门审批后生效，审批周期为40日。然而，在具体实践中，40日的审批周期给合同双方带来许多不确定性问题，虽然签订合同时双方约定了相关的保证金、违约事项等条款，但在审批未完成之前，合同并没有法律效力，对双方造不成约束，这就导致无论双方哪一方在审批未完成之前反悔或者不履行合同，均不会产生违约责任。在这种制度下矿业权转让合同的管理效力得不到保证，难以有效促进矿业权的流转。

四 资源权益分配机制存在的问题

（一）能源资源的税费制度不完善

能源资源税费制度的不完善，弱化了能源主管部门对企业占有土地行为的管理和监督，不利于能源资源的勘查和开发。当前能源资源税费制度存在的问题主要体现在以下两方面。一方面，能源资源的税费征收制度过于笼统，没有实行差别化管理。以油气资源为例，国外多数国家在设置税费征收率时，会将资源禀赋考虑在内，依据不同地区油气资源禀赋的不同设定合理的、差异化的税费征收率，而中国将石油、天然气的资源税率统一定为 5%，无法反映地区间的差异，这会影响资源富集地区开发利益的分配公平性。另一方面，当前中国能源资源的收益获取途径较为单一。目前中国能源资源的收益主要来源于税收，主要包含资源税和资源补偿费，收益获取途径的单一性导致能源资源未能更有效地发挥应有的战略性作用。

（二）相关利益者分配矛盾

随着大规模的资源开发，矿区环境日益恶化，如何调整矿产资源开发利益相关者之间不公平的权益分配关系，已成为实现资源地生态环境效益和社会经济效益可持续发展亟须解决的难题。在解决矿产资源开发利益相关者之间的权益分配矛盾前，必须厘清利益相关者之间的内在矛盾是什么，卡点在哪里。下面将从中央政府、地方政府、企业、资源所在地居民等相关利益主体出发，分析相关利益者之间存在的分配矛盾。

中央政府和地方政府之间的权益分配矛盾。中央政府和地方政府之间在权益分配上的矛盾是能源资源权益分配所存在问题的表现形式之一。从石油资源权益分配来看，现有油气资源开发权益分配体系中，中央政府取得油气资源开采企业 50% 的增值税和 60% 的所得税；地方政府取得 50% 的增值税和 40% 的所得税，并可以获得 5% 的资源税。在油气资源开发权益分配体系中，中央政府获得最大的利益，其次为油气资源开采企业，地方政府获取的利益最少。但在现有的油气资源开发权益分配体系中没有考虑生态修复成本，地方政府获取的收益在三者当中最少，却承担最多的生态修复责任，使得收益和成本严重不匹配，因此三者在油气资源开发权益分配中矛盾突出。以新疆油气资源权益分配为例，新疆地区虽然蕴藏着丰富的油气资源，但由于资源开采的分配权主要掌握在中央政府手中，新疆地方政府只是在油气资源开发上享有非常有限的自主权，无法通过投资回报的方式取得资源权益分配，只能通过资源税费的方式获得资源开发利益。因此，在油气资源开发中，中央政府获得了比地方政府更多的经济利益。中央政府不但可以获得国有油气开采企业上缴的相关税费，而且还能够以其拥有的股份分享油气开采企业的税后利润。在此过程中，中央政府与地方政府不可避免地会产生权益分配矛盾。为了缓解上述矛盾，需要建立完善的矿产资源权益分配体系，拓宽矿产收益来源和获得方式，提高矿产资源收益的地方分成比例。

企业与资源所在地居民之间的权益分配矛盾。通常情况下，企业进行矿产资源开采所造成的生态污染，最先损害的就是当地居民的生存发展权益。当地居民一般信息闭塞，经验不足，企业又与当地政府部门有千丝万缕的利益联系，使得当地居民往往在斗争中处于劣势。如果当地居民不向当地矿产资源企业索赔或者索赔力度小，往往会造成企业不提供或尽量少支付生态补偿，当地居民的生存发展权益就无法得到维护。如果当地居民无法通过自身索赔获得企业的生态补偿，必然导致当地社会经济及自然生态环境继续恶化，当地居民的生活水平持续下降，极易引发社会矛盾，不利于当地的长远发展。

资源输入地和资源输出地之间的权益分配矛盾。从现有煤炭资源权益分配来看，改革开放以来西部地区的煤炭资源由中央直接开发并输送到东部地区进行加工利用，以缓解资源约束对经济增长的制约作用，促进东部地区优先发展，但忽略了对资源输出地的补偿和支持。如果不制定相关的配套制度来补偿资源输出地的损失，会直接产生区域权益分配不公问题，导致"利益集团化、问题区域化"现象普遍存在。

（三）代际分配矛盾

代际分配是指在场的当代人与不在场的后代人之间对社会有限资源的分配。当前中国矿产资源权益分配制度存在许多不完善的地方，从受益主体来看，现行的资源权益分配制度鲜少考虑到对下一代人和资源所在地居民的利益补偿。矿产资源是可耗竭资源，当代人对资源的消耗和利用程度必然影响到下代人的利益，过度开发行为牺牲了下一代人的利益，不符合可持续发展及人类文明发展目标。依据罗尔斯的代际分配理论，本书认为，当代人在资源开发过程中应该设置适当的存储率，既能保证下一代的生存和发展，又能满足当代人的基本需求。储蓄原则不仅体现了代际资源支配权利的平等，也是实现人类可持续发展的基础保障。

五　资源生态补偿机制存在的问题

（一）地方财政缺乏对生态补偿的支持

财政转移支付是当前中国对矿产资源开发利用过程中产生的环境破坏进行补偿的最主要方式之一。但从中国当前财政转移支付的内容来看，资源生态补偿在地方财政支出中所占的比例很小，仅仅通过地方财政支持难以对矿产资源开发过程中产生的负外部性进行合理补偿。尽管除财政支持之外，排污费、环境保护费、土地复垦费等也对生态补偿起到了一定作用，但由于收费制度不完善和税收比例低下等原因，难以解决矿产资源开发过程中产生的资源补偿问题。可见，单纯靠地方财政支持和现有的资源补偿方式难以满足生态补偿所需，在此情况下，完善生态补偿的资金来源机制就显得尤为必要。

（二）"谁受益谁补偿"制度未落实

生态补偿是调整环境保护者与受益者利益关系的一种制度安排。虽然目前国内很多学者和专家针对生态补偿机制提出了要坚守"谁受益谁补偿"的原则，但目前"谁受益谁补偿"制度在具体实践中尚未落实。以西南地区为例，西南地区长期向东部地区输送电力，但并没有得到相应的生态补偿，这就导致资源输出地的利益受到严重损害。

（三）能源资源代际补偿制度缺失

现行的资源权益分配制度鲜少考虑到对下一代人和资源所在地居民的利益补偿，这会危及能源资源的代际公平。这种不公平主要体现在以下两方面：一方面，当代人对资源的消耗和利用程度必然影响到下代人的利益，直接影响下代人获得能源资源的存量；另一方面，能源的开采利用过程会对环境造成不可磨灭的影响，如过度开发与利用煤炭资源会导致空气中二氧化碳和二氧化硫增多，进而引发温室效应、酸雨等一系列生态问题，生态系统一旦遭到破坏，就很难恢复到初始状态，可见当代人的能源消耗结构可能会损害下一代人的利益。因此，为了保证能源资源的代际公平，实现资源的可持续利用和经济的可持续发展，在完善能源资源生态补偿机制时，需要将代际公平纳入制度构建体系之中，尽快建立能源资源代际补偿制度。

第七章　中国能源资源产权体系的改进与完善

第一节　中国能源资源产权体系改进的原则

一　坚持物权法定原则

物权法定原则是指物权内容和种类由法律规定，不得随意增设。2019年，中共中央办公厅、国务院办公厅印发的《关于统筹推进自然资源资产产权制度改革的指导意见》（以下简称《意见》）中明确提出，要"坚持物权法定、平等保护"，"依法明确全民所有自然资源资产所有权的权利行使主体，健全自然资源资产产权体系和权能"。依据上述《意见》，应首先明确界定能源资源所有权、探矿权、采矿权、转让权及派生的收益权、补偿权等，并给予其应有的法律地位；其次，建立合理适宜的配套制度体系，为坚持物权法定原则提供强有力的制度保证，同时在制度设计中要保留一定的灵活空间，使新的物权或物权的某些新内容也能被纳入既有物权体系。

二　坚持代际补偿原则

现行的资源权益分配机制和生态补偿机制都没有考虑到代际补偿问题，这可能会危及能源资源的代际公平。因此，在能源资源产权体系改革中，要坚持代际补偿原则，尽快建立并完善与此相关的法律、政府规制等配套制度安排。兼顾公平与效率原则，实现能源资源的可持续发展和利用。

三　坚持利益补偿原则

如何解决资源所在地和资源输出地间的权益分配矛盾是当前能源资源权益分配制度改革中的重点，改革开放以来"西电东送""西气东输"战略在促使东部地区经济蓬勃发展的同时，却忽略了对西部地区的利益补偿，深化了资源输出地和资源输入地间的权益分配矛盾。因此，能源资源产权制度改革要坚持利益补偿原则，完善针对资源输出地和生态受损地的重点补偿机制，缓解资源输出地和资源输入地间的权益分配矛盾。

四　坚持生态补偿原则

能源资源的开采、利用、转化过程不可避免地会给环境带来负外部性，为了保护当地居民的环境利益，在能源资源产权制度安排中必须坚持生态补偿原则，构建合理化、规范化的生态补偿机制。在构建生态补偿机制时，力求解决以下三个问题：一是明确补偿主体和对象，包含受益方和支付方主体、谁对谁进行补偿等内容；二是明确补偿方式，即采取何种方式进行补偿；三是明确补偿的数量和时间，即何时何地补偿多少的问题。

五　坚持市场配置、政府监管

厘清政府与市场在能源资源制度改革中的差异化作用，坚持市场配置、政府监管的原则，强化市场在资源配置中的决定性作用以及政府在资源配置中的监督管理作用，以更好地提升能源资源利用效率，充分发挥能源资源在国家生存、竞争以及居民生产生活中的基础性作用。

第二节　中国能源资源产权体系完善的基本框架

根据产权理论的逻辑以及当前中国能源资源产权制度存在的问题，本节提出如何完善中国能源资源产权体系的思路和基本框架。在完善能源资源产权体系之前，要充分了解能源资源产权的特征。总的来说，能源资源主要具有以下几种特性。第一，非排他性。由于能源资源本身具有准公共品属性，因此能源资源的财产权不同于一般物品的财产权，具有相对非排他性。第二，附着性。能源资源难以以独立的状态存在空间中，通常依附于土壤、空气、水等物质载体。第三，外部性。能源资源的附着性导致其在开采、利用过程中必然会影响到其他物质载体，产生不可避免的外部性问题。第四，产权的残缺性。能源资源是一国的战略性资源，尤其是在实行公有制的国家，其所有权完全归国家所有，这就导致在能源资源产权流转中，转让的仅仅是采矿权和探矿权，并非真正意义上的所有权。第五，涉及范围广。中国幅员辽阔，能源资源种类丰富、分布广泛，因此能源资源产权制度的构建不仅涉及多种能源资源，还涵盖中国大部分区域，涉及范围广、种类多。第六，生命周期长。能源资源作为不可再生资源，其更新能力差、更新时间长，因此能源资源的产权必然具有比普通可再生资源更长的生命周期。结合能源资源产权的主要特征，下节从能源资源产权的所有权、探矿权、采矿权、转让权及派生的收益权、补偿权出发，系统地分析如何完善中国能源资源产权制度体系，构建中国能源资源产权体系的基本框架（见图 7−1）。

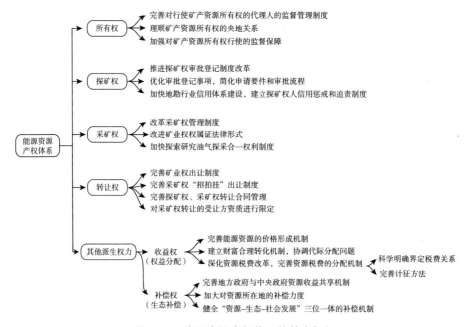

图 7−1　能源资源产权体系的基本框架

第三节　中国能源资源产权体系的具体改革路径

一　所有权

（一）完善对行使矿产资源所有权的代理人的监督管理制度

在明确矿产资源国家所有权的基础上，探索建立委托省级和市（地）级政府代理行使能源资源所有权的监督管理制度。中国的能源资源国家所有权制度是能源资源全民所有在法律制度层面的具体表现。从根本上看，国家是代表全体人民行使矿产资源所有权的代理人，国家所有权也是一种代理权，来源于全民的授权。因此，将矿产资源权利的出让和权益分配职能赋予国家权力机关，更符合社会主义公有制的本质要求。进一步而言，这一职权应统一赋予全国人大，这样能够充分体现矿产资源属于全体人民的意旨，当然根据实际需要全国人大可依法对地方人大进行授权，从兼顾整体利益和地方利益的角度考虑，对地方人大的授权应以省级为限。

（二）理顺矿产资源所有权的央地关系

建立独立的矿产资源所有权代表机构可以从制度层面明确矿产资源国家所有者的法律地位，但无论这一机构是完全独立，还是仍然归属于行政体系内部，均涉及对矿产资源所有权的有效行使，如何处理好中央与地方的关系就成为一个不容回避的问题。从中国目前矿产资源所有权行使的现状来看，相关法律赋予了国务院代表国家行使矿产资源所有权的主体资格，但在实际行使所有权各项权能的过程中，中央政府的行使权实际上被分散给了各级地方政府及其相关的矿业主管部门，这在一定程度上架空了中央政府所有权行使者的主体地位，造成了国家所有者的缺位，进而妨害了全民共享资源收益。鉴于此，应从制度层面明确中央和地方在矿产资源所有权行使中的权限范围，完善矿产资源所有权行使制度体系。

第一，依法确定地方政府在矿产资源所有权行使中的地位。矿产资源所有权制度的完善要遵循法治化原则，要于法有据。在中国矿产资源所有权制度的运行实践中，地方政府实际上一直充当着所有权行使者的角色，但这一客观情况缺乏明确的法律依据。在中国，矿产资源的实际所有者是全体人民，国家是法律上的所有权主体，由谁来代表国家和人民具体行使权利应由法律进行明确授权。在现有体制下，从矿产资源所有权行使的客观要求出发，确实需要在一定范围内赋予地方政府及其所属的自然资源管理部门行使矿产资源所有权的职能，这也与《生态文明体制改革总体方案》中"实行中央和地方政府分级代理行使所有权职责"的改革要求相符。

第二，明确矿产资源所有权行使主体的层级和行权范围。中国的矿产资源归全体人民共同所有，理应由国家统一行使所有权。然而，在现行体制下中央和地方政府分级代理行使所有权是更为现实可行的制度选择，但这种分权式的行使模式必须要有一定的层级范围，不宜将代理链条过度延伸。同时，在中央和地方政府分级代理行使所有权的模式下，应积极创新央地在矿产资源开发利用方面的合作模式，同时兼顾双方利益，这对矿产资源所有权的有效行使具有积极意义。

（三）加强对矿产资源所有权行使的监督保障

矿产资源所有权的行使关系国家和社会的整体利益，应通过必要的监督保障措施确保资源开发利用的公平、公正，以实现全民的资源利益。具体而言，可以从落实人民主体地位、强化司法保障两个方面进行完善。

第一，落实人民主体地位。基于中国矿产资源所有权代理行使的特点，全民的资源治理权利主要体现在对所有权行使主体的控制和监督方面，特别是由于目前矿产资源所有权主要由行政机关代理行使，为防止行政权的过度扩张与滥用，更需保障全民在权利行使中的参与和监督。据此，本书建议在相应的各级人大设立专门的矿产资源监督审批委员会。

第二，强化司法保障。在矿产资源所有权的行使中，司法对于保护国家和全民整体利益、规范行政权的行使具有重要作用。在资源所有权由行政机关代理行使的情况下，司法的保障功能体现了国家司法权对行政权的制衡。当矿产资源所有权权能分离产生新的权利形态时，司法也能够对市场主体的权利行使行为进行强制性约束，使其能够最大限度地符合矿产资源开发利用中的公共利益。

二 探矿权

（一）推进探矿权审批登记制度改革

探矿权审批登记制度是获得探矿权的最基本制度，如何简化探矿权审批登记手续和流程，减轻申请人的负担，提升探矿权审批效率，是当前探矿权审批登记制度改革的关键问题。具体来讲，可以从以下两方面进行审批事项的优化与改革：第一，结合矿产资源相关法律、政策和规章文件规定，尽可能地调整探矿权的延续、保留次数和期限，根据矿产资源的类别和限制条件，制定差异化的延续和保留制度，缓解探矿权申请人需要频繁跑路的问题，使其将更多时间和精力花费在矿产资源勘探活动上，提升资源勘探效率；第二，推进探矿权审批登记制度的信息化管理，利用当前互联网和大数据资源，将部分常规性的审批流程从线下转移到线上，提高审批登记效率。

（二）优化审批登记事项，简化申请要件和审批流程

在改革探矿权审批登记制度的基础上，进一步简化探矿权申请要件和审批流程，提升探矿权审批效率。首先，尽量减少一些非必要的部门规章和常规性文件材料设定；其次，加快政府部门间的互联互通信息系统建设，尽可能减少各类证明文件的线下提交要求，将探矿权申请人从各个部门层层获取证明材料的过程中解放出来，利用互联互通的信息化建设平台核减这部分流程；最后，在探矿权审查环节，改"串联"审查为"并联"审查，申请材料补正一次告知，避免多次补正，消除各类"以批代管"的"搭车"审查环节，压缩审批登记时间，提高审批登记效率。

（三）加快地勘行业信用体系建设，建立探矿权人信用惩戒和追责制度

加快地勘行业信用体系建设，在探矿权审批登记过程中采取申请人承诺制，将行业诚信制度与社会个人诚信体系相衔接，构建探矿权人诚信制度，将探矿权的直接相关自然人纳入社会信用体系"黑名单"，提高矿产资源管理的监管效能，推进地勘行业自律和矿业权人诚信制度建设。同时，

建立探矿权人信用惩戒和追责制度。自然资源部、省级自然资源主管部门探索建立联合抽查机制，将地质勘查活动不符合标准规范的，未按照约定履行地质勘查合同或地质勘查任务的，公示信息隐瞒真实情况、弄虚作假的，拒绝和阻碍自然资源主管部门监督检查的探矿权人纳入行业"黑名单"，明确对违规探矿权人的处罚措施。充分发挥自然资源主管部门门户网站、行业报刊及新媒体的作用，加大对失信者的曝光力度，形成舆论压力和道德约束。加强与国家企业信用信息公示系统、"信用中国"网站、国家"互联网＋监管"系统的信息共享，及时推送列入"黑名单"的地质勘查单位及其法定代表人、技术负责人等信息。

三　采矿权

（一）改革采矿权管理制度

设计采矿权作为用益物权与行政许可审批登记相衔接的制度。包括坚持矿产资源国家所有，建立矿产资源的分类分级管理制度，落实探矿权、采矿权用益物权的法律原则等。首先，坚持矿产资源的国家所有权属性不动摇，保证国有所有权的财产权益；其次，解决探矿权监管主体权责不对等问题，调动地方政府、基层自然资源管理部门实施探矿权监管的积极性，实现矿产资源有效配置目的；最后，提高矿业权准入制度的可操作性，制定统一、动态、公平、规范的量化标准，完善矿业市场准入制度，提升能源资源开采回采率，减少资源的浪费与无效利用，进而有效促进可持续发展。

（二）改进矿业权权属证法律形式

物权是权利人直接支配动产和不动产的权利。2007年发布的《中华人民共和国物权法》肯定了探矿权、采矿权的物权性质，这一规定有助于保护权利人的合法权益。从资源物权理论来看，物权的客体是物，资源物权的客体是资源。能源作为一种特殊资源，其物权属性区别于一般物的物权。为了更好地体现矿业权的用益物权属性，本书建议在新一轮《中华人民共和国矿产资源法》修订时，将矿业权权属证按照《中华人民共和国物权法》的规定加以修改。具体来说，建议将探矿权的"矿产资源勘查许可证"改为"矿产资源探矿权证",将"采矿许可证"改为"采矿权证",从立法的角度体现探矿权、采矿权的财产权利特性,去行政化色彩,体现物权保障性。

(三)加快探索研究油气探采合一权利制度

探矿权和采矿权联系密切,权益关系相互延伸。中共中央办公厅、国务院办公厅印发的《关于统筹推进自然资源资产产权制度改革的指导意见》指出要"探索研究油气探采合一权利制度",这个制度的实施能够全面体现矿业权的资产价值,同时能够提升探矿权人、采矿权人对油气资源的开发利用效率,降低勘探、开采过程中的成本,提高资源收益水平。当前中国油气探采合一权利制度尚处于探索阶段,在探索油气探采合一权利制度时,一方面要借鉴国外先进的产权制度安排,另一方面要结合中国的油气资源现状,选择适宜中国能源发展战略的制度。与此同时,要注重完善配套措施,有序放开油气勘探开采市场,完善其竞争出让和流转制度,从而保证油气探采合一权利制度的顺利实施。

四 转让权

(一)完善矿业权出让制度

矿产资源属于国家所有,维护国家所有者权益,必须切实完善以矿业权出让制度为重要内容的矿产资源有偿使用制度,建立符合市场经济要求和矿业规律的探矿权、采矿权出让方式。首先,要坚持市场竞争取向,遵循矿业发展规律。充分发挥市场配置资源的决定性作用,进一步扩大市场竞争出让范围,鼓励各类投资主体公平参与竞争,激发市场活力。充分考虑矿业高风险、长周期和基础产业等特点,促进矿业绿色、健康、可持续发展。其次,要坚持更好地发挥政府的作用,确保矿产资源安全。按照"放管服"要求,调整矿业权审批权限,创新监管服务方式。加强对事关国家经济、能源和国防安全的战略性矿产的调控,保障重要矿产资源安全。坚持依法行政,推进信息公开、程序公正、竞争公平,加强社会监督。最后,要坚持保障国家所有者权益,维护矿业权人的合法权益。明确所有者、管理者和使用者的权利义务关系,实现矿业权出让制度改革与矿产资源权益金制度改革的有机衔接，做好新旧制度的平稳过渡，减轻企业负担，推动供给侧结构性改革，切实维护矿业权人的合法权益。

（二）完善采矿权"招拍挂"出让制度

如前文所述，当前中国采矿权的"招拍挂"出让制度流于形式，无法实现真正意义上的"招拍挂"目的。因此，如何完善采矿权"招拍挂"出让制度就成为完善矿业权流转制度的手段之一。为更好地完善采矿权"招拍挂"出让制度，可以从以下三个方面进行改革：第一，结合不同矿产资源的类别和性质，对矿产资源采矿权申请的准入条件实行差异化管理方式，制定与矿产资源类别相匹配的准入制度；第二，提高采矿权出让权益分配中的地方收益占比，加强地方政府对采矿权"招拍挂"出让制度的管理激励，避免意向竞争采矿权的购买人采用寻租的方式优先获得采矿权的行为；第三，加快要素市场化改革进程，进一步发挥市场在采矿权"招拍挂"出让制度中的作用。

（三）完善探矿权、采矿权转让合同管理

目前矿产资源流转制度中的合同审批流程过长，由此带来不确定性问题，难以有效促进矿业权的流转。为了保证探矿权、采矿权转让过程中双方主体的利益，提升探矿权、采矿权转让效率，必须完善探矿权、采矿权转让过程中的合同管理。针对当前转让合同审批流程过长问题，本书建议将现有"合同需经有关部门审批后生效"的规定改为"自成立之日起立即生效"，这样便可以缓解40日审批周期中单方毁约问题，促进探矿权、采矿权流转市场的有序发展。

（四）对采矿权转让的受让方资质进行限定

矿业权法律制度是一国能源安全战略实现的重要制度保障。在制定采矿权转让的受让方资质制度时，首先要结合矿产资源的种类和特性制定不同的限制规则。例如，战略性、稀缺性的矿产资源，不鼓励外籍人员开采；一般性的矿产资源，可以允许外籍人员参与开采，但是要保证国家的控制权。其次，要从资源利用效率、经营管理水平、个人及企业征信水平等方面来考察采矿权受让方的资质，将"炒作"采矿权的企业排除在外，以确保所选取的受让方有能力且动机合理地开采和利用矿产资源，提升矿产资

源转让制度的有效性和矿产资源开发效率。

五　权益分配

收益权是产权权益的实现目标，产权所有者对产权客体进行一系列经济活动，最终目的都是获得权益分配。能源资源权益分配不公问题是现阶段完善能源资源产权制度的核心所在。尽管当前为了缓解中央和地方、资源所在地与输出地之间的利益矛盾，国家已经采取了一系列措施，如提高地方政府的收益分成比例，征收资源补偿费、环境税等，但尚未形成科学系统的资源权益分配制度体系，能源资源权益分配中存在的矛盾并没有得到实质性解决。要从根本上解决这个问题，必须构建公平合理的能源资源权益分配制度，为合理分配能源资源收益提供制度基础。具体来讲，可以从以下三个方面对能源资源的权益分配制度进行改革与完善。

（一）完善能源资源的价格形成机制

价格形成机制是指以市场配置为主，政府调控为辅，建立有利于行业发展的价格指数及成本核算体系，进而引导商品价格制定与调整的制度安排。当前中国能源资源的价格主要包含矿产资源开发过程中的生产性成本及一部分外部成本。需要指出的是，当前能源资源价格中的外部成本仅包含排污费和资源补偿费，未涵盖生态环境恢复到开采前状态的补偿费用及代际补偿费用，这不利于实现能源资源可持续发展的目标。为解决该问题，需要将能源资源开发利用过程中的外部性问题全部考虑进来，完善能源资源的价格形成机制，以更好地发挥价格在市场中的调节作用。具体来说，可以从以下两个方面进行完善：一是采用使用者成本法优化当前的能源资源价格形成机制；二是打破行业垄断，形成充分反映资源稀缺程度与市场供求关系的矿产资源价格体系。

（二）建立财富合理转化机制，协调代际分配问题

能源资源属于可耗竭的不可再生资源，当代人不能一味追求自身利益最大化而过度开发人类世世代代赖以生存的能源资源。在能源资源的开发利用过程中，不能仅考虑当代人的利益，还要考虑后代人的利益，不能将能源资源中属于后代人的财富和收益提前支出。因此，应建立财富合理转

化机制，落实能源资源的代际分配制度安排。首先，从矿产资源收益中提取一定比例，将其转化为经济发展中的物质、人力及社会资本，并在各个省份建立财富储蓄账户，完善与之匹配的科学、系统的动态监测体系，引导财富资源合理转化，进而提升矿产资源的可持续发展能力。其次，将部分矿产资源开发收益转化为资源基金，用于跨期、代际资源权益分配，在促进社会经济发展的同时，实现基金的保值、增值与资源收益的代际分配。最后，结合能源实际需求和国际能源市场状况，适当减缓能源开发速度，协调能源代际分配问题。

（三）深化资源税费改革，完善资源税费的分配机制

矿产资源税费是调节矿产资源权益分配的重要手段之一，而改革中国矿产资源税费制度的关键在于资源税费的错位问题。要直接解决这一问题，存在重重困难，因此可以采取一些过渡性的、渐进的改革措施，为从根本上破解这个难题稍作铺垫。具体来说，可以从以下两个方面入手。第一，科学明确界定税费关系。与西方市场经济国家完善的矿产资源有偿取得制度相比，中国当前的矿产资源有偿取得制度存在权能界定不明晰问题，导致出现"以税代租""以税挤费"现象。因此，在深化矿产资源税费制度改革时，要厘清资源税和资源补偿费之间的关系。第二，完善计征方法。保持资源税和资源补偿费，但对计征方法做适当调整，对资源补偿费的征收目的、征收方式等进行完善，改变现行按产量多少计征的方式，调整为按动用地质储量和实际回采率计征的方式，杜绝企业"采易弃难""采富弃贫"等投机行为，提升能源资源的开采利用效率。

六　生态补偿

矿产资源生态补偿是指在资金约束条件下由矿产资源开发的受益方对已遭破坏的矿区生态环境进行修复治理，同时对受负外部性影响的当地居民进行补偿，将外部性内部化，进而实现社会公平。能源资源的不可再生性和外部性特征决定了能源资源的权益分配机制无法完全参照传统的要素分配原则来构建。可持续发展理论为能源资源权益分配机制的构建提供了一个框架，可持续发展理论认为：第一，经济发展和环境保护是对立统一

的关系，必须将经济、环境、能源要素结合起来进行考虑，这样才能实现真正意义上的协调发展；第二，人类在生产生活中要将生活方式控制在环境承载力可承受的范围内；第三，经济发展模式应从粗放型向集约型转变，提升资源的利用效率，实现资源、经济、环境、生态的协调发展和代际可持续发展。在这个分析框架下，在构建能源资源的权益分配机制时，要立足不同的利益主体视角，缓解中央政府与地方政府、当代人与后代人、资源输入地与资源输出地间的权益分配矛盾，最大限度地发挥能源资源的经济效益和社会效益。

（一）完善地方政府与中央政府资源收益共享机制

完善的资源收益共享机制对于缓解中央与地方、资源输入地与资源输出地间的权益分配矛盾具有重要的现实意义。中央政府应加大对资源输出地政府的财政支持，重视资源输出地政府和居民的利益，调整矿产资源补偿费在中央政府和地方政府之间的分配比例，适当增加地方政府的分成，使地方政府更有能力服务地方发展，促进资源型城市转型发展。

（二）加大对资源所在地的补偿力度

统筹生态补偿金，加强对资源所在地生态环境的修复，做好对资源所在地居民的补偿。严格执行"谁污染，谁付费，谁受益，谁补偿"的原则，加大资源输入地对资源输出地的生态补偿力度，在各地区构建完善的生态补偿机制。应统筹使用生态补偿金、污染费，对已遭破坏的生态环境进行科学评估，制定有效措施进行矿区生态环境修复，挽救日益恶化的矿区生态，提高生态补偿金的利用效率，促进矿区生态环境良性发展。同时，资源地政府应对矿产资源开采区的居民因生态环境恶化而失去的发展机会进行补偿，因户施策，针对不同的居民采取合适的补偿方式（如发放现金、组织生态移民、开展职业技能培训、提供养老保障等）帮助其恢复生产生活，切实维护其生存发展权益。具体的补偿数量和方式，可以由矿业权人与资源所在地居民进行协商，政府出面协调，共同确定合适的补偿金额和补偿方式。

（三）健全"资源－生态－社会发展"三位一体的补偿机制

矿产资源开发补偿主要针对矿产资源开发的负外部性，按照权利与义务相统一的原则，使带来负外部性的责任者承担相应的负收益，对被动承担负外部性的利益主体进行补偿，从而使矿产资源开发权益分配的主体与客体相对应，确保矿产资源开发权益分配公平。因此，应健全"资源－生态－社会发展"三位一体的补偿机制，在开征矿山地质环境恢复基金补偿生态环境负外部性的同时，使当代人承担起资源耗竭的负收益，对后代人进行补偿，不仅要考虑资源权益分配的代内公平，还要考虑资源分配的代际公平，使矿山企业承担起生态环境负收益与社会发展负收益，对资源所在地及其居民给予补偿。补偿的方式可以是经济补偿、实物补偿、政策补偿等多种形式。例如，对已造成破坏的生态环境及时进行修复治理；对已损耗的资源进行经济补偿，用于资源勘查与资源技术创新等，以促进矿业可持续发展；对带来的社会发展问题进行经济补偿和政策补偿，筹集资金投资于教育、科研、基础设施等，同时完善公共政策，优化产业结构，降低资源依赖程度，促进经济社会可持续发展。

第三篇

能源资本化过程中的价值发现和定价机制

能源资源的产权界定和价值评估是能源资本化的两大重要前提，通过对能源资源的产权界定将其变为能源资产，再通过对能源资产进行价值评估，使其成为价格可量化、资产归属明晰、价格波动具有连续性的资产，进而将其转化为能源资本，并通过市场化的产品设计手段、交易机制和权益分配方式，使得能源资源以能源资本的方式运营、交易和储存，实现能源资源的高效利用、价值增值和活跃交易。此外，最终实现能源资本化的市场化运营还需要建立完善的市场化平台，例如各类能源衍生金融产品交易所、产权交易所、资产证券化交易场所等。能源资本化对促进能源价格的市场化改革及逐步获取全球能源资源定价权具有战略意义。

能源资源的价值量化过程是一个非常复杂的过程，不同能源品种、同一能源品种的不同形态，价值存在极大的差异性。不仅如此，能源价格受市场供求关系、存量和增量情况、技术进步、资金投入、国际地缘环境变化、资本市场价格波动、外汇及其他金融市场变化、世界各国经济发展状况，甚至气候环境变化等众多因素影响，且在不同时期、不同阶段、不同国家，各要素的影响程度、影响因子、组成成分也不同，这导致很难对能源资源的价值进行精准量化和预测。但能源资源的价值评估是实现能源资本化的重要前提，故本书将重点研究能源资源的定价机制及其资本化产品价值评估体系，厘清能源资产的价值构成要素及各构成要素之间的相互关系，为完善中国能源价格市场化定价机制、精准评估能源资产及其金融衍生品价格和最终实现能源资本化提供理论基础和实践保障。

随着中国工业化的飞速发展，国内的工业化生产对能源资源的需求进一步加大。然而，中国现有的能源储备和生产能力不足以支撑国内工业生产过程对能源资源的需求，供求不足产生的矛盾逐步加深。为了缓解这一供需矛盾，中国将把能源供给渠道拓展至全球范围，为国内的工业生产提供源源不断的动力。目前，中国对能源资源的消费需求主要集中在煤炭和石油两大板块。煤炭作为中国能源消费量最大的资源，其主要应用于热能供给方面。石油资源作为全球最重要的能源资源，其地位在相当长一段时期内难以被替代。石油资源不仅具有深加工、产业链长、衍生品多及附加价值高等特点，而且作为重要的市场化产品，其资本化体系的背后具有巨大的金融价值和政治价值。因此，石油作为重要的能源资源之一，对中国各个生产环节及国家经济和政治安全的重要性不言而喻。为了保障石油资源的持续供应，维护社会稳定，中国在石油资源的供给方面做出了持续的努力。一方面，持续提升勘探和开发技术，在国家范围内积极勘探和开发大型油田，在 10 年的时间内共计发掘 17 个亿吨级大油田和 21 个千亿立方米级大气田。另一方面，不断完善石油贸易体系，大幅增加石油进口。同时，中国的石油对外依存度不断攀升，截至 2020 年，中国石油对外依存度大幅提升至 73.56%。

石油对外依存度的不断提升也使中国在能源供给方面面临着巨大的挑战。受限于全球主流的石油定价体系，以及国际能源资本化市场体系的历史发展因素，中国在石油国际贸易市场上话语权较弱。在应对国际政治环境的复杂性和动荡性以及不断波动的石油价格时，中国能源供给安全面临着巨大挑战。这无疑会影响中国的石油进口，对国内能源供需平衡产生巨大影响。因此，建立和完善以中国为主导的石油能源资本化市场体系，有助于应对国际石油贸易各环节的风险，加强对石油供给各方面的把控，并且进一步降低能源对外依存度，保障中国能源安全。

与石油不同，煤炭作为中国的主要能源资源，其主要应用于热能和电力能源等方面。相较于石油和天然气等资源，中国的煤炭资源储备和煤矿的探明可采储量居世界前列。虽然煤炭是中国重要的战略资源之一，且中国目前的能源消费结构仍以煤炭为主，但随着新型能源的开发和国家战略布局的调整，煤炭资源的消费总量逐年递减。相较于石油资源，煤炭资源的深加工产品体系不丰富，在国际大宗商品交易中占比较少，要构建并完善煤炭的能源资本化市场体系在客观上具有一定的局限性。另外，全球自然环境日趋恶劣，对各国未来的碳排放及相关产业构成了巨大的挑战。欧美等发达国家早在 2010 年之前就已经实现了"碳达峰"，且由此衍生的碳交易和碳金融市场日趋完善。中国要把握未来相关产业的国际话语权，必须尽早追赶欧美的步伐，形成自己的碳交易和碳金融体系，完善相关产业布局。因此，在国家"十四五"规划提出的 2030 年之前实现"碳达峰"、

2060 年之前实现"碳中和"的重要目标之下，实现低碳排放、发展绿色低碳经济，已成为中国未来重要的社会经济发展目标。目前，中国已经在煤炭的清洁化利用及光伏发电和风能发电等方面取得了重要进展。未来，新兴绿色能源将进一步替代煤炭资源，逐渐成为中国重要的能源资源供给力量。鉴于煤炭资源对中国能源安全和能源供给的重要性，关于煤炭资源的资本化市场体系构建应以国家政策为主导，由国家把握大的发展方向，从而在发展低碳绿色经济的同时，保证中国工业生产的能源需求。

由于受整体篇幅的限制，不能研究所有能源资源品种的价值评估体系，本篇将重点以石油这一价格影响要素最多、要素间关系最复杂的能源资源品种为研究对象，通过对国际油价波动运行规律的研究，分析原因、总结规律、借鉴经验，为中国应对复杂的石油价格波动、缓解能源价格波动给经济带来的不利影响提供指导意见。与此同时，作为能源风险管理的重要手段之一，发展能源衍生品对完善中国能源市场机制至关重要。在能源风险管理中，价格风险是主要风险之一，能源衍生品交易是影响能源价格波动的重要因素，关于衍生品的定价机制研究成为国内外学者和业界从业人员关注的焦点。目前，国内外对能源衍生品的定价机制研究主要集中在商品期货领域，本篇将对期权定价问题进行详细分析，为中国能源衍生品的设计和价格体系的研究提供新方向和新思路。

第八章　相关理论探索

第一节　石油价格形成机制理论概述

一　可耗竭资源模型

学术界关于石油价格波动的研究起源于豪特林（Hotelling）于1931年提出的可耗竭资源模型。该模型主要用于分析在充分竞争和垄断这两种不同市场竞争机制下，可耗竭资源的市场价格与其产量之间的相互关系。具体的模型见公式（8-1）。

$$\frac{P_{t+1} - P_t}{P_t} = \gamma, \text{即} P_t = P_0 e^{rt} \tag{8-1}$$

其中，P 为价格，t 为时期，r 为贴现率（一般选用当时的市场利率）。这一模型的分析结果表明，在不考虑生产成本的前提下，可耗竭资源价格的连续增长率与市场利率相同。这意味着当处于充分竞争环境时，厂商的行为不影响价格波动。但由于可耗竭资源具有不可再生的特点，在不同时期，厂商产出相同数量石油的贴现值应保持一致，否则厂商开采石油的时机将与贴现值最大的时机保持一致。若不处于同一时期，则油价上涨速度等于市场利率。

若市场中出现垄断企业，则垄断企业将会影响可耗竭资源的价格。为了实现利润最大化，垄断企业的最优生产决策会导致石油生产成本的边际收益增长速度等于利率（陈明敏，2006）。

在充分竞争情形下，石油价格将会对石油的供求关系造成影响。一方面，当石油价格的增长幅度大于同时期银行利率增长幅度时，石油生产企业将会减少开采量，以便保有更多的高价值资源，由此导致市场供求关系不平衡，石油供给小于市场需求，石油价格将会上涨。另一方面，当石油价格的增长幅度小于同时期银行利率增长幅度时，石油生产企业会认为市场的不确定因素过多，持有越多的石油资源意味着风险越高，在这一情境下，企业更愿意加大开采量，快速变现。市场供给会大于需求，导致石油价格下降。与充分竞争型市场不同，当市场出现垄断时，垄断企业控制石油资源，具有价格话语权，因此，石油的价格受垄断企业的影响。除非市场上出现新的可替代能源，否则将会导致市场环境不断恶化（林永生等，2010）。

Hotelling（1931）认为资源产出量依赖于需求量。若需求曲线不变，且油价上升速度等于当期利率，则市场的需求将会下降。长期来看，市场需求下降会导致产量的下降。这说明，从资源的长期供求关系与价格浮动之间的趋势来看，可耗竭资源的价格下降与产量上升是不可能同时出现的（蒲勇健，1995）。

可耗竭资源模型后来在解释国际石油市场的现实时遇到了困难。因为在现实中对资源的需求总是不断增加的，因此需求曲线必定出现位移，即便利率为正，油价也未与当期利率保持一致的速度增长。

克莱默和沙雷西（2004）认为，已探明石油储量并不能代表石油的稀缺性特征，石油储量具有充分的不确定性。他们对已探明石油储量的定义增加了"在现有市场价格和技术条件下"这一前置条件。

Arrow 和 Chang（1980）从资源存量的不确定性入手开展研究，认为可耗竭资源模型成立的前提条件是所分析的资源的初始存量是已知的。然而，现实情况是石油储量的波动具有不确定性，受新增探明储量、技术变革、政治和经济等多种因素的共同影响，致使价格曲线不断发生位移，油价的可预测性难度大大提高。因此，Arrow 和 Chang 在全球石油储量不确定的前置条件下提出假设并推算出油价波动违反了豪特林法则的结果。然而，这一研究仍旧无法解释为何在石油价格发生下降时，石油产量反倒呈上升趋势。

此后，研究者通过不同角度对上述问题进行了深入分析。Adelman（1972）不赞同石油的稀缺性定义，认为石油短缺现象更多的是由石油价格调控造成的，而非石油的可耗竭性。但多数学者仍把豪特林模型作为一种石油价格分析标准。Cremer 和 Weitzman（1976）、Hnyilicza 和 Pindyck（1976）、Ezzati（1976）、Pindyck（1978）、Gately（1984）、Krugman（2000）、Alhajji 和 Huettner（2000）在可耗竭资源模型的基础上，构建了影响石油市场环境和价格波动的相关指标和模型，进一步分析石油价格波动的内在机制和趋势走向。此外，有学者通过分析石油的储存和开采比，得出这一因素与石油价格之间的正相关关系（梅孝峰，2001）。

二 市场结构模型

鉴于石油这一不可再生资源对各国经济命脉的重要影响，研究石油价格和市场结构的文献较为丰富。然而，自 20 世纪 80 年代之后，即便是经历了近年来石油价格的大幅度波动，因石油价格波动及其影响因素具有极度复杂特性，该领域也少有重大理论和思想突破。

通过文献分析可以发现，相关研究主要集中于对两类模型的优化和分析上，即石油市场结构模型和欧佩克行为模型，而关于石油市场结构模型的研究主要着眼于对充分竞争市场和垄断市场情境下的相关问题展开分析（王雯，2012）。

在充分竞争的市场环境下，石油资源的供给曲线呈现向后弯的特点，这一研究结论由目标收益模型得来。Cremer 和 Isfahani（1980）在此基础上分析了竞争与市场均衡之间的关系。Krugman（2000）研究发现，石油的可耗竭性特点致使其生产受政府影响较大，对于类似中东等严重依赖石油输出以保证经济发展的国家来说，石油是本国经济的命脉。因此，鉴于石油供给的特性，国际油价会出现高稳定性的高油价均衡和低油价均衡（管清友，2008）。

竞争型市场结构模型的另一类即财产权模型。Mabro（1987）研究表明，欧佩克国家因其重要石油输出国的地位，从长期趋势来看，倾向于减少产出以提高石油价格，从而获取最大利润，1973 年的石油危机从侧面印证了这一点。Mead（1979）研究认为，鉴于各国政府对石油资源的严格管控，真正从事石油市场化经营的企业对该资源的生产和投放没有决定权。拥有决策权的政府对市场波动不敏感，导致相关企业的赢利受到影响（Johany, 1981)。克莱默和沙雷西（2004）列举了财产权模型无法解决的问题，其要点在于财产权模型无法提供一个完整的石油市场模型。虽然财产权模型解释了1973年的石油价格上涨，但难以解释20世纪80年代的石油价格波动。

此外，石油供给波动模型从供求关系的角度解释了价格上涨问题。研究表明，在没有卡特尔行为的情况下，欧佩克国家若履行既定的石油供应合约，则理论石油价格曲线与实际石油价格曲线非常接近。石油价格的上涨并非由欧佩克国家的供给不足所导致。Verleger（1982）认为欧佩克国家虽为重要石油输出国，但不具备影响价格的能力。石油供给端的影响先传导至现货市场，欧佩克国家随之调整其官方石油价格，其价格调整的滞后性催生了投机行为，进而使得价格继续上涨，大大增加了增长幅度。

三　欧佩克行为模型

关于垄断型市场结构模型的研究体系把欧佩克国家整体视为卡特尔组织，认为欧佩克国家整体对国际石油市场具有重大影响，整体国际石油市场呈现垄断格局，欧佩克的定价机制直接影响国际石油的价格波动。上述定价机制的准则主要为财富最大化准则和产能利用目标区准则（刘存柱，2004）。

Cremer 和 Weitzman（1976）、Ezzati（1976）、Pindyck（1978）等从财富最大化准则出发来阐述观点，他们研究认为，国际石油市场的各参与方信息对称，他们将欧佩克成员国看作产量的调节者，在不同的时机，这些国家根据自身情况遵循本国利益最大化原则调整本国石油产量，进而影响国际石油价格。

产能利用目标区准则对财富最大化准则中市场参与者拥有完全信息的假设做了改变，假设国际石油市场垄断者也无法根据最优情况进行产能布局，因此通过产能利用率的高低来判断价格是否应该提高或者降低，从而获得最优价格（梁将，2017）。若实际产能利用率较高，表明市场供求关系紧张，国际石油市场垄断者可抬高价格以实现收益最大化，反之则选择降低石油价格。

克莱默和沙雷西（2004）、Cremer 和 Isfahani（1991）把垄断型市场结构模型分为主导公司模型和卡特尔模型两种。其中主导公司模型坚持少数成员国垄断定价的观点，并将沙特阿拉伯作为垄断定价的主导，欧佩克只是名义上的卡特尔组织，而卡特尔模型认为欧佩克在定价机制和产量布局等方面具有联合一致性特点。

沙特阿拉伯因其大规模的石油产能、石油储量和极低的石油生产成本及在短期调整产能的能力，在国际石油市场一直占有举足轻重的地位，并对国际石油价格波动起到了直接影响。

国民收入水平和技术进步两大因素直接影响石油需求端。Rosenberg（1980）、Slade 等（1993）从国民收入水平的视角出发，分析了国民收入与石油的供需及石油价格的变化之间的关系。Rosenberg（1980）的研究结果表明，经济水平的提高和相关技术的进步会增加市场对石油等能源资源的使用量。Slade 等（1993）指出，在短期内，相比于石油的价格，国民收入水平对石油供求关系的影响更大，收入因素要比价格因素更重要，收入水平在更大程度上决定石油消费量。Stevens（2000）的研究也从侧面验证了该观点，他指出石油设备很难在短期内进行技术改造，进而使得短期内需求的价格弹性较小。Heal 和 Chichilnisky（1991）的研究显示短期内需求的价格弹性处于 -0.5 至 -0.2 之间，但是在长期，可通过多种方式进行设备改造或调整，即长期内价格弹性趋大。Stevens（2000）的研究表明，除了以上情况之外，替代效应表现为使用高效的设备可以降低石油的使用量，互补效应表现为对浪费比较严重的设备的节约使用，石油使用与资本投入之间的替代效应和互补效应同样会对石油需求造成影响。

除了供需关系，影响石油价格长期趋势的另一要素是技术进步。我们把石油工业的技术进步分为重大的技术突破和工艺性改进两类。技术进步通过减少要素投入、减少能源消耗以及提升能源利用效率等方式，在相同的单位经济产出下，使石油使用量逐渐降低，进而影响石油价格。

四 金融属性影响油价波动理论

（一）石油期货的价值发现功能

综观石油期货发展史，大量研究集中在石油期货的价值发现功能。

Serletis 和 Banack（1990）通过研究各石油品种的期货、现货数据验证了石油期货的价值发现功能，并发现石油期货价格对石油现货价格具有引导作用。Hasbrouck（1995）对公开信息方差进行定义，并衡量了市场信息对该方差的影响，作者称之为信息份额模型。Gonzalo 和 Granger（1995）通过理论分析建立了永久-短暂模型，并研究每个市场要素对公共因子的贡献，将石油价格冲击定义为永久性和短暂性两种。有学者验证了石油期货的价值发现功能，并发现石油期货价格是石油现货价格的无偏估计。Zhong等（2004）以墨西哥股指期货为数据来源和研究对象，通过建立 EGARCH模型验证了石油期货的价值发现功能，并得出石油现货价格波动受石油期货价格波动影响的结论。王群勇等（2005）通过建立信息份额模型研究了石油期货价格对原油价格的引导功能，并以 WTI 石油价格为研究对象，选取每日价格数据为标准，分析得出石油期货价格对原油价格的贡献比例达到 54.27%。宋玉华等（2007）同样以 WTI 石油价格为研究对象，并选取纽约商业交易所交易的四种石油期货、现货价格，实证分析后得出了与上述类似的结论，即石油期货价格对石油现货价格具有单方面引导作用。

虽然上述研究的证据较为充分，但是部分国内外学者仍然对石油期货的价值发现功能不认可。Quan（1992）通过分阶段测量的方式分析了石油期货不具有价值发现功能的原因，并认为石油现货价格会对石油期货价格具有反向作用。Moosa（1994）以 WTI 石油价格为研究对象，选取月度数据，综合考虑有效性和无偏性，最终得出石油期货价格对石油现货价格的影响既非有效也非无偏的结论。陈蓉、郑振龙（2008）选取 S&P 500 指数期货、现货数据，建立理论模型验证了石油期货价格非石油现货价格的无偏估计。殷孟波、马瑾（2008）的研究结论与 Quan（1992）的研究结论类似，他们认为原油现货价格反过来决定原油期货价格。

（二）石油投机理论

2002 年以来，国际原油价格一直处于大幅波动状态。供需基本面理论无法全面解释石油价格波动的特点。之后，学者们将视角转向探索金融性投资与石油价格之间的关系上来，旨在发掘金融性投资对石油价格的影响。然而，现阶段关于这类问题的研究尚未达成统一的研究结论。

一些学者将石油价格的波动归结为石油投机活动。国外部分学者研究认为，原油供求关系紧张带来的资源紧缺预期使得大量资金进入石油期货市场进行套利，其影响仅限于对到期时间较长的石油期货价格的影响，对石油现货价格的影响不大。美国参议院于 2006 年指出，虽近些年主要石油消费国的石油消费量大幅提升，但与之对应的主要石油生产国的石油产量也大幅提升，再加上库存，全球石油供需基本可维持平衡，但投机活动增加改变了这种关系，导致国际原油价格持续上涨及高油价和高石油库存同时出现的特殊情况。2006 年欧佩克认为在当前石油供给状况、产能水平、储量及库存水平下，剔除地缘环境导致的不确定影响因素，国际原油价格大幅波动的根源来自投机活动。

刘惠杰（2005）认为通胀和美元的波动只是国际石油价格波动的浅层因素，地缘格局才是最终影响要素，其中投资基金对国际石油价格波动起到了助推器的作用。杜伟（2007）重点研究了交易商行为对原油价格波动的影响，建立自回归分布滞后模型和因果分析模型证明了商业型交易商的交易行为对油价变动具有负向影响，而非商业型交易商的交易行为则对油价变动具有正向影响。此外，不同种类的金融性投资也会影响石油价格的变化，而且在各种金融影响因素中，投资基金因素的影响效应远超其他因素（蔡纯，2009）。张昕、马登科（2010）使用 Granger 因果检验和协整分析方法对非商业持仓头寸（即投资基金）与石油价格的关系进行了研究，认为金融性投资基金是导致国际石油价格大幅波动的直接推手。

还有部分研究得出了与上述相反的结论，认为国际石油价格的剧烈波动滋生了投机活动，而投机活动大量增加起到了缩小石油价格波动幅度的作用。2005 年纽约商业交易所（NYMEX）关于基金持仓与石油价格波动的研究表明，投资基金对到期时间较短的期货合约的价格影响较大，对石油现货价格的影响甚微，甚至降低了石油价格的波动性。

除了以上研究，还有部分研究认为投资基金与石油价格波动之间没有显著影响。Sanders 等（2000）利用 Granger 因果检验分析方法，研究显示投资基金跟随石油价格波动，其净头寸往往随着石油价格的上升或下降而增加或减少。Milunovich 和 Ripple（2006）的研究也同样得出了投资基金对石油价格波动没有显著影响的结论。2006 年国际货币基金组织（IMF）通过建立 VECM 模型进行验证分析，验证结果显示，从时间周期来看，不论长、中、短期，石油价格波动与投资基金净头寸之间只存在单向影响关系，即石油价格波动只是单向对投资基金净头寸具有显著影响。2008 年美国商品期货交易委员会（CFTC）的研究表明，根据过往几年的交易数据，投机活动导致油价大幅波动的结论无法得到验证，且投资基金净头寸的变化往往跟随油价波动。

孙泽生、管清友（2009）认为，石油价格波动受多种因素的影响，且影响机制极为复杂，单一投资基金因素对石油价格波动的影响并不明显。宋玉华等（2008）的研究显示，不论从长期还是短期来看，投机活动对石油价格的波动并无显著影响。

（三）货币 – 油价波动理论

目前国际石油市场的主要结算货币仍是美元，故国内外众多研究从美元的价格波动角度来分析石油价格的波动。

在国外学术研究方面，Pindyck（1991）建立普通最小二乘法模型（OLS）验证了油价和美元汇率之间的负相关关系，即油价上涨，则美元贬值；Kausik 和 Daniel（1998）研究了经合组织国家的汇率与油价之间的关系，得出汇率与油价之间存在长期均衡的结论，同时验证了油价波动只是单向影响汇率波动；Ghosh（2009）考虑了不同货币计价因素的影响，基于 1999 年以来的美元数据、欧元数据和 WTI 原油数据进行分析，研究表明在以不同货币单位计价的情形下油价的波动幅度不同，与此同时，汇率还能通过影响实体经济和供需关系间接影响石油价格波动。

在国内学术研究方面，戴家权、田大地（2005）以 1992～2004 年的数据为基础进行分析，综合考虑通胀和美元汇率波动对当期石油价格波动的影响，研究显示美元贬值是致使当期石油价格上涨的重要影响因素；周子康等（2005）分别以 WTI 原油价格、欧佩克石油价格以及 Brent 原油价格为研究对象，建立广义回归神经网络模型，并利用 Granger 因果检验、协整分析、单位根检验等手段进行模型实证研究，同样得出了汇率波动直接导致石油价格波动的结论；吴丽华、傅春（2007）侧重于分析影响路径，认为美元汇率的波动直接影响美元的资产配置，如美元贬值，则资金将更多流向黄金、石油等金融衍生品市场，进而导致油价上涨，与此同时，油价的波动将通过影响实体经济、供需关系、通胀及资本流动等方式影响汇率的波动；郝鸿毅等（2008）的研究解释了近些年石油价格上涨的影响因素，认为投机活动、地缘政治影响和美元贬值共同作用，致使石油价格大幅上升；马登科、张昕（2010）建立了货币信用、虚拟经济、实体经济的分析体系，认为货币流动性过剩导致石油价格大幅波动，而流动性过剩的主要诱因是由美元主导的汇率制度和货币信用体系所致。

五　地缘政治理论

地缘政治理论主要研究地理位置和其他相关因素对各国经济和社会发展的重要性。从目前全球能源使用结构来看，由于石油资源具有不可再生性、可耗竭性、全球分布不均、开采难易程度不均、品质不均等特点，世界各国都竭尽全力以获取最优质的石油资源，进而导致各种国际矛盾或冲突。与此同时，具有相同特性和诉求的国家组成各类联盟或组织，共同应对复杂的国际环境，如中东阿拉伯国家作为全球重要石油产出国组成欧佩克。地缘政治理论从各国所处的国际环境、对外石油战略、安全战略等角度探讨石油战略格局、石油价格波动和石油金融市场变化等问题。

战争和政治突发事件影响石油价格波动，且当这些事件处于不同阶段，石油价格波动的变化也不尽相同。Brett（1997）以海湾战争为研究对象，分析战争对石油价格波动的影响，研究发现在战争过程当中石油价格的解释变量存在结构性变化。Marcus 和 Zhang（1996）利用实物期权理论建立分析框架和理论模型，研究发现战争事件自身对石油价格上涨起到了主要影响，除此之外，石油价格的长期趋势是影响其价格波动的另一要素，研究还论证了战争发生前后石油价格平均值的相关性，并分析了石油价格波动对战争决策层行为的影响。周明磊（2004）通过建立时间序列模型进行理论分析，研究表明"9.11"事件等政治突发事件对国际石油价格波动起到了重大影响。

六　基于计量方法的分析

动态随机一般均衡（DSGE）模型分析方法是研究经济问题的重要计量

方法之一。该模型基于均衡理论，分析研究对象的各项行为决策及相关影响因素，从而给出最优的选择策略（陈明华，2012）。鉴于上述优点，以及贝叶斯等估计方法和计算机分析技术的不断进步，DSGE模型分析方法得到越来越广泛的使用。目前，石油价格波动、实体经济变化、财政及货币政策、汇率及利率波动、收入分配、国际市场贸易、金融衍生品市场、股票市场波动等各个研究领域均利用了DSGE模型分析方法。

Leduc和Sill（2001）通过DSGE模型分析方法充分研究了国际石油价格波动对经济波动、通胀等经济核心要素的影响，并将石油价格波动对经济波动产生的影响与生产率要素变化对经济波动产生的影响进行比较分析。Jacquinot等（2009）的研究与上述将石油价格作为外生变量的做法不同，其在利用DSGE模型建立分析体系时将石油价格作为内生变量，分析通胀、经济波动、国际贸易等要素受石油价格波动的影响，但该研究体系也有不足之处，即只从供需变化的角度考虑石油价格波动对各要素的影响，而没有考虑石油价格波动对金融衍生品市场、汇率市场、货币市场等的冲击效应。

国内学者在研究石油价格波动问题时较少使用DSGE模型。杨柳、李力（2011）在分析中国经济波动问题时使用了DSGE模型，在构建成本和生产函数时引入了油价要素，通过理论模型分析发现，通胀的波动和经济产出的波动因受石油价格波动的影响具有增强效应，故若要制定精准有效的货币政策，在考虑通胀和经济产出的波动之外，还应兼顾石油价格波动带来的冲击效应，但其研究没有涉及石油价格波动的核心影响因子。

第二节　石油期权价格形成机制理论概述

一　期权基本理论概述

（一）期权的定义

期权又称为选择权，是当今社会较为普遍的金融产品之一。它是指一种可以在未来一定时期进行买卖的权利，但是期权购买方不负有必须购买或出售该标的物品的义务（崔雅斐，2016）。期权的本质是一种将权利和义务分开进行定价的金融衍生品，得到权利的期权购买方在规定时间内对是

否购买或出售标的物品行使其权利，而义务方即期权出售方则必须履行相
应义务。

（二）期权的分类

期权的种类较多，根据权利、标的资产、交割时间等方面的不同，期
权可分为不同的类别（见图 8 - 1）。例如，按照权利划分，期权可分为看涨
期权和看跌期权。按照标的资产划分，可分为商品期权、股票期权、股指
期权和外汇期权。根据不同的交割时间，期权可以被分为美式期权、欧式
期权和百慕大期权（庞胜军，2014）。

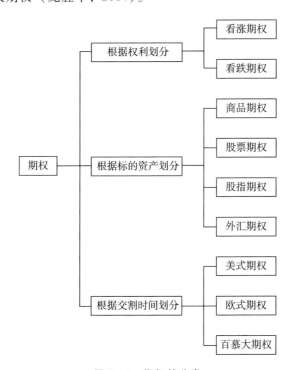

图 8 - 1　期权的分类

（三）影响期权价格的主要因素

期权价格往往受诸多因素的影响，期权价格主要由内涵价值、时间价
值组成，主要影响因素如图 8 - 2 所示。内涵价值包括标的资产的价格和执
行价格两类，时间价值则包括标的资产的价格波动率、距离到期日的剩余
时间和无风险利率（李霞、郭素文，2011）。

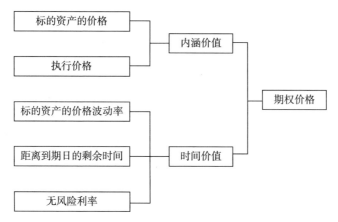

图 8 - 2　期权价格的主要影响因素

二　基于不同数学方法的期权定价模型分析

（一）Black - Scholes 期权定价模型

关于期权定价的模型有很多，最为经典的模型是 Black - Scholes 模型。具体的公式如式（8 - 2）所示。这一模型适用于无收益资产欧式看涨期权：

$$c = SN(d_1) - Xe^{-r(T-t)}N(d_2) \qquad (8-2)$$

式中：

$$d_1 = \frac{\ln(S/X) + (r + \sigma^2/2)(T-t)}{\sigma\sqrt{T-t}}$$

$$d_2 = \frac{\ln(S/X) + (r - \sigma^2/2)(T-t)}{\sigma\sqrt{T-t}} = d_1 - \sigma\sqrt{T-t}$$

c——标的资产欧式看涨期权的价格；

$N(x)$——标准正态分布变量的累计概率分布函数，即这个变量小于 x 的概率，根据标准正态分布函数特性，有 $N(-x) = 1 - N(x)$；

S——所交易资产的当期价格；

X——期权交割价格；

T——期权有效期；

σ——证券的波动率；

r——无风险利率。

（二）期权定价的二叉树模型

虽然上述模型有助于对期权定价问题进行分析，但鉴于其较为复杂性，分析难度较大，随后学者们提出了更为简化的模型，即二项式模型或二叉树模型，主要针对美式期权的定价。

该模型将期权的合约期限分割为多个时间段 Δt，且假设在每一个时间间隔 Δt 时刻内标的资产价格只有两种可能的运动方向：从开始的价格 S 上升为原先的 u 倍，即达到了 Su；从开始的价格 S 下降到 Sd。其中，$u > 1$，$d < 1$。如图 8 - 3 所示，价格上升的概率假设为 q，则价格下降的概率为 $(1 - q)$。相应地，期权价格也会随着两种标的资产价格运动方向的不同而不同，分别为 f_u 和 f_d。

当时间间隔较大时，这种模拟标的资产价格运动方向的二值运动假设与实际情况存在较大差异，但是在时间间隔较小时，这一模型具有一定的有效性。

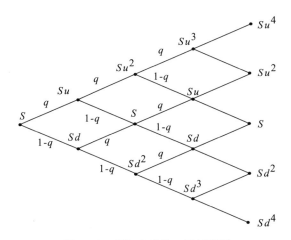

图 8 - 3　期权定价的二叉树模型

（三）蒙特卡洛方法模拟期权定价

以上内容主要讨论了存在一个估值公式的金融衍生品，或者可以通过二叉树模型进行定价的金融衍生品，但是诸如算术平均亚式期权这样的金融衍生品，不存在一个简单的估值公式。考虑到同时段的股票价格对期权价格的影响，上述模型难以刻画现实情境中的波动因素，而蒙特卡洛方法能够通过分析随机性概率来对期权的价格进行估计，它很好地解决了金融衍生品定价中两个最重要的问题之———计算精度问题。

三 倒向随机微分方程基本理论

倒向随机微分方程是相对于正向随机微分方程的另外一种随机微分方程，它将"随机"与"确定"的问题紧密联系到了一起，使人们能够通过确定的策略和方法对随机模型采取最优化的处理，得到最为精确的结果。正向随机微分方程描述的问题是：给定现在时刻的初始条件，按照正向随机微分方程所描述的运动规律，确定在未来给定时刻的随机变量的结果。与正向随机微分方程不同，倒向随机微分方程首先确定未来给定时刻的终值条件，按照倒向随机微分方程所描述的运动规律，分析得出要达到给定的终值条件，在当前时刻该采取怎样的措施。

（一）倒向随机微分方程的相关符号与定义描述

倒向随机微分方程的表达式如式（8-3）所示：

$$\begin{cases} -\,\mathrm{d}y_t = f(t,y_t,z_t) - z_t\mathrm{d}W_t, t \in [0,T] \\ y_T = \xi \end{cases} \qquad (8-3)$$

式中：

$f(t,y_t,z_t)$——生成函数；

$W_t(0 \le t \le T)$——定义在完备概率空间$(\varOmega,F,P,\{F_t\}_{0 \le t \le T})$上的布朗运动；

T——终端条件时刻；

$\{F_t\}_{0 \le t \le T}$——由布朗运动生成的自然信息簇，且所有的零概率集包含在每一个σ域F_t中，即$F_t = \sigma\{W_s, 0 \le s \le t\} \vee N$，其中$N$是$P$零集。

给定$T > 0$、终端条件，在生成函数$f(t,y_t,z_t)$确定的情况下，Pardoux 和 Peng（1990）证明了存在一对唯一的解(y_t,z_t)满足如式（8-4）所示的倒向随机微分方程：

$$y_t = \xi + \int_t^T f(s,y_s,z_s)\,\mathrm{d}s - \int_t^T z_s\mathrm{d}W_s, t \in [0,T] \qquad (8-4)$$

令 $F_s^{t,x}(t \leqslant s \leqslant T)$ 为由从时空点 (t,x) 开始的布朗运动 $\{x + W_v - W_t,$ $t \leqslant v \leqslant s\}$ 生成的 σ 域，且有 $F^{t,x} = F_T^{t,x}$，$E[X]$ 表示随机变量 X 的数学期望，$E_s^{t,x}[X]$ 表示随机变量 X 在 σ 域 $F_s^{t,x}(t \leqslant s \leqslant T)$ 下的条件数学期望，则有 $E_s^{t,x}[X] = E[X|F_s^{t,x}]$。若 $X = (X_{ij})_{m \times n}$ 为由随机变量组成的向量或矩阵，则对 X 的条件学期望 $E_s^{t,x}[X]$ 有：$E_s^{t,x}[X] = (E_s^{t,x}[X_{ij}])_{m \times n}$。

（二）倒向随机微分方程在金融领域中的应用

根据倒向随机微分方程的特点，可以利用该方程的原理来解决各种金融问题，如确定当前时刻现有资金的投资组合问题：给定未来某一时刻想要达到的预期财富状态，需要通过模拟各项随机过程来确定当期采取怎样的投资组合，才能在终端时刻达到预期设定的财富目标。

已证明了由于倒向随机微分方程有唯一解，若投资者要达到未来某一时刻的财富目标，那么当前时刻的投资决策必须包括 (y,z) 两个部分，投资者需要决定当前时刻的总投入 y，也要确定风险部分，即投入到有风险资产中的数量 z。

期权定价问题也如此，已知期权合约中标的资产的当前价格，根据资产的价格波动率和无风险利率等条件确定期权定价问题的生成函数，通过模拟随机过程确定期权合约中到期时刻的标的资产价格，最终利用倒向随机微分方程的原理研究分析在随机干扰和终端条件下的期权价格，从而解决期权定价问题。

第三节　本章小结

本章首先从可耗竭资源模型、市场结构模型、欧佩克行为模型、金融属性影响油价波动理论、地缘政治理论等各理论模型角度，梳理了经济学界对石油价格形成机制的理论分析体系；然后从期权的定义和分类两方面简要介绍了期权的性质，重点分析了影响期权价格的主要因素以及这些因素的变化对期权价格变动的影响；最后阐述了基于不同数学方法的期权定价模型，分析了各个期权定价模型的优缺点，引出了本书进行期权定价的方法——倒向随机微分方程。

第九章 石油价格波动的历史演变
及定价体系

石油价格的波动变化已成为常态，自石油工业诞生以来，国际石油价格跌宕起伏，如图 9-1 所示，国际原油价格在 1861~2020 年波动巨大。

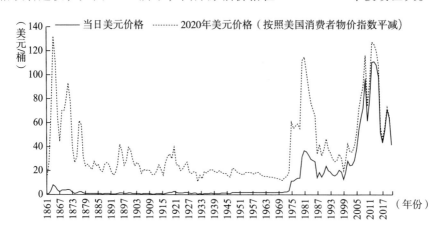

图 9-1　1861~2020 年国际石油价格波动趋势
资料来源：BP《世界能源统计年鉴》、美国能源信息署。

第一节　石油价格历史演变及国际石油定价体系

一　七大石油龙头主导

石油是世界经济发展和国际战略格局演变的重要因素。20 世纪初期，汽车在西方开始大规模普及。一战期间投入使用的机械化武器凸显了石油的战略地位。20 世纪 20 年代，美孚石油公司、德士古石油公司、壳牌石油公司、英国石油公司、海湾石油公司、埃克森石油公司和加州标准石油公司七大石油龙头在全球石油行业具有绝对垄断地位，"石油七姐妹"格局已然形成。

1928年，壳牌石油公司、英国石油公司以及埃克森石油公司三家石油公司在苏格兰签订协定，协商划分了各自的市场占有范围并约定了石油价格的制定标准。同年，美国、英国、法国和荷兰四国石油公司与近东开发公司和古尔班坎达成《红线协定》，组成了国际石油市场的卡特尔组织，对全球石油开采进行了划分。之后，参与协定的各家企业不断扩张，一度占有全世界98%以上的市场份额，造成石油市场的垄断。

这一垄断环境造成了市场的严重不平衡，也激化了各相关组织和国家之间的矛盾，由此催生了石油输出国组织欧佩克的建立。该组织致力于与国际石油卡特尔争夺定价权，中东产油国纷纷实行石油资源的国有化。

二 欧佩克石油输出国主导

在掌握定价权之后，欧佩克开始干预石油市场，提高油价。同时，组织各成员国逐步将石油公司国有化，并依托其全球主要产油区域的优势逐渐获得全球石油市场的生产控制权，国际油价逐步以欧佩克组织的官方定价为依据。

1973年前后，第四次中东战争的爆发导致全球石油供应中断，使得全球现货石油市场交易出现并飞速发展，到20世纪80年代，现货交易价格甚至已逐步取代欧佩克官方定价成为国际石油市场新的定价依据。持续的高油价导致全球石油消费量大幅降低，进而导致全球石油供给大大过剩，全球主要石油生产国为争夺全球石油市场而激烈竞争。以沙特阿拉伯为例，其在全球石油市场供给过剩的环境下，仍然选择大规模增产策略，致使国际石油价格大幅降低，甚至一度跌破10美元/桶。

三 市场化竞争机制

20世纪80年代末，汽车工业大力发展，石油消费找到了新的规模增长点，与此同时在这一时期开始出现石油金融衍生品，石油期货价格开始影响石油的价格，自此石油现货市场和石油期货市场、石油实体市场和石油金融市场开始实现深度融合。全球市场的竞争化局面打开，供求关系成为影响石油价格的最主要因素。相关金融衍生品的发展进一步推动了大批资金涌入石油市场，同时加速了市场波动的产生。

四 石油资本化形成

石油金融衍生品市场的蓬勃发展，使得石油作为一种资源产品却越来越凸显金融属性。回顾石油市场的历史，我们看到，自 1860 年以来，垄断和竞争的周而复始在国际石油市场的历史演变中常有出现。在石油的金融属性被充分开发之后，石油市场的规模不断扩大，市场参与者的数量不断增加，逐渐增加了投资公司等具有金融属性的市场主体。与此同时，市场交易主体的不断增长促使交易品种及贸易形式的多样化，从而增加了市场监管的复杂性，打破了由石油寡头形成的垄断局面，将定价权交给市场。国际石油贸易从实物交易转向合约交易，国际油价受金融衍生品市场的影响程度越来越高。

五 国际石油贸易基础价格分析

（一）石油输出国组织的官方价格

在欧佩克组织成立初期，为了与西方龙头石油公司争夺石油定价权，欧佩克以沙特阿拉伯 API 度为 34 的轻油为基准定期公布原油基准价格，但随着非欧佩克组织国家石油产量的大幅增长，欧佩克单一定价基准已不再完全适用，于是欧佩克将定价标准改为以 7 种原油一揽子价格为参考价格，在此基础之上，综合考虑运费和品种质量等因素进行调整。后来，这一标准发展到现在的 12 种（佟新宇，2015）。

（二）非欧佩克组织官方价格

非欧佩克组织国家一般在参照欧佩克原油定价体系的基础上，根据各自国家的经济发展水平等实际情况做相应调整。

（三）现货价格

石油现货价格与石油长期贸易定价机制是息息相关的。根据不同的周期，可以对石油的现货价格进行阶段性调整。现货价格可以体现为石油的实际交易价格，或市场权威机构依据石油市场、实体经济等发展情况研究估算出的市场价格。

（四）期货交易价格

石油的期货交易价格反映了市场对石油资源的需求，在一定程度上可以影响石油的价格变动。在研究石油资源的定价时，期货交易价格是需要考虑的重要因素之一。

（五）以货易货价格

欧佩克组织成员国之中各国经济状况不一，因欧佩克组织对成员国的石油产量配额和石油出口价格都有相应的规定标准，部分有更大资金需求的成员国通过以货易货的方式用石油产品向别国换取回报（吴翔，2009）。以货易货丰富了石油交易方式，定价主要基于欧佩克官方定价，根据所换物资市场价格的高低在欧佩克官方价格基础上做相应调整。

（六）净回值价格

净回值价格，又称为倒算净价格。该价格指标体现了原油价格对市场定价的影响，有利于生产企业规避风险，适用于产能过剩、供大于求的情况（侯佳贝，2016）。

（七）价格指数

全球有很多权威机构根据国际石油市场交易数据和全球石油发展状况，综合石油库存、供需情况等各类数据构建相应的价格指数。目前，应用较为普遍的石油价格指数包括普氏价格指数、路透社价格指数、美联社价格指数和亚洲石油价格指数等。

（八）全球主要石油基准价格

目前全球三大基准油价为：欧洲和非洲市场基于布伦特原油的定价体系；北美市场基于 WTI 原油的定价体系；中东和亚洲基于迪拜或阿曼的定价体系。

第二节 中国原油及成品油定价机制

一 中国原油进口情况及特性分析

（一）对外依存度分析

原油对外依存度表征对进口原油的依赖比重，从统计数据来看，伴随经济的飞速发展，近年来中国对石油进口的依赖度越来越高，2018 年首次突破 70%，到 2020 年，对外依存度已达到 73.56%（见表 9 – 1），这对于中国的能源供应和能源市场的稳定来说都是巨大的压力。

表 9 – 1　中国原油对外依存度统计

单位：万吨，%

年份	原油生产量	原油进口量	原油消费量	对外依存度
2000	16300.0	7026.5	21232.0	30.12
2001	16395.9	6026.0	21342.7	26.88
2002	16700.0	6940.6	22544.1	29.36
2003	16960.0	9102.0	24922.0	34.92
2004	17587.3	12272.0	28749.3	41.10
2005	18135.3	12681.7	30086.2	41.15
2006	18476.6	14517.5	32245.2	44.00
2007	18631.8	16316.0	34031.6	46.69
2008	19044.0	17888.5	35498.2	48.44
2009	18949.0	20365.3	38128.6	51.80
2010	20301.4	23768.2	42874.6	53.93
2011	20287.6	25377.9	43965.8	55.57
2012	20747.8	27102.7	46678.9	56.64
2013	20991.9	28174.2	48652.2	57.30
2014	21142.9	30837.4	51547.0	59.33
2015	21455.6	33548.3	54088.3	60.99
2016	19968.5	38101.0	57776.0	65.61

续表

年份	原油生产量	原油进口量	原油消费量	对外依存度
2017	19150.60	41957.0	61242.56	68.66
2018	18932.42	46189.0	63004.33	70.93
2019	19101.41	50568.0	69600.00	72.58
2020	19492.00	54239.0	70200.00	73.56

资料来源：根据 BP《世界能源统计年鉴》及网络数据整理。

由表 9－1 和图 9－2 可以看出，中国原油生产量在 2015 年达到历史最高点。从原油进口量和生产量的增长率来看，原油进口量增长率远高于原油生产量增长率。从 2000～2020 年原油进口量和生产量来看，进口量和生产量的"剪刀差"近 20 年总体呈扩大趋势。

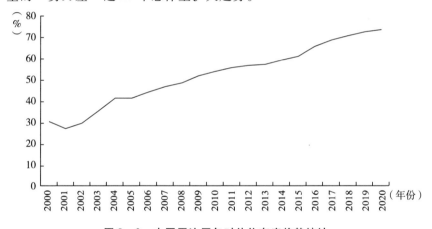

图 9－2　中国原油历年对外依存度趋势统计

资料来源：BP《世界能源统计年鉴》。

（二）原油进口来源统计

从图 9－3 至图 9－9 所示 2014～2020 年连续 7 年中国原油进口市场结构的历史演变来看，中国原油进口集中度偏高，前十大进口国占总进口原油份额的 80% 左右。此外，从进口区域来看，中东和北非等全球地缘政治博弈焦点区域为中国主要原油进口地区，近几年开始转向从俄罗斯进口原油。原油进口国分布在很大程度上决定了中国原油及成品油的定价机制。

中国的石油进口运输主要依赖海上运输，其中马六甲海峡是中国进口

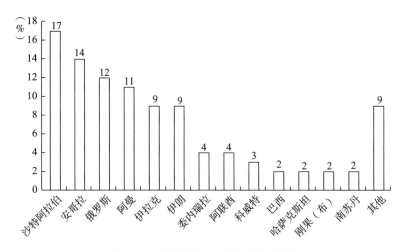

图 9 - 3　2014 年中国原油进口来源

资料来源：根据 BP《世界能源统计年鉴》及网络数据整理。

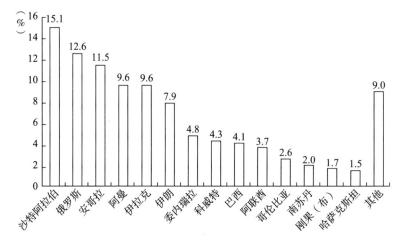

图 9 - 4　2015 年中国原油进口来源

资料来源：根据 BP《世界能源统计年鉴》及网络数据整理。

原油的运输要塞，每年中国进口原油的 80%、全球总运输原油的 40% 都必经此地（芮玉品、李军，2017）。中国与俄罗斯和哈萨克斯坦的原油运输以管道运输为主。除此之外，委内瑞拉、巴西等南美洲国家可通过太平洋路线直接将石油运输至中国，该路线相对安全。东南亚地区由于产量限制，目前对中国的出口量明显减少，这条航线的重要性已大不如前。

　　丝绸之路开发可拓宽中国原油进口的路径和区域，大力保障中国能源

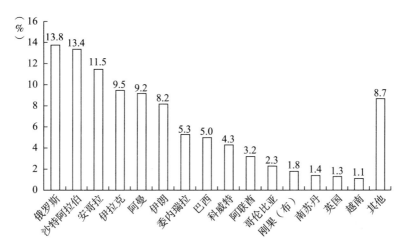

图 9 – 5　2016 年中国原油进口来源

资料来源：根据 BP《世界能源统计年鉴》及网络数据整理。

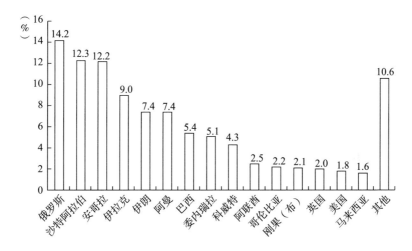

图 9 – 6　2017 年中国原油进口来源

资料来源：根据 BP《世界能源统计年鉴》及网络数据整理。

进口安全，具有重要意义。

（三）进口原油状况分析

1. 分类

国际上一般以 API 度和原油中含硫量的高低来对原油进行分类，主要分为 10 类，如表 9 – 2 所示。

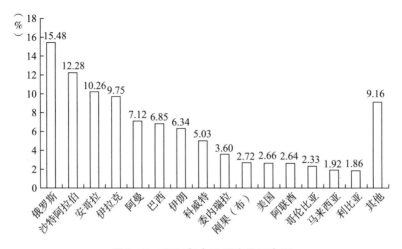

图 9 - 7 2018 年中国原油进口来源

资料来源：根据 BP《世界能源统计年鉴》及网络数据整理。

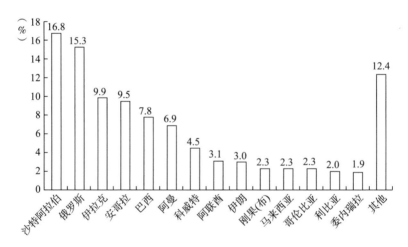

图 9 - 8 2019 年中国原油进口来源

资料来源：根据 BP《世界能源统计年鉴》及网络数据整理。

表 9 - 2 基于 API 度及含硫量的原油分类

原油分类 指标	轻质低硫 原油	轻质含硫 原油	轻质高硫 原油	中质低硫 原油	中质含硫 原油	中质高硫 原油	重质低硫 原油	重质含硫 原油	重质高硫 原油
API 度	35～50	35～50	35～50	26～34	26～34	26～34	10～25	10～25	10～25
含硫量（%）	<0.5	0.5～1.0	>1.0	<0.5	0.5～1.0	>1.0	<0.5	0.5～1.0	>1.0

资料来源：根据网络数据整理。

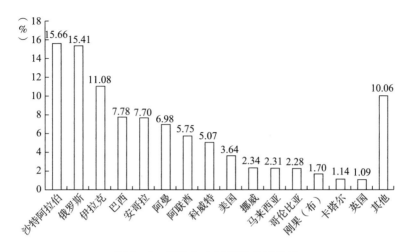

图 9 - 9 2020 年中国原油进口来源

资料来源：根据 BP《世界能源统计年鉴》及网络数据整理。

2. 性质

根据 2017 年中国原油进口数据，表 9 - 3 列出了中国进口规模前 10 位
国家的部分原油性质数据，表 9 - 4 按原油的含硫量和 API 度对品种进行归
类，通过表 9 - 4 可以看出，中国进口原油含硫量普遍较高。

表 9 - 3 2017 年中国前 10 位原油进口国部分原油性质数据

品种	密度（15℃）/ （kg·m³）	含硫量 （%）	运动黏度/ （m²/s）	酸值/ （mgKOH/g）	API 度	含钒量 （μg/g）	含镍量 （μg/g）
Basrash Light	874.5	2.92	7.03×10^{-6} （50.0℃）	0.11	30.20	47	14
Rebco	864.7	1.80	4.92×10^{-6} （20.0℃）	0.39	32.0	—	—
Arabian Extra Light	827.8	0.81	2.12×10^{-4} （21.1℃）	< 0.05	39.30	1	< 1
Arabian Light	855.8	1.96	2.82×10^{-4} （15.6℃）	< 0.05	33.70	16	2
Arabian Medium	871.1	2.58	7.48×10^{-4} （15.6℃）	0.28	30.80	46	10
Arabian Heavy	888.0	2.99	1.01×10^{-3} （15.6℃）	0.20	27.70	45	13

续表

品种	密度（15℃）/（kg·m³）	含硫量（%）	运动黏度/（m²/s）	酸值/（mgKOH/g）	API度	含钒量（μg/g）	含镍量（μg/g）
Oman Crude	863.4	1.33	1.08×10^{-5}（50.0℃）	0.50	32.3	9	11
Kec	875.4	2.89	5.76×10^{-4}（15.6℃）	0.18	30.0	33	12
Upper Zakum	854.2	1.89	4.37×10^{-6}（50.0℃）	0.05	34.0	11	9
Boscan	996.2	5.70	1.12×10^{-2}（37.8℃）	1.48	10.4	1320	117
Merey	958.6	2.74	8.81×10^{-4}（30.0℃）	1.20	16.0	303	84
Imnian Heavy	878.6	1.87	8.51×10^{-6}（40.0℃）	0.07	29.4	81	23
Soroosh	941.2	3.58	1.57×10^{-4}（40.0℃）	0.30	18.7	101	35
Sirri	857.5	1.81	1.79×10^{-5}（10.0℃）	0.06	33.4	35	14
Bahregan	886.3	1.58	1.3×10^{-5}（40.0℃）	<0.05	28.0	89	22
Dalia	914.5	0.51	2.69×10^{-5}（50.0℃）	1.50	23.1	7	17
Kuito	921.5	0.74	3.52×10^{-5}（50.0℃）	1.85	22.0	—	—
Polvo	933.8	1.13	8.34×10^{-5}（50.0℃）	0.452	19.9	37	23

资料来源：根据网络数据整理。

表9-4　基于API度和含硫量的部分进口原油划分

原油性质	API度	含硫量（%）	品种
轻质含硫原油	35~50	0.5~1.0	Arabian Extra Light
中质高硫原油	26~34	>1.0	Basrash Light，Rebco，Arabian Light，Arabian Medium，Arabian Heavy，Oman Crude，Kec，Upper Zakum，Imnian Heavy，Sirri，Bahregan
重质含硫原油	10~25	0.5~1.0	Dalia，Kuito
重质高硫原油	10~25	>1.0	Boscan，Merey，Soroosh，Polvo

资料来源：根据网络数据整理。

通常情况下，酸值和含硫量较高的原油，炼油成本较高。提炼原油的环境一般处于高温状态下，高温状态下金属的氧化效应要远远弱于金属的硫化腐蚀效应，而炼油设备、运输设备、储油设备等一般均为金属材质，受硫化腐蚀效应的影响，炼制含硫量越高的原油，各环节的设备损耗越严重，这无疑会大大提高原油炼制和运输的成本。与此同时，加工的原油含硫量越高，产生的对环境的有害物质越多，从而增加环境治理成本。由此可以看出，石油品种的性质影响石油生产和运输环节的成本，进而影响原油价格和最终成品油的销售价格。

二 中国原油及成品油定价体系

（一）国内原油定价体系

根据进口原油还是自产原油的不同，国内的原油定价体系有所不同。在自产原油定价方面，中石油和中石化集团之间购销的原油价格由双方协商确定，两个集团内部油田与炼油厂之间购销的原油价格由集团公司自主制定（陆曹懿，2018）。由于改革开放的深化和全球化进程的加速，近年来中国自产原油的定价标准已经基本与国际接轨。在进口原油方面，由于中国原油期货市场设立时间不长，成交量和活跃性不足，缺乏原油战略储备，社会资源未得到有效利用，因此中国自身没有原油定价机制，主要是国家发改委在参考国际同类定价标准后进行调整发布。

（二）国内成品油定价体系

中国成品油价格在1998年以前一直由国家统一规定，长期处于低油价态势，且成品油价格调整周期较长。随着中国经济的不断发展，石油消费量不断增加，与此同时，中国石油可开采储量较少，石油品质相对较差，直接导致中国石油资源对外依存度较高，成品油价格的市场化改革已迫在眉睫。1998年6月，国家计委出台《原油成品油价格改革方案》，参照新加坡的石油定价体系对国内石油价格的制定进行指导。从2001年11月开始，中国进一步完善国内成品油价格的市场化机制，结合国际主流市场的定价准则，根据国内发展现状来调整定价。2009年，中国开始实施成品油定价的新机制，出台《成品油价税费改革方案》，以保证国内成品油的生产和供应。此后，国家发改委于 2013 年 3 月和 2016 年 1 月对中国石油定价准则进行了修订。

综上所述，目前中国的石油定价体系还未真正形成，石油定价的市场化进程发展较慢，中国政府不断推进对石油定价的市场化引导，原油期货的推出也是中国原油价格市场化的一个重要举措。

第三节　本章小结

本章详细分析了石油价格的历史走势和国际石油定价体系，并深入研究了中国石油使用现状和定价机制，为中国建立完善的石油定价机制和实施石油市场化改革提供历史经验。

第十章　石油价格影响因素分析

为什么油价难以预测？经济发展状况、供需关系、货币政策、财政政策、库存、金融市场变化、地缘政治等各种复杂因素的叠加影响，使得国际原油价格的波动趋势难以被预测。本章从石油的各种属性入手，研究石油价格的影响因素，建立石油价格波动的基本分析体系，并对调控方式和手段进行详细分析。

第一节　石油的多重属性

石油作为经济发展的重要命脉，具有商品属性、资源属性、地缘政治属性、金融属性等多重属性，这意味着研究石油价格波动时不可能只考虑某一种要素的影响。

在商品属性方面，石油和其他大宗商品类似，价格受到市场供需状况和原油勘探开发成本、炼制成本等各类因素的影响。

在资源属性方面，石油资源具有不可再生性，而且全球石油资源的地理分布和石油品质极度不均，再加上石油资源几乎渗透了工业化生产、交通运输的各个环节，因此石油价格受到资源稀缺性、主要产油国的政策、替代能源发展状况和需求价格弹性等要素的影响。

在地缘政治属性方面，就目前全球能源使用结构来看，石油乃世界各国经济发展的重要支撑，因其具有不可再生性、可耗竭性、全球分布不均匀、开采难易程度不均、石油品质不均等特点，世界各国竭尽全力获取最优质的石油资源，进而引发各种国际矛盾或冲突。与此同时，具有相同特性和诉求的国家组成各类联盟或组织，共同应对复杂的国际环境。因此，石油最终价格受到类似欧佩克组织成员国的经济发展状况、各项政策及其国家政权是否稳定等因素的影响。

在金融属性方面，自从推出石油期货合约，石油金融衍生品市场迎来飞速发展时期，石油价格不仅体现了实物产品该有的特征，还受金融衍生品市场、汇率市场、利率市场、场外交易市场以及不同类型资本市场中各类金融要素的影响，金融市场的瞬息万变和规模化交易使得石油价格波动幅度较大，各类资本市场价格波动效应对石油价格波动效应的传导机制也更为凸显。

第二节 基于石油商品属性的影响因素分析

通过上述分析可以看到，石油的商品特征决定了供需关系变化将直接影响国际石油价格，供给曲线和需求曲线能在一定程度上反映石油价格的变化过程。

一 供给因素

综合国际石油价格演变历史来看，从供给端分析，石油生产成本、全球资源分布格局、石油储量和石油库存等是影响国际石油价格波动的主要因素。

（一）石油储量

由图 10 - 1 可以看出，自 1981 年以来，除个别年份之外，石油产量的增长率与已探明储量的增长率的变化趋势基本保持一致。整体上，产量增长率曲线稍滞后于已探明储量的增长率，这意味着每年石油已探明储量的增长对次年全球石油产量规划有着深远影响。就石油产量而言，2008 年是特殊的一年，全球经济发展受金融危机影响，导致下游需求极度萎缩，进而出现了历史上少有的石油产量增长率为负的情况。

通过数据可以看出，2012 年之后，由于石油资源的可耗竭性和不可再生性特征，全球石油已探明储量增长率已远远低于 2012 年之前。从长期来看，石油已探明储量的下降将是必然趋势，而逐渐减小的全球原油储采比数据意味着，在不改变石油资源作为全球最大的能源消费品种地位的前提下，储采比的持续降低将对国际原油的长期价格波动产生向上的压力。

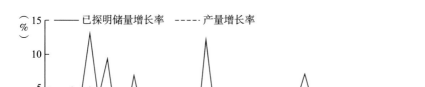

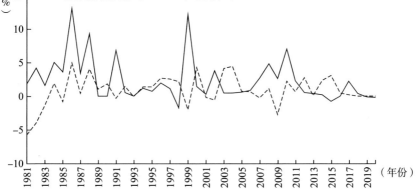

图 10 - 1　1981～2020 年全球石油已探明储量和产量增长率对比

资料来源：BP《世界能源统计年鉴》。

（二）石油资源分布格局

1. 全球石油已探明储量分布

通过上述分析和图 10 - 2 的数据可以看出，全球石油已探明储量的增长趋势将逐步放缓，未来甚至将会出现负增长，而从图 10 - 3 可以看出，全球石油已探明储量的地区分布极不均衡，中东地区占有全球最大的石油已探明储量，截至 2020 年，欧佩克组织的石油已探明储量已占世界石油已探明总储量的 70% 以上，而亚太地区作为新兴石油消费的主力军，石油已探明储量占比最小，这也意味着以欧佩克组织为代表的中东国家和亚太国家近些年分别承担着石油主要输出国和石油主要消费国的角色。从 1980 年至今，北美洲地区的石油已探明储量整体呈下降趋势，而中南美洲地区的石油已探明储量整体呈上升趋势。

2. 全球石油产量分布

如图 10 - 4 和图 10 - 5 所示，中东地区为全球石油产量最高的地区，亚太地区石油产量占全球石油产量的比重最小。图 10 - 6 列示了 1965～2020 年欧佩克国家石油产量及其占全球石油总产量的比重，可以看出，20 世纪 70 年代中期之前，欧佩克国家的石油产量占比处于快速上升期，这之后直到 20 世纪 80 年代中期，该占比又进入快速下降通道，直至近些年，欧佩克

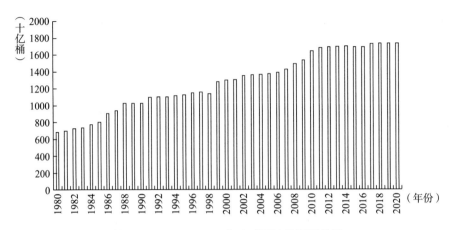

图 10 - 2　1980 ~ 2020 年全球石油已探明储量

资料来源：BP《世界能源统计年鉴》。

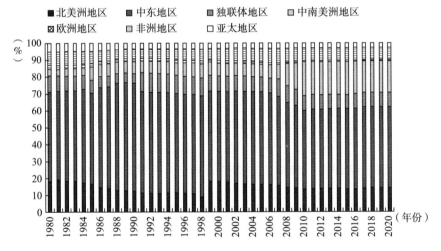

图 10 - 3　1980 ~ 2020 年全球石油已探明储量各地区占比

资料来源：BP《世界能源统计年鉴》。

国家石油产量占全球总产量的比重一直维持在 40% 上下的稳定状态，该产能分布状态也决定了欧佩克国家的石油政策和经济状况将深度影响国际石油的价格波动。

通过图 10 - 4、图 10 - 5 和图 10 - 7、图 10 - 8 的对比分析可以看出，全球各地区的石油消费量和石油产量呈现极度不均衡状态。石油分布、石油产量及石油消费量的不均衡催生了更为活跃的全球石油贸易市场。

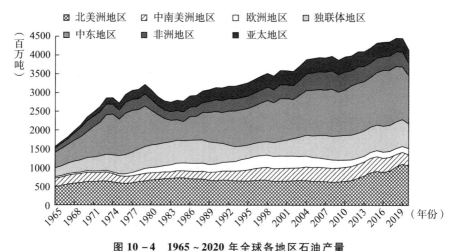

图 10 – 4　1965～2020 年全球各地区石油产量

资料来源：BP《世界能源统计年鉴》。

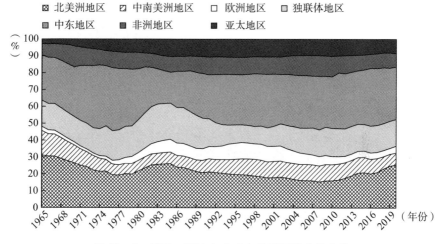

图 10 – 5　1965～2020 年全球各地区石油产量占比

资料来源：BP《世界能源统计年鉴》。

（三）石油生产成本

石油资源具有商品属性，其价格构成可简要视为成本和利润的加成，上游业务存在勘探、开发和生产三个阶段，其中勘探、开发阶段的投资金额和投资风险远高于生产阶段，生产阶段主要包括采油、修井、增采、运输和加工等。生产过程产生的成本即通常所述的原油生产成本或操作成本，

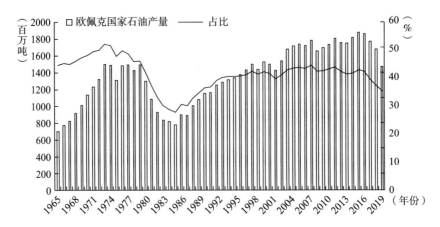

图 10 – 6　1965～2020 年欧佩克国家石油产量及占比
资料来源：BP《世界能源统计年鉴》。

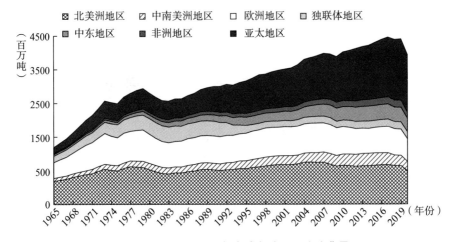

图 10 – 7　1965～2020 年全球各地区石油消费量
资料来源：BP《世界能源统计年鉴》。

原油价格与产量息息相关，高原油价格会导致企业为获得更高的收益而大大提高开采量，进而导致生产井数、产液量、产气量、注气量、注液量的增加，从而增加与之对应的操作成本。反之亦然。

全球石油可探明储量增长率的降低趋势，意味着未来石油的开采难度将随之增加，技术进步和创新开采手段是降低开采成本的有效方式。与此同时，受油田开采难易度、开采技术、油田油品质量等因素的影响，中国诸如中海油、中石化、中石油的单位桶油开采成本普遍高于国外石油公司，有

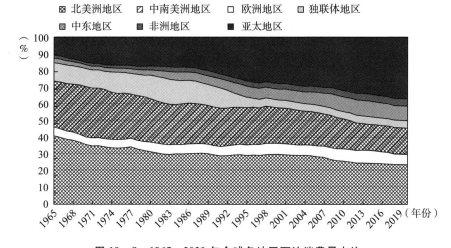

图 10 – 8　1965～2020 年全球各地区石油消费量占比
资料来源：BP《世界能源统计年鉴》。

效降低开采成本对国内石油安全以及应对石油价格冲击具有至关重要的作用。

（四）石油库存

一国的石油库存与其供需关系息息相关，国家往往会通过调节供给以满足本国的需求缺口，各国的石油库存一般由国家战略储备和商业库存组成。商业库存一般属市场化行为，主要是石油公司、能源消费公司维持部分石油储备以应对国际石油价格和供需情况的波动；国家战略储备一般属国家政策行为，是一国应对全球整体石油供需不平衡和价格波动的安全储备。总体而言，国家战略储量要大于商业库存，但动用国家战略储量的频次相对较少，故商业库存的变化往往对国际石油价格波动具有更大的影响，特别是在一国较少干预石油市场的情况下。

石油库存是一个动态的概念，库存的增减反映石油市场供求关系的变化，增加库存在石油市场的直接表现是增加了石油总消费量，减少库存在石油市场的表现是增加了石油总供给量。因此，在某种程度上，石油库存增加，则国际石油市场可能处于供大于求的局面，反之，石油库存减少，则国际石油市场可能处于供不应求的状态。由此可见，建立有效的石油库存体系和轮库机制对于石油消费量较大、石油对外依存度较高的国家应对国际石油价格大幅波动具有重大意义。

从目前全球经济发展状况来看，经合组织（OECD）成员国处于经济发展的相对快速通道，石油需求量和消费量保持增长，但绝大多数国家未建立完善的石油库存信息体系，或未公开本国石油库存信息。美国是石油库存量较大的国家之一，其石油库存量占 OECD 成员国石油总库存量的近一半，且美国石油库存量的统计数据相对全面、时效性较强，适合作为研究石油价格波动和石油市场发展状况的有效数据。

经过多年的发展，美国石油库存数据已然成为全球各国政府、不同市场参与主体、金融市场、货币市场和衍生品市场等重点关注的数据，不同主体、不同市场都将该数据用于判断未来石油价格波动趋势和全球石油市场发展动态。美国能源信息署每周会在官网上公布石油库存数据，从图10-9和图10-10的数据对比分析可以看出：总体上，当石油库存较低时，WTI 原油价格往往较高；当石油库存较高时，WTI 原油价格往往较低。

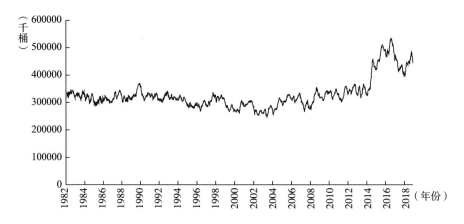

图 10 - 9　1982 ~ 2019 年美国石油库存统计数据
资料来源：美国能源信息署。

二　需求因素

石油渗透全球工业化生产、交通运输等实体经济发展的各个环节，因此全球经济发展水平、产业发展状况特别是第二产业发展状况直接影响着全球石油市场需求量，除此之外，核能、太阳能、风能、天然气等可替代能源的普及程度和发展水平也影响着国际石油市场总需求。从图10-11可

图 10 - 10　1982 ~ 2019 年 WTI 原油价格

资料来源：美国能源信息署。

以看出，全球石油消费增长率波动趋势与全球 GDP 增长率波动趋势较为一致。

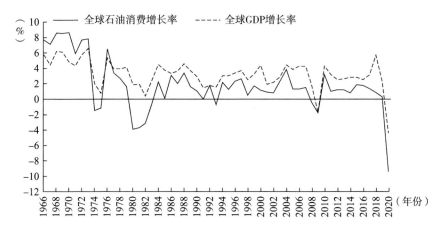

图 10 - 11　1966 ~ 2020 年全球石油消费增长率和 GDP 增长率对比

资料来源：全球石油消费增长率数据来源于 BP《世界能源统计年鉴》；全球 GDP
增长率数据来源于世界银行数据库。

从图 10 - 12 和图 10 - 13 可以看出，虽然近些年可再生能源消费量占所有能源品种总消费量的比例逐渐提升，但占比仍然较低，石油和煤炭仍是主要能源消费品种，在煤炭、天然气和石油三大能源中，对环境污染相对较小的天然气的消费量呈稳步增长态势。从长期来看，随着技术进步，各类可再生能源的成本不断降低，与此同时，石油的勘探开采成本将逐渐上升，可再生能源将加速替代传统石化能源。风能和太阳面临使用环境受限的问题，但这些问题在未来均可通过技术进步得到解决，可再生能源及其他新能源的广泛使用将对全球石油消费量产生冲击，进而直接影响原油价格。

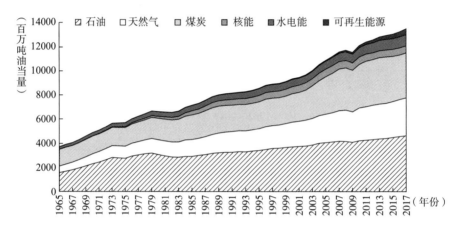

图 10 - 12　1965 ~ 2017 年全球各能源品种消费量

注：可再生能源包括风能、地热能、太阳能、生物质能等。

资料来源：根据 BP《世界能源统计年鉴》整理。

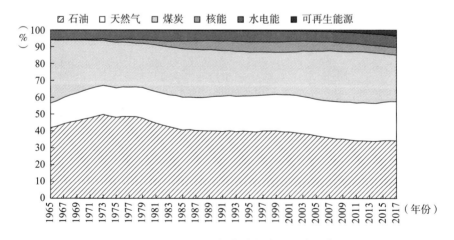

图 10 - 13　1965 ~ 2017 年全球各能源品种消费占比

注：可再生能源包括风能、地热能、太阳能、生物质能等。

资料来源：根据 BP《世界能源统计年鉴》整理。

第三节　基于石油金融属性的影响因素分析

一　石油金融衍生品市场分析

从 1982 年纽约商业交易所推出全球第一只原油期货合约至今，石油金融衍生品市场已发展 40 年时间，在这段时期内，全球石油金融衍生品交易市场逐渐发展成熟，其中具有代表性的期货品种有纽约商业交易所的 WTI 原油期货和国际石油交易所的布伦特原油期货，中国的上海期货交易所（原上海石油交易所）也于 2018 年正式上线交易原油期货。除了石油期货之外，石油期权交易、石油互换合约、场外交易等其他类型的石油金融衍生品也开始蓬勃发展。

全球石油贸易具有信息非公开、交易规模大等特点，且全球石油贸易的参与主体主要是石油消费国和石油生产国及各自的石油公司等，与此不同石油金融衍生品市场的参与者更多元化，其具有信息公开透明、资金门槛低、可操作性强等特点，石油生产和消费厂商、普通企业、投资基金公司、对冲基金公司、个人投机者等均可加入石油金融衍生品交易市场，使得全球石油金融衍生品市场每年的交易量、交易规模远远大于全球每年石油产量、消费量和贸易量。WTI 原油期货和布伦特原油期货是全球交易量最大的两个原油期货品种，此两种原油期货的价格已成为全球石油定价体系的重要依据，有些原油贸易甚至直接以 WTI 原油期货价格作为最终交易价格，由此可见石油金融衍生品交易对国际石油定价体系的影响力和重要性。

石油金融衍生品交易的活跃性在一定程度上影响了由供需关系演变形成的石油定价体系，频繁而大规模的金融衍生品交易进一步加剧了国际石油价格的波动。

二　石油美元流动的分析

目前美元仍然是国际石油贸易的主要结算货币，特别是全球最重要的产油区域欧佩克成员国的石油出口基本以美元进行结算，且每年全球石油交易额巨大，所以美元汇率的变化即美元指数的波动直接影响国际石油价格的波动，反之亦成立，已有很多研究论证了美元指数与国际石油价格之间的相互影响。一旦美元发生贬值，以其为计价单位的资产价格将上升；反之，在美元升值的情况下，以其为计价单位的资产价格将出现下滑。从另一角度分析，美元贬值或升值将带来生产原材料价格的上升或下滑，进而带来石油终端产品的相应价格波动。

由图 10 – 14 中美元指数波动趋势和国际石油价格波动趋势可见，两者基本呈反向波动关系。

图 10 – 14   美元指数与石油价格走势
资料来源：美国能源信息署、英为财情数据。

第四节   基于石油地缘政治属性的影响因素分析

一   国际石油贸易的地缘政治格局

近年来，随着中国、印度、巴西等新兴经济体的崛起，石油消费逐渐从美国、日本、德国、法国等发达国家开始向新兴经济体国家转移。1995 ~ 2020 年全球主要国家和地区的石油进出口情况如图 10 – 15 和图 10 – 16 所示。与此同时，石油资源分布格局、供给消费格局和贸易格局均呈不均衡状态，使得全球主要产油区域中东、主要石油消费区域亚太、主要石油运输线沿岸国家和海域等成为全球地缘政治博弈的焦点。

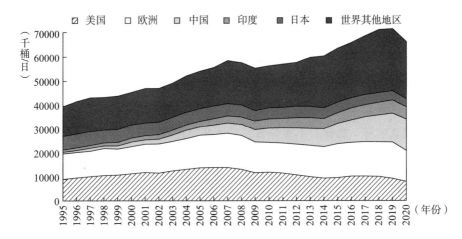

图 10 – 15　1995 ~ 2020 年全球主要国家和地区石油进口情况

资料来源：BP《世界能源统计年鉴》。

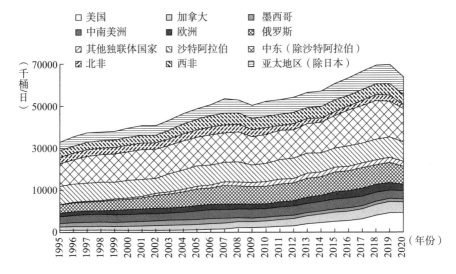

图 10 – 16　1995 ~ 2020 年全球主要国家和地区石油出口情况

资料来源：BP《世界能源统计年鉴》。

二 国际石油价格波动的政治性因素

综观国际石油市场发展历史，无论是类似"9.11"事件这样的政治突发事件还是类似1973年第四次中东战争这样的局部战争，都会严重影响国际原油价格，致使国际原油价格特别是中短期价格产生大幅波动，反之亦成立，国际原油价格的大幅波动同样会引发各类政治突发事件，甚至引发局部战争。世界各国无不围绕争夺国际石油资源、石油生产和控制权、石油定价权在经济、文化、军事等各领域展开激烈的博弈。

（一）政治博弈

综观世界上因石油资源产生的地缘政治博弈历史，从地理位置来看，各博弈方角逐的区域重点围绕全球原油主要生产国和出口国以及国际石油运输航线区域，这也是为何南亚、中北非特别是中东地区会成为各类政治突发事件和战争的主要地区。一旦这些地区发生动乱，将大大影响全球石油供应，在短期内给市场参与者供不应求的预期，致使国际原油价格大幅上升。除此之外，从需求端来看，若全球石油主要消费国发生动乱，则短期内会给国际石油市场参与者供大于求的预期，致使国际原油价格大幅下跌。因政治突发事件或战争具有不确定性和短期效应，石油价格长期走势受该类事件的影响不大，但从中短期来看，将会产生较大影响。

以伊朗核问题为例，以美国为首的西方国家出台一系列针对伊朗的最严苛的包括经济、货币、国际贸易的制裁方案，伊朗也以切断西方国家原油供给和封锁国际原油运输线等方式予以还击，双方局势剑拔弩张。此次事件给予国际原油市场参与者未来原油供给将大幅下降的预期，致使原油价格开始上涨，并随着伊朗核问题事态的持续发展而一直维持高油价态势。

（二）石油禁运

无论是类似美国这样的经济、政治、军事强国，还是类似中东国家这样的全球主要石油生产国，都在不同时期实施过不同程度的石油禁运，石油资源是各国经济发展的重要战略资源，实施石油禁运对实施国和被施加国都有严重的影响。中东国家在20世纪70年代针对西方国家实施的石油禁运引发了全球原油发展史上最严重的一次石油危机。实施石油禁运，以进口为主的石油消费国将出现资源短缺,实体经济受到冲击,以出口为主的石油生产国的经济增长也将受到影响。

(三) 战争威胁

石油发展史上共发生过三次由战争冲突导致的大规模石油危机,分别是 1973 年的第四次中东战争、20 世纪 80 年代的两伊战争以及 1990 年爆发的科威特战争。三次战争均发生在中东这一全球主要原油生产和出口地区,直接导致全球原油供给短缺,进而使得国际原油价格大幅上升。

第五节　对完善中国石油调控手段的启示

一　对调控石油储备的启示

(一) 中国石油储备的现状

1. 对外依存度过高,石油储备压力较大

中国的石油储备与保障国家能源安全的要求差距较大,美国、日本、德国、法国、韩国等世界主要石油消费国的石油储备均超过 100 天,而中国的石油储备尚未达到 90 天的安全保障要求。

通过前文分析可以看出,中国能源结构呈现富煤、贫油、少气的特点。随着中国的产业发展和经济增长,石油能源需求缺口越来越大,对进口石油能源的依赖程度越来越高。与此同时,中国石油主要从中东地区进口,马六甲海峡是中国原油运输的必经要塞,这些区域经常受到全球各个国家之间政治博弈的干扰,石油供应风险较大。因此,中国在石油储备方面的压力相对较大。

2. 石油储备基地空间分布欠合理,建设周期过长

目前中国石油储备基地建设主要考虑与海上石油进口通道、陆上油气输送通道、石油炼化基地等相匹配,未充分考虑石油消费集中区、军事安全、环境承载能力、地质条件等因素。从已公开的储备基地选址来看,除浙江镇海和舟山等储备基地位于长江以南外,其余基地均在北方石油炼化集中区,南方尤其是华南缺乏石油储备基地。

与此同时,中国石油储备基地建设周期过长,库容量严重不足。石油

储备基地为公益类非经营项目，储备原油实行保税收储，地方没有税收和就业等方面的直接利益。碍于土地资源的稀缺，相关建设用地指标的稀缺也成为阻碍石油储备事业发展的重要因素之一。另外，石油属危险化学品，石油储备基地建设用地的限制因素较多。因此，地方政府对石油储备基地建设的积极性不高，甚至设法阻拦石油基地建设。

3. 储备结构单一，资金保障能力不足

目前中国石油储备以政府储备为主，企业储备较少，且企业以中石油、中石化等国有石油公司为主。中国目前主要采用地上储罐的储备方式，利用洞穴、废弃油气藏和地下盐穴等自然条件的地下储备方式极少。

在储备基地建设资金上，以财政投资为主，中石油、中石化、中海油等国有企业负责承建和管理，该模式对财政依赖度高，财政部门投资压力大，而民营企业、社会资本参与相关建设的动力不足，后期高昂的维护成本和保养费用也会对政府的财政造成更大的压力。

4. 轮库制度不完善

中国对石油储备实行静态管理，应对市场变动的制度不完善，轮库策略尚不明确，导致石油储备难以发挥对宏观经济的调控作用，未能形成有效的轮库制度以应对国际石油价格的剧烈波动。另外，实施单纯的静态存储丧失了通过动态管理获取盈利以增加石油储备库建设维护资金的功能，致使财政压力更大。因此，亟须制定更为完善、细致、明晰的管理办法和制度，指导相关单位及企业应对国际石油市场变化。

5. 管理职责权属不清

中国石油储备管理主要依赖行政手段，市场化机制不完善，资产的管理权、使用权和所有权不明晰。企业虽然享有石油储备的所有权，但没有使用权，且未明确可动用储备的前置条件，导致所有权和使用权分离。企业没有自主决定权，较难实现自负盈亏，造成相关的市场化决策难以推行。

（二）优化石油储备的建议

1. 制定完善的储备计划，加快石油储备建设

石油的储备规模受一个国家资源禀赋、外部环境、经济需求等各方面因素的影响，中国应根据实际情况，制定更为明确和细致的专项法规和具

体的实施条例，从法律法规层面明确国家的石油储备目标和相关决策，制定更完善的石油储备计划。

根据目前国际经济发展形势来看，低油价态势将会持续下去，此时应抓住机遇加快石油储备建设，提升快速应对风险能力。一方面，加快推进石油储备基地建设，完成国家石油储备基地二期、三期项目及后续系列项目和企业储备设施项目建设，稳步提高储备能力；另一方面，通过租赁企业和国外的储油设施等手段做好准备。与此同时，加强石油衍生品市场研判，开放市场化轮库制度，通过提前锁定低价格油源等方式降低石油储备成本。

2. 构建多元化、多层次的石油储备体系

一是构建由政府储备与企业储备（含企业社会责任储备和生产经营库存）组成的储备体系，以立法形式划分相关企业的责任和义务，明确规定企业储备的品种、规模以及企业储备库使用制度，综合考虑财政投入的持续性与企业投入的市场化效率和流动性，建立统一调度、协调配合的管理体系。二是以机制创新吸引多元主体参与储备体系建设，逐步形成统一、协调的社会储备管理体系。

3. 发展多元化石油储备模式

中国需充分开发多种石油储备方式，摆脱单一地上存储模式。一是借鉴欧美国家的经验，将国内已探明的原油储存地作为储备基地，以可持续发展原则为标准适度开发。在国际形势较好的情况下，尽可能多地使用海外低成本石油，保护国内石油资源，构建适合中国国情的石油能源储备体系。二是大力推进石油储备事业的市场化进程，将企业作为石油储备的重要参与者之一，鼓励租赁等多种形式的市场化行为，同时约定优先采购权等权益，这样既可增加本国石油储备，又可实现石油储备设施建设投资的稳定回报。三是建立海上、地下储备新模式，既可以节省有限的用地指标，也可以为装卸提供巨大方便，便于根据国际油价的变动实时调控库存储备，同时这两种储备模式成本较低、建设周期较短。

4. 完善石油储备基地建设

一是借鉴美国的经验，布局盐穴储备库。盐穴储备库是目前成本最低、存储油品质量较好、最为安全的石油储备方式之一，中国安徽、江苏、山东、陕西、湖北、河南等地区拥有丰富的盐矿资源，可列为盐穴储备库建设的选址目标。二是布局储备基地配套设施建设，统筹考虑供应、消费、物流、进出库配套等多方面因素，形成与自身储备能力相适应的保障体系。

5. 适用多渠道融资方式

石油储备体系建设是一项资本密集型工程，现阶段中国的石油储备建设资金来源主要为国家财政，未充分发挥多渠道融资的作用。鉴于中国的石油储备需求日益增加，石油储备建设资金的保障成为重中之重。

在间接融资渠道方面，无论是政府、银行类金融机构、非银行类金融机构还是信用评级较高的企业，都可通过间接融资方式发行各类债券，并同步匹配完善的担保机制以获得周期较长且成本较低的低息资金。例如，中央政府可发行国债，将融资资金投入具体储备工程，或用于充实专项储备基金，甚至可以考虑发行长期专项债券，地方政府可发行地方政府专项债券。在直接融资渠道方面，成立石油储备基金，综合利用多样化资金渠道，并在政策、法规和税收等方面予以优惠。

6. 完善轮库制度及石油储备市场化运作机制

主管部门需完善轮库管理办法、分级动用机制和应急响应机制，选取国际油价波动的恰当时机，分批次、分阶段收放储。根据中国石油资源的实际情况确定风险等级，明确预警级别，并依据具体的评估结果制定决策。

除此之外，中国石油储备设施建设和维护成本较高，资金压力较大，不利于石油储备体系建设，应鼓励市场化运行，完善政府和企业石油储备的组合搭配。同时，有效利用期货等金融衍生工具，进一步推进石油储备的市场化进程。

二 对调控石油对外依存度的启示

通过前文分析可以看出，中国石油储备的进口依赖度较高，为降低国际油价波动对国内石油市场和经济发展的冲击，借鉴国内外的成功经验，可从以下几方面采取措施。

一是继续开发中国石油资源，同时充分利用国外石油资源。在当前低油价态势下，更应该充分利用国外石油，降低国内油田的开采速度，增加本国石油储备。

二是强调节能，加大能源技术的研发投入。中国现阶段能源利用效率相对较低，这也意味着中国节能空间潜力较大，通过技术革新和产业结构优化，可大幅提升能源利用效率。

三是推动绿色能源产业的发展。由于石油资源具有稀缺性特点，石油资源的可利用量将会越来越少。因此，应大力推动绿色能源产业的发展，实现经济发展与环境可持续发展的双赢。

四是大力开采非常规油气资源，同时加速开发替代能源。目前全球已探明非常规油气资源的储备量远大于常规油气资源，可加强国际合作，勘探开发非常规油气资源。除化石能源之外，充分发展核能，以及风能、水能、太阳能、地热能、生物质能等可再生能源。

三　对调控金融体系的启示

随着全球金融体系的不断发展以及金融衍生品市场的日渐活跃，石油的金融属性逐渐凸显，金融市场的变化对石油价格波动的影响也逐渐增强，在整个石油体系中，石油金融战略体系是否完善将直接影响国际石油定价权的掌握情况。因此，从石油的金融属性出发，应通过多种手段构建完善的石油金融体系。

（一）建立并完善科学的石油交易体系

石油交易是石油产业发展的重要一环。目前，中国仍以石油现货交易为主要的交易方式。虽然上海期货交易所已上线原油期货、燃料油期货等金融衍生品，但期货交易规模远不如西方成熟的石油金融衍生品市场（陈明华，2012）。

一是推进石油现货市场的市场化改革。目前国内石油现货市场处于高度垄断状态，"三桶油"完全掌控了国内石油市场从油品进口、炼制到市场供给的各个环节，导致民营企业发展受阻，外资企业很难打入国内市场，石油现货市场供需严重失衡。为了打破垄断，应加快推进石油现货市场的市场化改革。

二是加速石油期货市场落地。大力推广各石油品种期货市场，不断吸纳国内外资金参与，扩大交易规模，并逐渐引入期权和互换等交易，不断完善石油金融衍生品市场，鼓励各类市场主体参与石油金融衍生品市场的交易，以获取国际石油定价更大的话语权。

（二）组建多样化石油基金，促进石油产业资本化

石油基金既可以支持石油企业对石油资源的勘探开发，也可以直接参与国际石油金融衍生品市场的运作。加速石油基金的落地，有助于中国石油产业的资本化进程，使相关的技术创新和产业结构优化能够实现质的飞跃。目前，中国的石油基金产业虽然已经有了一定的发展，但是多样性和灵活性不足。具体来看，现阶段亟须组建多种石油基金。①石油产业基金。石油产业基金可作为石油勘探、开采和企业并购的基金，也可作为重大石油评估项目和产业投资的基金，有助于国内石油企业"走出去"。②石油投资基金。石油投资基金以短期赢利为主，投资于国际石油金融衍生品市场，为石油现货进行套期保值，筛选行业内最为专业的投资机构进行运作。通过资本运作，既能赚取波动差价，也能抵消国际石油价格波动带来的不利影响。

（三）推进石油外汇储备和人民币结算业务

中国目前外汇储备居世界首位，近年来特别是新冠肺炎疫情发生以来，诸多不确定性因素导致中国在外汇储备方面的风险进一步加大。在低油价形势下，石油外汇储备不失为好的选择。石油价格的大幅波动严重影响中国的石油生产和消费，将部分外汇储备转化为石油外汇储备，可以有效控制外汇储备风险。

同时，应加快人民币国际化步伐。在石油交易领域，积极加强国际合作，推进石油资源的人民币结算业务，进一步削弱因美元结算而带来的不确定性风险。同时，提升中国在全球能源产业方面的竞争力。

（四）完善石油金融立法和金融风险监管机制

中国的石油立法相对落后，除《矿产资源法》《环境保护法》《土地管理法》等涉及石油产业相关内容外，石油金融领域的法律法规缺失。应尽快出台相关法律，建立明确的石油金融监管机制，主动运用各类金融手段参与国际石油市场竞争。

四　对能源资本化路径的启示

能源资本化是一个复杂的过程，需要经过从能源资源到能源资产，再到能源资本，最终到能源金融产品的众多复杂环节。在整个能源资本化过程中，首先需要对能源资源产权归属及特性进行详细梳理，对能源资源进行明晰的产权界定，使能源资源在勘探开采、加工生产等一系列技术驱动的作用下转变成能源资产，最后通过复杂的市场化交易实现其资本化价值。对能源资源建立合理科学的价值评估体系，并针对能源资源的核心价格影响因素建立完善的能源资源价格调控机制，以应对能源资源价格的大幅波动，保障能源安全。稳定的能源价格体系和合理的价格波动有利于能源资本化市场的健康有序发展，并为能源资本化新路径的开拓及新品种的开发提供科学的指引。

能源资源在产权界定明晰的条件下会转化为资产，具有资产属性的能源可以通过价格增值机制转化为资本。能源资源经过各种工艺过程形成焦炭、石油燃料、石油沥青、石蜡、石油焦、石油溶剂等煤化工产品和石油衍生品，这些才是工业生产、日常生活中使用的价格可量化的能源资产，根据其价格波动特性、价格形成机制、价格影响要素等设计定制化的可在资本市场交易的金融衍生品，最终完成各能源资源品种的资本化过程，如大连商品交易所上市交易焦炭期货，上海期货交易所上市交易燃料油期货、沥青期货、原油期货和原油期权。

与此同时，随着能源开发、加工技术的革新以及新能源技术的出现，能源资源新的派生价值不断显现，出现新的能源衍生品种，为了确保其顺利完成资本化过程，需要设计与之对应的交易工具和定价体系，且由复杂工艺过程派生出的新能源衍生品往往意味着交易工具和定价机制的复杂化。

以液化石油气为例，液化石油气是炼油厂在炼制过程中对石油或天然气进行加压降温液化得到的一种主要由碳氢化合物组成的无色挥发性液体，其燃烧产生的单位热量是汽油的 1.5 倍，是煤炭的 2 倍多。液化石油气主要用作石油化工的原料、亚临界生物技术低温萃取的溶剂和燃料等，具有污染少、发热量高、易于运输、压力稳定、储存简单、供应灵活等优势。从供给角度来看，中国液化石油气产量占全球产量的近 10%，中国是除美国和中东地区之外的世界第三大产区。从需求角度来看，2019年的数据显示，以中国为首的亚洲地区的液化石油气消费量占全球消费量的41%，为全球液化石油气消费量最大的区域，其中中国液化石油气消费量占亚洲总消费量的一半。2013~2019年，中国液化石油气消费量年均增速接近15%，为世界第二大液化石油气消费国[①]。中国液化石油气的完整产业链初步形成，已具备推出以液化石油气相关产品的交易价格指数为依托的金融衍生品种的客观条件，这对石油及天然气资源实现更深层次的资本化具有重要意义，更好地诠释了"资源—资产—资本"的完整能源资本化路径，既能完善中国液化石油气市场的定价机制，进一步优化中国液化石油气的市场结构，又可以增强中国液化石油气产业的国际影响力和国际液化石油气价格主导权。

能源资源能否从实物形态转化为适用于价值评估体系的能源资本，科学的价格机制起到直接作用，只有具备合理的价值发现体系和科学有效的调控机制，能源资本化才能顺利实施。因此，应建立完善的能源资源价值评估体系，构建科学的价格调控机制，而建立该价值评估体系需要分析能源价格的影响因素，并基于各因素之间的关系制定评估方法，最终形成合理的能源资源价格机制。

第六节　本章小结

本章依据石油的不同属性，从石油的商品属性、资源属性、地缘政治属性、金融属性等多重属性角度重点分析影响石油价格波动的核心因素，提炼出石油储量、石油资源分布格局、石油生产成本、石油库存等供给因素，需求因素，石油金融衍生品、石油美元流动等金融要素，以及国际石油贸易的地缘政治格局等地缘政治因素。与此同时，从石油多重属性角度分析了如何运用科学有效的手段对石油价格波动进行调控，包括调整石油库存、控制生产成本、降低对外依存度、完善石油金融衍生品市场及其他多层次金融市场等，同时通过价格形成机制反向调控影响各价格的因素以

[①] 数据来源于路透社、中国石油和化学工业联合会及大连商品交易所。

解决能源利用、供需调配、产能利用率和资本投入等问题，为建立安全有效的能源资本化市场运行机制提供可靠的价值评估体系依据和完善的调控机制。

通过本章分析可以看出，相对于石油的金融属性影响因素，石油的商品属性影响因素对时间周期更长的石油价格波动趋势的影响更大，即从长期趋势来看，国际石油价格更多的是由国际石油市场的供需状况来决定。

第十一章　石油期权衍生品定价模型设计

　　1978 年，纽约商业交易所成功推出第一个石油期货合约——纽约取暖油期货合约，并迅速吸引各类市场主体参与其中进行交易。原油价格波动导致收益不确定性增强，再加上原油期货的推出及石油金融衍生品市场的蓬勃发展，在此之后，各大石油公司（包括贸易公司）和原油生产厂商均陆续参与了石油期货市场交易。截至 1984 年，超过 80% 的全球排名前 50 的石油公司都参与了石油期货市场交易，石油金融衍生品的市场交易活跃度大大提升，吸引了投资基金等多元化市场主体陆续加入。

　　1987 年 4 月，伦敦国际石油交易所推出欧洲第一个能源期货合约——重柴油期货合约。

　　布伦特和 WTI 原油期货、期权的相继推出，奠定了影响至今的基准全球油价体系。

　　石油金融衍生品市场发展至今，已逐渐形成了多个交易量活跃的交易市场，其中比较有代表性的有纽约商业交易所（NYMEX）、芝加哥商品交易所（CME）、伦敦国际石油交易所（IPE）、东京工业品交易所（TOCOM）、新加坡交易所（SGX）和上海期货交易所（原上海石油交易所）等。

　　20 世纪八九十年代，中国开始逐步推出各种商品期货，近些年，国内学术界对期货市场的交易制度、新品研发、市场特征、市场功能、影响因素、定价体系等均进行过详细研究。但是国内期货交易市场的建立远远落后于欧美等发达国家，期权交易市场的建立更是落后几百年之久。国内首只期权——上证 50ETF 期权于 2015 年 2 月 9 日在上海证券交易所上市；2019 年 1 月 28 日，天然橡胶、棉花、玉米期权分别于上海期货交易所、郑州商品交易所、大连商品交易所上市交易。目前中国挂牌上市的期权品种只有铜期权、天然橡胶期权、豆粕期权、玉米期权、白糖期权和棉花期权 6 个期权品种，未来国内必定会加速发展期权交易市场，能源期权产品的上市势在必行。本章将从期权定价问题着手，探索期权衍生品的价值发现和定价模型，为未来期权交易市场的健康发展、风险控制及定价机制设计提供新思路。

本书第八章详细阐述了倒向随机微分方程的原理及其在金融领域的应用，其理论特征与解决期权定价问题的思路具有高度一致性，本章将以石油期权衍生品为研究对象，详细分析如何利用倒向随机微分方程理论进行期权定价，为石油资源资本化甚至能源资本化、金融衍生品化提供实施路径。

第一节　基于时空离散的参数设置期权定价模型的设计

本书第八章给出了倒向随机微分方程的一般形式，将方程中的参数和生成函数替换成期权定价过程中所需的参数和生成函数，便得到了期权定价的倒向随机微分方程表示方法。为了得到最终的期权价格，必须建立解决倒向随机微分方程下期权定价问题的数学模型，并利用恰当的计算方法求解模型中的各项参数。本章将通过离散化、蒙特卡洛模拟和插值处理等相关理论与方法建立一种基于时空离散的参数设置期权定价模型，这种模型能够以较高的精度解决期权定价问题。

一　模型总体设计框架

要设计基于时空离散的参数设置期权定价模型，首先需要对倒向随机微分方程建立求解模型，再将该求解模型与期权定价问题相结合。模型总体设计框架由如图 11-1 五个阶段组成。

参数设置格式转换：式（8-4）为倒向随机微分方程解的形式，为了便于对其进行离散化处理，需要将其转换成参数设置格式，再对倒向随机微分方程解的形式分别进行条件数学期望处理和几何布朗运动处理便可得到期权定价模型的参数设置格式，为下一步对其进行时空离散化做准备。

时空离散化：对期权定价模型进行参数设置格式转换之后，根据倒向

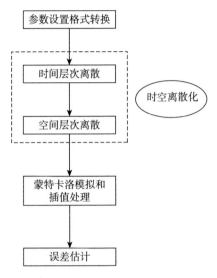

图 11 - 1　模型总体设计框架

随机微分方程的求解方法与期权定价的特征，建立时空网格点模型，每个网格点均具有时间和空间属性，且每个网格点代表倒向随机微分方程中所需求解的未知参数 (y, z)——本书建立期权定价模型需要求解的期权价格和套期保值的风险值。

蒙特卡洛模拟和插值处理：通过对期权定价模型进行参数设置格式转换和时空离散化建立的时空网格点模型，已将不可直接求解的期权定价问题的倒向随机微分方程形式转换成可计算的形式。先通过蒙特卡洛模拟计算终端条件——在期权合约规定的到期日 T 时刻的可能期权价格，再通过蒙特卡洛模拟和插值函数逼近条件数学期望，以此逐个时间层迭代计算各个时空网格点的期权价格，直到第 0 个时间层，即可得到模型所需求解的现时刻期权价格。

误差估计：经历以上步骤之后，期权定价模型求解的最终形式确立，但是在参数设置格式转换与蒙特卡洛模拟和插值处理过程中，都采取了近似计算的方法，故必须对期权定价模型进行误差估计，以对影响期权定价的重要因素之一计算精度进行详细分析。

下面将对模型的每一步处理过程进行详细分析。

二 期权定价模型的参数设置格式转换

本书第二章简单地介绍了倒向随机微分方程的相关表示与定义，并在式（8-4）中给出了倒向随机微分方程的解满足的条件，(y_t, z_t) 即为该方程的解。在式（8-4）中，令 t 时刻为当前时刻，终端时刻 T 为 $(t+\delta)$ 时刻，则终值条件由式（8-3）中的 $y_T = \xi$ 转换为 $y_{t+\delta} = \xi$，故由公式（8-4）可得倒向随机微分方程的唯一解 (y_t, z_t) 满足式（11-1）：

$$y_t = y_{t+\delta} + \int_t^{t+\delta} f(s, y_s, z_s) \mathrm{d}s - \int_t^{t+\delta} z_s \mathrm{d}W_s, t \in [0, T] \qquad (11-1)$$

式中：

δ——某一确定已知的非负数，并有 $t + \delta \leq T$；

$f(s, y_s, z_s)$ 为生成函数，对于期权定价模型来说，生成函数满足式（11-2）：

$$f(t, y, z) = -ry - \sigma^{-1}(\mu - r)z \qquad (11-2)$$

式中：

r——无风险利率；

σ——期权合约标的资产的价格波动率；

μ——期望收益率。

对式（11-1）两边同时取条件数学期望 $E_t^{t,x}$，可推导出式（11-3）：

$$y_t^{t,x} = E_t^{t,x}[y_{t+\delta}] + \int_t^{t+\delta t,x}[f(s, y_s, z_s)] \mathrm{d}s \qquad (11-3)$$

式中，$y_t^{t,x} = E_t^{t,x}[y_t] = [y_t | F_t^{t,x}]$，$y_t^{t,x}$ 表示变量 y_t 在时空网格点 (t, x) 处的取值，但是仅有一个方程式不足以求解两个未知变量，要求解出 (y_t, z_t)，必须构建出二元一次方程组，所以现在需要通过变换式（11-1）以得到另外一个方程式。

令 $\Delta W_s = W_s - W_t$，其中对于 s 有 $t \leq s \leq t + \delta$，ΔW_s 是一个期望等于 0、方差为 $\sqrt{s-t}$ 的标准布朗运动。对式（11-1）两边同时乘以 $\Delta W_{t+\delta}$，并对经过该运算的方程两边同时取条件数学期望 $E_t^{t,x}$，则可得式（11-4）：

$$- E_t^{t,x} [y_{t+\delta} \Delta W_{t+\delta}] = \int_t^{t+\delta} E_t^{t,x} [f(s,y_s,z_s) \Delta W_s] ds - \int_t^{t+\delta} E_t^{t,x} [z_s] ds \qquad (11-4)$$

这样，便得到了由式（11-3）和式（11-4）组成的二元一次方程组，又已知期权定价模型中的生成函数，下面该解决的问题就是如何求解未知变量 (y_t,z_t)。本书在前述章节中讲到，在参数设置格式转换步骤中，需要为下一步的时空离散化做准备，因为在由式（11-3）和式（11-4）组成的二元一次方程组中，其积分项均为反常积分，要想求解必须对其采用特殊的处理办法，为了方便下一步的时空离散化处理过程，需要在此处对该二元一次方程组的连续积分离散化，这里用到的便是参数设置格式转换方法。对式（11-3）和式（11-4）中三个连续积分项进行处理，如式（11-5）、式（11-6）和式（11-7）所示：

$$\int_t^{t+\delta} E_t^{t,x} [f(s,y_s,z_s)] ds = \delta \{ (1-\theta_1) E_t^{t,x} [f(t+\delta,y_{t+\delta},z_{t+\delta})] + \theta_1 f(t,y_t^{t,x},z_t^{t,x}) \} + V_y$$

$$(11-5)$$

$$\int_t^{t+\delta} E_t^{t,x} [f(s,y_s,z_s) \Delta W_s] ds = \delta(1-\theta_2) E_t^{t,x} [f(t+\delta,y_{t+\delta},z_{t+\delta}) \Delta W_{t+\delta}] + V_{z_1} \qquad (11-6)$$

$$- \int_t^{t+\delta} E_t^{t,x} [z_s] ds = - \delta \{ (1-\theta_2) E_t^{t,x} [z_{t+\delta}] + \theta_2 z_t^{t,x} \} + V_{z_2} \qquad (11-7)$$

式中：

V_y、V_{z_1}、V_{z_2}——各个连续积分转换成参数设置格式的计算误差；

$z_t^{t,x}$——布朗运动所生成的自然信息簇 f_t 下 z_t 在时空网格点 (t,x) 处的取值；

θ_1、θ_2——取值范围在空间 $[0,1]$ 上的参数。

由此便得出了期权定价模型的倒向随机微分方程唯一解形式的参数设置转换格式，如二元一次方程组（11-8）所示：

$$\begin{cases} y_t^{t,x} = E_t^{t,x} [y_{t+\delta}] + \delta \{ (1-\theta_1) E_t^{t,x} [f(t+\delta,y_{t+\delta},z_{t+\delta})] + \theta_1 f(t,y_t^{t,x},z_t^{t,x}) \} + V_y \\ - E_t^{t,x} [y_{t+\delta} \Delta W_{t+\delta}] = \delta(1-\theta_2) E_t^{t,x} [f(t+\delta,y_{t+\delta},z_{t+\delta}) \Delta W_{t+\delta}] \\ \quad - \delta \{ (1-\theta_2) E_t^{t,x} [z_{t+\delta}] + \theta_2 z_t^{t,x} \} + V_z \end{cases}$$

$$(11-8)$$

式中：

$V_z = V_{z_1} + V_{z_2}$；

$f(\cdot)$——期权定价模型的生成函数。

在模型的建立过程当中，本书在此处暂且忽略误差的影响，本章后文将对模型建立过程中的所有计算误差进行集中分析。

方程组（11－8）是由式（11－1）推理出来的，由确定的时间变量 t 和确定的参数 δ、θ_1、θ_2 所支持，根据二元一次方程组（11－8），已经将所有连续变量和连续的定积分转换为离散化形式，下面便可建立期权定价模型的时空网格结构，通过时间、空间离散化对其进行处理，得到模型设置的未知变量的求解方案。

三　期权定价模型的时空离散化

在模型的时空离散化过程中，首先需要进行时间层次和空间层次的离散，建立期权定价模型的时空离散网格结构图，再对参数设置格式转换后的期权定价模型的离散化过程进行处理，得出离散化网格结构中各个网格点的期权价格求解方法，即模型设置的未知变量的求解方法。

（一）时空网格结构的建立

1. 时间层次离散

对于时间层，对连续的时间过程 $[0, T]$ 进行离散，将该连续时间离散为各个时刻点，本书用如式（11－9）所示的时间分层来表示：

$$\Re_t = \{t_n \mid t_n \in [0, T], n = 0, 1, \cdots, N, t_n < t_{n+1}, t_0 = 0, t_N = T\} \quad (11-9)$$

式中，所有的时刻 t_n 都是确定的，令 $\Delta t_n = (t_{n+1} - t_n)$ 为时间步长，$\Delta t = \max\limits_{0 \leqslant n < N} \Delta t_n$ 为最大时间步长，由此便得到了离散的各个时刻点，但是如果要建立时空网格结构，还必须对空间层进行离散。

2. 空间层次离散

对于实数轴 R，将空间层次分层表示为如式（11－10）所示形式：

$$\Re_h = \{x_i \mid x_i \in R, i \in Z, x_i < x_{i+1}, \lim_{i \to +\infty} = +\infty, \lim_{i \to -\infty} = -\infty\} \quad (11-10)$$

式中 Z 代表所有整数，所有的空间分层 x_i 都是确定的，令 $h_i = (x_{i+1} - x_i)$

为空间步长，且 $h = \max_{i \in Z} h_i$ 为最大空间步长。

3. 时空网格结构

通过对时间层次和空间层次的离散，可建立模型求解的时空网格结构，如图 11 - 2 所示。在期权定价模型的时空网格结构中，将时间层总共等分为 N 个层次，同一时间层次上各个网格点之间的空间距离相等。

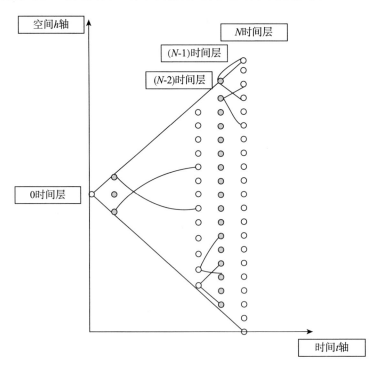

图 11 - 2 期权定价模型的时空网格结构

整个时空网格结构沿着 0 时刻至 t_N 时刻呈倒三角的形状，网格结构中的每个网格点具有在该时刻以及该空间位置上的期权价格和套期保值风险值，可通过对期权合约标的资产价格进行蒙特卡洛模拟得到在合约规定的到期日 N 时间层的资产的若干个可能价格，可能价格的个数取决于蒙特卡洛的模拟次数 N_E，而到期日的期权价格由到期日期权合约标的资产价格决定，即到期日期权价格的可能值个数也取决于蒙特卡洛的模拟次数 N_E，可通过 t_N 时刻的若干个期权价格计算当前 0 时刻的唯一期权价格，且根据蒙特卡洛模拟的上下界的特征（这一点将在后续给出具体分析）和期权定价模型的倒向随机微分方程形式的求解方案，必须建立如图 11 – 2 那样的倒三角网格结构，图中黑点表示待计算的时空网格点，白点表示期权价格和套期保值风险值等信息均已知的时空网格点。

对当期时刻的期权价格求解，首先模拟出到期日时刻 N 时间层的期权价格，根据 N 时间层的各个空间点期权价格求解出 $(N-1)$ 时间层的各空间点期权价格，再通过根据 $(N-1)$ 时间层的各空间点期权价格求解出 $(N-2)$ 时间层的各空间点期权价格，依次类推，直到求出当前时刻的期权价格。

（二）利用时空离散化方法处理期权定价模型

在建立期权定价模型的时空网格结构之后，便可利用时空离散化方法对推理得到的模型的参数设置格式进行处理。

由于有如图 11 – 2 所示的网格结构，现在可以用 (y_i^n, z_i^n) 来表示每个网格点的期权价格和套期保值风险值，其中 i 代表网格点所在的空间层的序号，n 代表网格点所在时间层，并可用 (y_i^n, z_i^n) 表示二元一次方程组（11 – 8）的解 (y_t, z_t) 在时空网格点 (t_n, x_i) 处的近似解，其中 $t_n \in \mathfrak{R}_t$，$x_i = \mathfrak{R}_h$。

基于二元一次方程组（11 – 8），本书已设计出完整的时空离散化方案求解 (y_t, z_t)，此处，令 $t = t_n$，$\delta = \Delta t_n (n = N, N-1, \cdots, 0)$。在前面的分析中，已提到将在最后对误差进行集中研究，此处忽略参数设置格式转换误差的影响。因此，对于给定的终端期权价格 $y_i^N (i \in \mathfrak{R}_h)$，在 $[0,1]$ 范围内选择恰当的 θ_1^n 和 θ_2^n 的值，可推导出期权定价模型经过时空离散化处理之后的求解方案，如式（11 – 11）所示：

$$
\begin{cases}
y_i^n = E_{t_n,x_i}^{t_n,x_i}[y^{n+1}] + \Delta t_n \{(1 - \theta_1^n) E_{t_n,x_i}^{t_n,x_i}[f(t_{n+1}, y^{n+1}, z^{n+1})] + \theta_1^n f(t_n, y_i^n, z_i^n)\} \\
- E_{t_n,x_i}^{t_n,x_i}[y^{n+1} \Delta W_{t_{n+1}}] = \Delta t_n (1 - \theta_2^n) E_{t_n,x_i}^{t_n,x_i}[f(t_{n+1}, y^{n+1}, z^{n+1}) \Delta W_{t_{n+1}}] \\
\qquad\qquad - \Delta t_n \{(1 - \theta_2) E_{t_n,x_i}^{t_n,x_i}[z^{n+1}] + \theta_2 z_i^n\}
\end{cases}
$$

$$(11 – 11)$$

式中：

$i \in Z$，$n = N-1, N-2, \cdots, 2, 1, 0$。

对于二元一次方程组（11 – 11），在每个网格点 (t_n, x_i) 处，(y_i^n, z_i^n) 的值都是未知的，每个时间层上各个空间点的期权价格和套期保值风险值的计算过程如下。

（1）确定终端条件

给定终端时刻 t_N 的期权价格 y_i^N，其实该期权价格并不是事先给定的，而是通过蒙特卡洛模拟时间层 N 的期权价格。

（2）计算（$N-1$）时间层期的权价格

在时间层 $n = (N-1)$ 的情况下，在计算该层各个空间网格点的期权价格时，令 $\theta_2^n = 1$，如此通过二元一次方程组（11-11），并根据 N_T 时间层的各网格点期权价格，可计算得到（$N-1$）时间层的各网格点期权价格。

（3）计算 0 时间层的期权价格

在时间层 n 满足条件 $0 \leqslant n < (N-1)$ 的情况下，依次迭代使用上述求解方法计算各时间层次上各空间网格点的期权价格，直到计算出当前时刻 0 时间层的期权价格，计算这些时间层网格点的期权价格时，参数的取值将有所不同。

整个计算过程如图 11-3 所示。

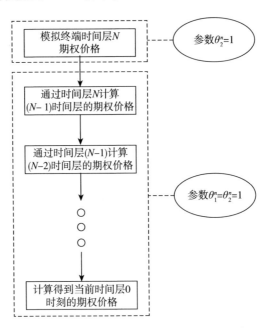

图 11-3　期权定价模型的时空离散化处理过程

在模型的时空离散化方法处理过程中，需要进行以下几点说明。

（1）在利用时空离散化方案时，为了计算出 z_i^n 的值，根据式（11 - 11），参数 θ_2^n 的取值必须不能为 0。

（2）期权定价模型的终端条件为 y_i^N，根据此条件计算 $(N - 1)$ 时间层上各网格点的 z_i^{N-1} 值时，本书取 $\theta_2^{N-1} = 1$，但是对于 $\theta_2^{N-1} = 1$ 的情形，该离散方案的计算精度不是很高，为了获得足够高的计算精度，可在时间层 $n = (N - 1)$ 上取该时间步长 $\Delta t_n = (\Delta t_{n-1})^2$ 且参数 $\theta_2^n = 1$，在时间层 $n < (N - 1)$ 上令参数 $\theta_1^n = \theta_2^n = \dfrac{1}{2}$。

四 期权定价模型的蒙特卡洛模拟和插值处理

期权定价模型经过时空离散化处理之后便可得到时空网格结构中各个网格点的期权求解方法，但是为了得到每个网格点的 (y_i^n, z_i^n) 值，还需要关键的一步，即确定二元一次方程组（11 - 8）中的条件数学期望的求解方案，本节将根据蒙特卡洛模拟方法与线性插值算法设计求解该条件数学期望的方案。

（一）蒙特卡洛模拟的随机数生成方法

在建立期权定价模型的过程中，本书用到两种重要的数值计算分析方法——蒙特卡洛模拟和插值方法，它们将被用于模型的倒向随机微分方程时空网格结构形式中条件数学期望的计算。

对于蒙特卡洛模拟方法来说，其基本思想是：当所求问题的解是某个时间的概率，或者是某个随机变量的数学期望，或者是与之有关的量时，可通过某种试验的方法，得出该事件发生的频率，再通过它得到问题的解。

蒙特卡洛方法是以高质量的随机数为基础的，通过完全的随机抽样或调查可以产生随机序列 $(x_1, x_2, \cdots, x_{n-1}, x_n)$，在利用蒙特卡洛方法研究本书的期权定价模型时，需要快速地获得大量的随机数，且所产生的随机数的分布情况和质量将直接影响期权定价模型的计算精度，所以利用恰当的方法产生随机数对模型的求解至关重要。本书利用 Box - Muller 算法产生高斯正态分布的随机数。

1. 随机数的满足特性

蒙特卡洛模拟的随机过程，要求随机数必须具有以下特性。

（1）随机数序列应是独立的、互不相关的，即序列中的任一子序列应与其他的子序列无关。

（2）长的周期：由于随机数是根据数学方法计算出来的，而计算方法具有周期性，因此所产生的随机数序列达到一定长度后将重复出现。

（3）有效性：要想使得蒙特卡洛模拟的结果可靠，必须满足模拟产生的样本容量大这一条件，即所需的随机数的数量必须足够大，故随机数的产生必须快速、有效，最好能够进行并行计算。

2. 蒙特卡洛模拟的随机数产生优化方法

首先利用在区间 $[0,1]$ 均匀分布的随机数产生服从标准正态分布的随机数，生成方法如式（11 – 12）或式（11 – 13）所示：

$$y_1 = \sqrt{-2\ln r_1}\cos 2\pi r_2 \tag{11 – 12}$$

$$y_2 = \sqrt{-2\ln r_1}\sin 2\pi r_2 \tag{11 – 13}$$

式中 r_1 和 r_2 为在区间 $[0,1]$ 均匀分布的随机数，利用两式中任意一个都可以产生服从 $N(0,1)$ 分布的随机数。

对式（11 – 12）和式（11 – 13）进行逆变换可得式（11 – 14）和式（11 – 15）：

$$r_1 = \exp\left[-\frac{1}{2}(y_1^2 + y_2^2)\right] \tag{11 – 14}$$

$$r_2 = \frac{1}{2\pi}\arctan\frac{y_2}{y_1} \tag{11 – 15}$$

由此可得 y_1 和 y_2 的联合概率密度，如式（11 – 16）所示：

$$f(y_1, y_2) = \frac{1}{2\pi}\exp\left[-\frac{1}{2}(y_1^2 + y_2^2)\right] = \frac{1}{2\pi}\exp\left(-\frac{y_1^2}{2}\right) \cdot \frac{1}{2\pi}\exp\left(-\frac{y_2^2}{2}\right) \tag{11 – 16}$$

由式（4 – 16）可得，y_1 和 y_2 相互独立且服从标准正态分布，在得到服从 $N(0,1)$ 分布的随机数 y_i 后，便可通过变换式（11 – 17）得到 $N(\mu,\sigma)$ 分布的随机数。

$$x_i = \mu + \sigma y_i \tag{11 – 17}$$

式中：

μ ——正态分布的期望；

σ ——正态分布的方差。

3. 蒙特卡洛模拟产生随机数的分布

下面分析利用 Box – Muller 算法产生的随机数的分布情况，此处利用 Matlab 生成蒙特卡洛的随机数，其分布直方图和分布散点图分别如图 11 – 4 和图 11 – 5 所示，直方图中横坐标表示数值区域，纵坐标表示某个数值区域内的随机数个数。从直方图中可以看出，优化后的蒙特卡洛随机数的分布近似为正态分布，不仅如此，随着蒙特卡洛模拟次数的逐步增加，随机数的数据量增加，所产生的随机数的分布越来越接近于正态分布。

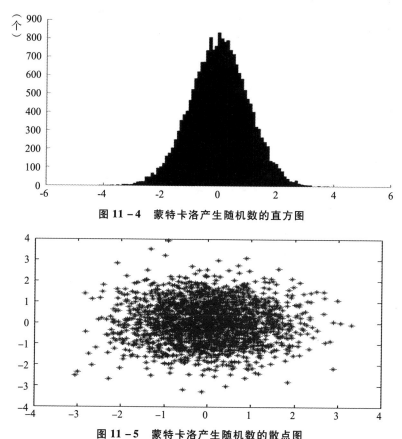

图 11 – 4 蒙特卡洛产生随机数的直方图

图 11 – 5 蒙特卡洛产生随机数的散点图

从散点图中可以看出，蒙特卡洛模拟优化方法所产生的随机样本大多集中于原点附近，所生成的随机样本对于解决本书的期权定价问题效果较佳。

在利用蒙特卡洛模拟方法处理期权定价模型的时候，从理论上讲，模拟次数越多，期权定价的计算结果越精确，但是随着模拟次数的增加，相应的模型计算时间也将增加。在金融领域，时间效率是极为重要的影响因素之一，所以蒙特卡洛模拟的次数并不是越多越好。

在确定蒙特卡洛模拟次数时，需要考虑模型计算精度和时间效率两方面因素，本书的随机数数据量大小选取策略为：在模型计算精度满足一定误差的条件下，选取最少的蒙特卡洛模拟次数，以达到在该误差条件下的时间效率最大化，所以本书会对不同次数的蒙特卡洛模拟的计算结果进行分析，确定最佳的模拟次数，以此兼顾计算精度和时间效率两个重要因素对期权定价模型的影响。在后续算法测试中，本书将会进行具体的阐述。

在得到随机数的生成方法之后，便可利用随机数模拟期权合约中标的资产在合约规定的时间内的运行轨迹，计算出到期日时刻的标的资产价格，以便确定到期日的期权价格，即期权定价模型中的终值条件。

（二）运用蒙特卡洛模拟方法计算终值条件

根据以上分析内容已经知道，要想计算出现在 0 时刻的期权价格，必须首先计算到期日时刻的期权价格，以此作为终值条件，利用倒向随机微分方程和倒三角的时空网格结构，逆向逐层计算各时间层上空间点的期权价格，最终才能计算出现时刻的期权价格。

根据资产价格呈对数正态分布的假定，如果已知资产在时间 $t(0 < t < T)$ 的价格 S_t，则经过间隔 Δt 后，期权合约中标的资产价格 $S_{t+\Delta t}$ 可由式（11 - 18）进行估计：

$$S_{t+\Delta t} = S_t \exp(\mu \Delta t + \sigma z \sqrt{\Delta t}) \qquad (11-18)$$

式中：

σ ——期权合约标的资产的价格波动率；

μ ——期望收益率；

z ——蒙特卡洛模拟产生的随机数。

　　将期权的持有期 T 分成 n 个间隔相等的时段，$\Delta t = T/n$，从资产在期权成交日时刻的价格 S_0 开始，重复运用式（11 – 18）n 次便可得到期权合约中标的资产在期权到期日的一个价格 S_T，由标的资产的这个价格估计，再利用式（11 – 19）和式（11 – 20），可得到期权在到期日时刻的一个期权价格，重复这样的步骤模拟 N_E 次，便可得 N_E 个在到期日时刻的期权价格，这些期权价格是基于时空离散的参数设置期权定价模型的终值条件。

　　对于欧式看涨期权，利用式（11 – 19）计算到期日的期权价格：

$$C_T = \max(S_T - S_X, 0) \tag{11 – 19}$$

　　对于欧式看跌期权，利用式（11 – 20）计算到期日的期权价格：

$$P_T = \max(S_X - S_T, 0) \tag{11 – 20}$$

其中 S_X 为期权合约中事先协定好的到期日的期权价格。

　　本书用 Matlab 模拟期权合约中标的资产价格的运行轨迹，如图 11 – 6 所示。

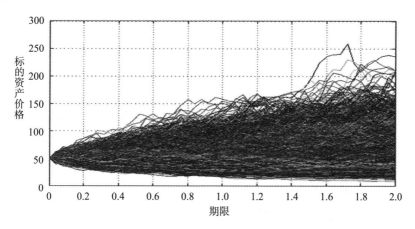

图 11 – 6　蒙特卡洛模拟资产价格运行轨迹

　　图 11 – 6 中每条线代表一次期权合约中标的资产价格的蒙特卡洛模拟运动轨迹，其中各个变量的取值为标的资产在初始时刻的价格 $S_0 = 50$，无风险利率 $r = 4\%$，期权合约的规定期限 $T = 24$（单位：月），标的资产的价格波动率 $\sigma = 30\%$，期望收益率 $\mu = 8\%$。

　　至此，便得到了本书期权定价模型的终值条件——N 时间层次上各个空间网格点的终端期权价格 $y_i^N (i \in \Re_h)$ 的求解方案。

（三）条件数学期望的蒙特卡洛模拟和插值处理方法

前文已经建立了时空网格结构，并对期权定价模型进行了时空离散化，得到了如二元一次方程组（11-11）这样的求解方案，由式（11-11）可以看出，要想解决时空网格结构中各个网格点的期权定价问题，对公式中条件数学期望的求解至关重要。

为了求解式（11-11）中的条件数学期望，令 $x_i' = x_i + \Delta W_{t_{n+1}}$，经过一次蒙特卡洛模拟，则存在一个整数 $i' \in Z$ 满足条件 $x_i' \in [x_{i'}, x_{i'+1}]$，$I_h u(x_i')$ 为函数 $u(x)$ 在时空网格点 x_i' 的插值近似，在进行插值近似时，利用到了 x_i' 附近若干个时空网格点的函数 $u(x)$ 的值。要想得到更高精度的条件数学期望逼近值，需要更多次蒙特卡洛模拟，产生更多的布朗运动模拟点，利用更多的相邻时空网格点的期权价格进行插值计算。

对于式（11-11）中的每一个 $x = x_i \in \Re$，令 $\Delta_h^k W_{t_{n+1}} (k = 1, 2, \cdots, N_E)$ 为 $\sqrt{\Delta t_n} N(0,1)$ 的 N_E 次几何布朗运动过程，$N(0,1)$ 是数学期望为 0、方差为 1 的标准布朗运动，如此则有 $x_i'^k = x_i + \Delta_h^k W_{t_{n+1}}$。

为了更明确地分析期权定价模型中条件数学期望的求解方法，本书取时空网格结构中 $(N-1)$ 时间层的任一空间网格点作为研究对象进行具体分析。

从 $(N-1)$ 时间层的任一空间网格点开始，经过几何布朗运动，达到 N 时间层时，对于几何布朗运动，给予了上下界的限定，如图 11-7 所示，图中的黑点表示处于布朗运动上下界之内的时空网格点，白点表示上下界之外的时空网格点。

图 11-7 显示了某一个时空网格点的计算过程，图中的每一条曲线代表从 $(N-1)$ 时间层的点出发的一个布朗运动，在设定布朗运动的上界和下界之后，落在 N 时间层上下界之内的点将被考虑，而落在上下界范围之外的运动点将被忽略。

令图 11-7 中 $(N-1)$ 时间层的点为 $x_j^{(N-1)}$，经过布朗运动运动到 N 时间层，并令在 N 时间层上的投影点为 $x_i'^k$，忽略掉投影点 $x_i'^k$ 在布朗运动上下界范围之外的情况，投影点 $x_i'^k$ 在布朗运动界内的位置有如下五种情况：

（1）投影点 $x_i'^k$ 落在时间层 N 的原有空间网格点上；

（2）投影点 $x_i^{'k}$ 落在点 x_j^{N-1} 在时间层 N 上的某一个投影点上；

（3）投影点 $x_i^{'k}$ 落在时间层 N 的原有两个空间网格点之间；

（4）投影点 $x_i^{'k}$ 落在时间层 N 的某一个原有空间网格点和点 x_j^{N-1} 在时间层 N 上的其中一个投影点之间；

（5）投影点 $x_i^{'k}$ 落在点 x_j^{N-1} 在时间层 N 上的某两个投影点之间。

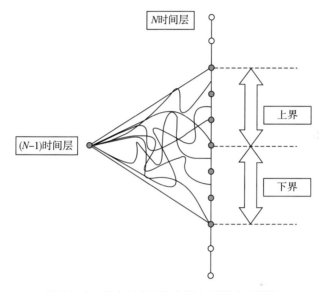

图 11 – 7　单个时空网格点的布朗运动上下界

对于这五种投影点的位置情况，有两种求解投影点期权价格和套期保值风险值的计算方案：

（1）对于投影点 $x_i^{'k}$ 落在时间层 N 上某一点的情况，不管该点是时间层 N 上原有的空间网格点还是点 x_j^{N-1} 在时间层 N 上的某一个投影点，$x_i^{'k}$ 的期权价格和套期保值风险值即为该点的期权价格和套期保值风险值；

（2）对于投影点 $x_i^{'k}$ 落在时间层 N 的某两个空间网格点之间的情况，同样不管该两个点是时间层 N 上原有的空间网格点还是点 x_j^{N-1} 在时间层 N 上的某一个投影点，都将对这两个空间网格点进行插值运算以得到投影点 $x_i^{'k}$ 的期权价格和套期保值风险值。

本书使用的插值运算方法为线性插值法，计算某一时间层 i 上任意一点在下一时间层 $(i+1)$ 上的投影点的期权价格的方法如图 11 – 8 所示。

假设 x_1、x_2、x_3、x_4 为时间层 $(i+1)$ 上的空间网格点，该时间层上的期权价格用函数 $y(x)$ 表示。在期权定价模型的计算过程当中，各个诸如 x_1、x_2、x_3、x_4 这样的时空网格点为一个个离散的，$y(x)$ 为各时空网格点的期权价格，也为离散的，但是为了形象地描述插值函数与原函数之间的关系，图中将原函数 $y(x)$ 和插值函数描绘成连续函数的形式。时间层 i 上某一个时空网格点在时间层 $(i+1)$ 上的投影点 $x_i^{'k}$ 落在网格点 x_2 和 x_3 之间，则可利用 $[x_2, y(x_2)]$、$[x_3, y(x_3)]$ 两点构建线性插值函数 $I_h y(x)$，以此线性插值函数计算投影点 $x_i^{'k}$ 的期权价格，投影点 $x_i^{'k}$ 的期权价格的计算方法如式 $(11-21)$ 所示：

$$I_h y(x_i^{'k}) = [y_3(x_i^{'k} - x_2) + y_2(x_3 - x_i^{'k})]x/(x_3 - x_2) \tag{11-21}$$

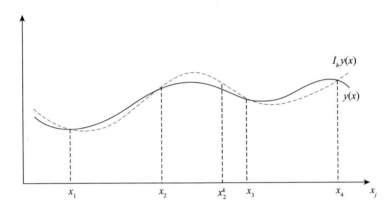

图 11 - 8　时空网格点的投影点期权价格插值计算方法

利用线性插值的方法，可计算出每一时间层上每一个空间点经过若干次布朗运动到达下一时间层的所有投影点的期权价格，此布朗运动的次数即为设定的蒙特卡洛模拟的次数。

若蒙特卡洛模拟的次数为 N_E，则如图 11-7 那样的布朗运动路径有 N_E 条，时间层 $(N-1)$ 上的该点 x_j^{N-1} 在时间层 N 上便有 N_E 个投影点，通过插值运算便可得到这 N_E 个投影点的期权价格，以此，便可利用蒙特卡洛模拟方法和插值运算对式 $(11-11)$ 中的条件数学期望的值进行近似逼近，故对其中五个条件数学期望的的值可根据式 $(11-22)$ 至式 $(11-26)$ 进行计算：

$$E_{t_n,x_n}^{t_n,x_n}[y^{n+1}] = \frac{\sum_{k=1}^{N_E} I_h y^{n+1}(x_i^{'k})}{N_E} + err_y \tag{11-22}$$

式中：

err_y——蒙特卡洛模拟近似误差，如下的 err_f、err_{fW}、err_{fW}、err_z 均为对不同条件数学期望的蒙特卡洛模拟近似误差。

$$E_{t_n,x_n}^{t_n,x_n}[f(t_{n+1},y^{n+1},z^{n+1})] = \frac{\sum_{k=1}^{N_E} f[t_{n+1},I_h y^{n+1}(x_i^{'k}),I_h z^{n+1}(x_i^{'k})]}{N_E} + err_f \tag{11-23}$$

$$E_{t_n,x_n}^{t_n,x_n}[y^{n+1}\Delta W_{t_{n+1}}] = \frac{\sum_{k=1}^{N_E} I_h y^{n+1}(x_i^{'k})\Delta_h^k W_{t_{n+1}}}{N_E} + err_{yW} \tag{11-24}$$

$$E_{t_n,x_n}^{t_n,x_n}[f(t_{n+1},y^{n+1},z^{n+1})\Delta W_{t_{n+1}}] = \frac{\sum_{k=1}^{N_E} f[t_{n+1},I_h y^{n+1}(x_i^{'k}),I_h z^{n+1}(x_i^{'k})]\Delta_h^k W_{t_{n+1}}}{N_E} + err_{fW}$$

$$\tag{11-25}$$

$$_{t_n,x_n}^{t_n,x_n}[z^{n+1}] = \frac{\sum_{k=1}^{N_E} I_h z^{n+1}(x_i^{'k})}{N_E} + err_z \tag{11-26}$$

此处暂且不考虑蒙特卡洛模拟近似误差对期权定价模型的影响，后文将对模型中的所有误差估计进行集中分析。

通过以上内容分析，可确定经过时空离散化的期权定价模型中条件数学期望的求解方案，至此，二元一次方程组（11-11）中的所有变量均为可解的，故已可以利用已经建立的期权定价模型对期权进行定价。

虽然可以通过以上模型求解期权的价格，然而一个关键问题摆在面前，即如何保证期权定价结果的准确性？在资本市场中表现为如何能够将定价风险控制在最小的范围之内？对于金融衍生品的定价问题来说，计算精度是一个重要的影响因素，而对于计算精度的衡量，最为重要的一点便是对定价的结果进行误差估计，下面将对期权定价模型建立过程中的所有误差因素进行具体分析。

五 期权定价模型的误差估计

由前文分析研究可以发现，在期权定价模型建立的过程当中，总共有两处会出现计算误差：一是在模型的参数设置格式转换过程中，对连续的条件数学期望的定积分进行参数设置格式的离散化处理，得到普通的变量的加减乘计算公式，此处出现了对定积分离散化的计算误差；二是在利用蒙特卡洛模拟方法与线性插值法计算条件数学期望的过程中，在利用布朗运动模拟时空网格点的期权价格运动路径时，模型取蒙特卡洛模拟次数 N_E 的计算结果近似逼近条件数学期望，这便产生了蒙特卡洛近似误差。

（一）参数设置格式转换误差

式（11-5）、式（11-6）和式（11-7）经过转化可得式（11-27）、式（11-28）和式（11-29）：

$$V_y = \int_t^{t+\delta} \{ E_t^{t,x}[f(s,y_s,z_s)] - (1-\theta_1)E_t^{t,x}[f(t+\delta,y_{t+\delta},z_{t+\delta})] - \theta_1 f(t,y_t^{t,x},z_t^{t,x}) \} ds$$

$$(11-27)$$

$$V_{z_1} = \int_t^{t+\delta} \{ E_t^{t,x}[f(s,y_s,z_s)\Delta W_s] - (1-\theta_2)E_t^{t,x}[f(t+\delta,y_{t+\delta},z_{t+\delta})\Delta W_{t+\delta}] \} ds$$

$$(11-28)$$

$$V_{z_1} = -\int_t^{t+\delta} \{ E_t^{t,x}[z_s] - (1-\theta_2)E_t^{t,x}[z_{t+\delta}] - \theta_2 z_t^{t,x} \} ds \qquad (11-29)$$

由以上三式可以看出，参数设置格式转换误差主要是由条件数学期望组成，而在计算条件数学期望的过程中，又会产生蒙特卡洛近似误差，下面来考察蒙特卡洛模拟所带来的近似误差。

（二）蒙特卡洛近似误差

将式（11-22）、式（11-23）所示的带有计算误差的条件数学期望蒙特卡洛近似格式代入二元一次方程组（11-11）中的第一个方程，并经过整理可得该方程的误差估计公式（11-30）：

$$R_y = \Delta t_n(1-\theta_1^n)err_f + err_y \qquad (11-30)$$

同理，再将式（11-24）、式（11-25）和式（11-26）所示的带有计算误差的条件数学期望蒙特卡洛近似格式代入二元一次方程组（11 – 11）中的第二个方程，并经过整理可得第二个方程的误差估计公式。与第一个方程不同的地方在于，由于在得到第二个方程的过程当中，对最原始的倒向随机微分方程的左右两边分别乘以期望为 0、方差为 $\sqrt{s-t}$ 的布朗运动 ΔW_s，而此布朗运动乘项也是由蒙特卡洛通过产生正态分布的随机数模拟计算得到的，因而该乘项也存在计算误差，但是它与条件数学期望的蒙特卡洛近似误差相比较而言可忽略不计，所以在对期权定价模型进行误差估计时，不考虑布朗运动乘数项的生成误差。故此处，二元一次方程组（11 – 11）第二个方程的误差估计公式如式（11 – 31）所示：

$$R_z = err_{yW} + \Delta t_n (1 - \theta_2^n) err_{fW} - \Delta t_n (1 - \theta_2^n) err_z \qquad (11 – 31)$$

在对期权定价模型中的条件数学期望进行蒙特卡洛逼近时，除了在模拟布朗运动的路径轨迹时会产生误差之外，对投影点期权价格的插值计算也会产生误差，插值误差的大小取决于所使用的插值方法，本书中使用的为线性插值法。线性插值法相对于其他插值方法来说较为简单，有利于期权定价模型的建立与分析，而计算精度要稍微逊于其他诸如三次样条插值方法这样的高精度插值方法，但是不会产生数量级别的影响。

（三）参数 θ_1^n 和 θ_2^n 的取值

本书在建立期权定价模型时的第一步就是进行参数设置格式转换，将连续的积分形式转化为离散形式，模型的计算精度直接取决于参数 θ_1^n 和 θ_2^n 的取值，如果选择得当，模型的误差便可以控制在最小范围之内。本书后文将会选取不同的 θ_1^n 和 θ_2^n 的值，比较在参数取值不同的情况下的计算精度。

（四）随机样本数量 N_E

根据蒙特卡洛解决随机概率事件的特性，可以得出蒙特卡洛模拟的误差大小取决于所产生的随机样本的个数。对于本书所建立的期权定价模型来说，蒙特卡洛模拟方法的近似误差大约为 $1/\sqrt{N_E}$。

理论上来说，如想获得数量级为 ε 的计算精度，蒙特卡洛模拟所产生的随机样本的个数应该近似为 $(1/\varepsilon)^2$。例如，当 $\varepsilon = (\Delta t)^2 = (T/64)^2$ 时，随机样本的个数应近似为 $(64)^4$，毫无疑问，这将是一个很庞大的数据量。

在具体的计算操作过程中，对于此处提到的 $\Delta t = T/64$ 的情况，将不会取 $(64)^4$ 个蒙特卡洛随机样本，一般情况将取整数个随机样本，如 40000。本书将在后文通过具体数据来分析随机样本数量的大小对模型计算精度的影响。

（五）蒙特卡洛随机数产生方法

在利用蒙特卡洛方法逼近条件数学期望时，模型的计算精度不仅取决于所产生的随机样本数量，还取决于随机数的生成方法，本书在逼近条件数学期望时采用蒙特卡洛模拟方法，该方法利用 Box - Muller 算法产生随机数，能够得到较高的模拟精度。本书将在后文具体地对比分析不同的随机数生成方法条件下的模型计算精度差异。

（六）空间插值方法

本书使用了蒙特卡洛方法计算期权定价模型中二元一次方程组的条件数学期望，利用空间插值方法计算经过布朗运动轨迹落在时空网格结构中非网格点上的投影点的期权价格，精度更高的空间插值方法将会提升期权定价模型的计算精度。

（七）时空网格结构

本书建立的时空网格结构中各个网格点均是等时间步长和等空间步长分布的，这可能并不是使得模型计算精度达到最高的理想状态，特别是在解决非平滑问题的时候。但就本书所提出的期权定价模型而言，等时间步长、等空间步长的时空网格结构已经能够达到所需的计算精度。

除了时间步长和空间步长是否等分会对模型精度产生影响，时间层次和空间层次的离散程度也将影响到模型计算精度，时间步长和空间步长越小，时间分层和空间分层越细，则时空网格结构中的网格点越多，模型的离散程度越高，模型计算精度越高。

（八）生成函数 $f(\cdot)$ 和终端条件

在利用倒向随机微分方程求解问题时，不同的生成函数和终端条件将会产生不同的误差，对于期权定价模型来说，终端条件始终为在期权合约规定的到期日的期权价格和套期保值风险值，除非能够研究出适合期权定价的新的生成函数，此因素对最终模型定价精度的影响将不能得到解决，在本书中，该因素不是模型考虑的重点，故本书在建立期权定价模型时，忽略了生成函数和终端条件对期权价格计算误差的影响。

第二节　算法的计算精度测试

一　计算精度评价

在对期权定价模型进行参数设置格式转换时，本书运用了两个参数对期权定价模型进行处理并将连续的积分形式转化为离散形式，分析在参数取值不同的情况下所提出模型的计算精度。

在建立模型的时空网格结构时，本书对时间层次和空间层次采用的是等步长离散，且时间步长与空间步长相等。时间步长越小，时间分层越细，故本书通过对模型进行不同的时间分层分析来比较其变化对模型计算精度的影响。

在利用蒙特卡洛模拟方法求解模型的条件数学期望时，模拟次数越多，产生的布朗运动随机样本的数量越大，本书通过比较不同随机样本数量下模型计算精度的变化情况，分析蒙特卡洛模拟方法对模型的影响。

通过与现有期权定价方法——拟蒙特卡洛模拟、蒙特卡洛模拟的定价结果进行类比，分析本书提出的期权定价模型在定价精度上的优劣。

本部分对算法计算精度的具体测试分为两个部分：一是改变本书所提出的期权定价模型中的参数设置 θ_1^n 和 θ_2^n、随机样本的数量 N_E 以及时间分层数量 N 这些变量的取值，根据变量的不同取值对算法的计算精度进行分析；二是通过与另外两种期权定价方法——蒙特卡洛模拟方法和拟蒙特卡洛模拟方法的比较，分析本书所提出的期权定价方法的优劣。

二　改变变量取值

在利用本书设计的算法对期权进行定价时，为了得到期权定价结果，令期权合约的时间期限 T 为 1 年，标的资产价格的当前时刻价格 S_0 为 80元，无风险利率 r 为 11%，标的资产价格波动率 σ 为 25%，期望收益率 μ

为 8%，期权合约中事先协定好的在到期日时刻标的资产价格 S_X 为 88 元。在测试过程中，Δt 和 Δh 分别表示时空网格结构的时间步长和空间步长，N 是与时间步长和期权合约期限相关的离散时间分层数量，且在蒙特卡洛近似求解算法中的条件数学期望时，针对不同的时间分层数 N 采用不同的随机样本数量 N_E。综上所述，在变量的不同取值情况下，算法的计算精度如表 11 - 1 所示。

表 11 - 1　不同变量取值下期权价格的计算精度

参数设置 的取值组合	(N, N_E) 取值组合					
	4	8	16	32	64	128
	400	1000	4000	10000	20000	40000
$\theta_1^n = 1, \theta_2^n = 1$	0.1027	0.0864	0.0482	0.0313	0.0217	0.0105
$\theta_1^n = 0, \theta_2^n = 0$	0.0625	0.0287	0.0113	0.0109	0.0077	0.0015
$\theta_1^n = 1, \theta_2^n = 0.5$	0.1463	0.0442	0.0116	0.0036	0.0007	0.0005
$\theta_1^n = 0.5, \theta_2^n = 0.75$	0.1213	0.0307	0.0078	0.0034	0.0009	0.0003
$\theta_1^n = 0.5, \theta_2^n = 0.5$	0.0981	0.0271	0.0056	0.0019	0.0006	0.0002

表 11 - 1 中各项数据为 $|Y_0 - y_0^0|$，表示当前 0 时刻的真解 Y_0 与本书所提出的期权定价模型在当前 0 时刻的解 y_0^0 之间的误差，时间分层数量 N 取值为 2 的指数倍，不同的时间分层对应不同的蒙特卡洛模拟次数，即由几何布朗运动产生的随机样本数量不同，且经离散化所建立的时空网格结构中网格点的个数不同。表 11 - 1 描述的是在参数 θ_1^n 和 θ_2^n 取值组合不同的情况下，当时间分层数量和蒙特卡洛模拟次数不同时，本书所设计的期权定价算法的定价误差。为了更直观地分析定价误差与时间分层之间的关系，分别对定价误差和时间分层数量取对数，得到不同参数组合下 $\log_2(|Y_0 - y_0^0|)$ 随 $\log_2(N)$ 的变化而变化的趋势，两者之间的关系如图 11 - 9 所示。

图 11 - 9 中横坐标代表时间分层对数 $\log_2(N)$，纵坐标代表期权定价误差对数 $\log_2(|Y_0 - y_0^0|)$，各条折线代表参数 θ_1^n 和 θ_2^n 的不同取值组合。通过表 11 - 1 和图 11 - 9 可以看出，不管参数 θ_1^n 和 θ_2^n 处于什么样的组合状态，算法的计算精度都将随着时间分层数量 N 和蒙特卡洛模拟次数 N_E 的增加而

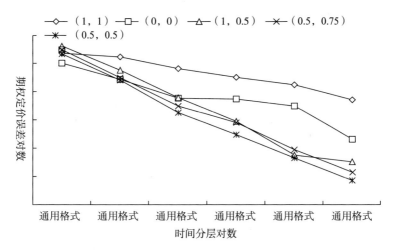

图 11 - 9　不同参数取值条件下期权定价误差随时间分层数量的变化趋势

提高，且当参数 θ_1^n 和 θ_2^n 均取值为 0.5 时，算法在计算精度上的表现最佳。

三　不同定价方法的比较

为了确定根据本书所提出的基于时空离散的参数设置期权定价模型而设计的算法在计算精度上的优劣，此处将其与目前期权定价领域计算精度较高的两种定价方法——蒙特卡洛模拟方法和拟蒙特卡洛模拟方法进行比较，这两种定价方法的计算精度表现如表 11 - 2 所示。

表 11 - 2　蒙特卡洛和拟蒙特卡洛模拟方法的计算精度

定价方法	模拟次数			
	1000	10000	100000	1000000
蒙特卡洛模拟方法	0.3076	0.1497	0.1130	0.0686
拟蒙特卡洛模拟方法	0.1124	0.0673	0.0185	0.0037

表 11 - 2 中各项数据为 $|Y_0 - y_0|$，数据表达含义与表 11 - 1 相同。可以看出，在利用蒙特卡洛模拟方法进行期权定价的情况下，当模拟次数达到 10^6 数量级时，计算精度才刚好达到 10^{-2} 数量级。拟蒙特卡洛模拟方法稍微优于蒙特卡洛方法，它在当模拟次数为 10^4 数量级时达到了 10^{-2} 数量级的计算精度，在模拟次数为 10^6 数量级的情况下，达到了 10^{-3} 数量级的计算精

度。但是由表 11 - 1 可以看出，在参数 θ_1^n 和 θ_2^n 均取值为 0.5 的情况下，本书所设计的定价算法在时间分层数量为 16、随机样本数量为 4000 时，便已经能够达到 10^{-3} 数量级的计算精度，且从计算规模角度来说要小于蒙特卡洛和拟蒙特卡洛模拟方法。与此同时，随着时间分层和随机样本数量的逐渐增加，本书设计的定价算法还可以达到更高数量级的计算精度。综上所述，本书所设计的算法在计算精度上明显优越于其他数值定价方法。

第三节　本章小结

本章主要介绍了基于时空离散的参数设置期权定价模型的建立，本书在解决期权定价问题时利用了倒向随机微分方程的相关知识，将期权定价问题转换为适合倒向随机微分方程求解的形式，故有了本章所设计的基于时空离散的参数设置期权定价模型，该模型可以有效地对期权定价的倒向随机微分方程进行求解，并能够达到较高的计算精度，符合金融衍生品定价中对精度的要求，就金融领域来说，能够很好地帮助投资者规避风险。

就期权定价模型的建立，本章总共分为四大步骤进行阐述。

第一，进行参数设置格式转换，利用设定参数 θ_1 和 θ_2 将由连续积分组成的倒向随机微分方程转化为由设定的参数和布朗运动组成的离散形式的二元一次方程组。第二，利用时空离散化设计由若干个网格点组成的时空网格结构，利用时空离散化方法进一步处理经过参数设置格式转换之后的期权定价模型，此处所建立的时空网格结构为从 $(N - 1)$ 时间层到 0 时间层各层空间点个数逐层递减的倒三角形式的结构图，这是由倒向随机微分方程的特征决定的。时空离散化又可分为时间层次离散化和空间层次离散化。第三，模型经过时空离散化之后便可利用蒙特卡洛模拟方法与线性插值法逼近条件数学期望的值。在此过程中，本章设计了一种优化的蒙特卡洛模拟随机数的产生方法和对期权定价模型的处理方案。经过以上步骤之后，便可通过期权合约规定的到期日 T 时刻的可能期权价格逐个时间层迭代计算各个时空网格点的期权价格，直到第 0 个时间层。第四，对模型建立过程中的所有误差进行集中研究，详细分析了影响期权定价模型计算误差的各项因素。

最后，本章对所设计的期权定价模型算法进行了计算精度测试。实验结果表明，该期权定价模型的算法在计算精度上达到了预期目标，具有较大的实用价值，可为能源资产资本化，特别是金融衍生品化路径和定价机制的设计提供指导。

第四篇

中国能源资本化的市场支撑体系建设

　　本书第二篇探讨了能源资源产权制度结构，并在国内外能源资源产权结构对比分析的基础上，提出了完善中国能源资源产权体系的构想，为能源资本化奠定了坚实的制度基础。第三篇通过对国际石油价格影响因素以及国内外石油交易机制的分析，揭示了以石油为代表的能源的价值发现机制和定价机制，为能源的资本化交易奠定了价值基础。本篇将侧重分析能源资本化的产品体系、平台体系、市场运行机制体系，为能源的资本化交易构建完善的市场支撑体系，促进能源交易，提高能源配置效率。

　　本篇分析了国际、国内的能源交易体系，主要梳理了能源交易体系的发展过程，介绍了国际、国内主要期货交易所及其能源品种，并由此进行了市场支撑体系的差异对比，提出了国内市场支撑体系建设的方向。沿着这些建设方向，提出了能源资本化产品体系、平台体系、市场运行机制体系的改进措施。具体来说，在能源资本化产品体系方面，应当从期货产品的优化设计、期权的优化设计、资产证券化的优化设计等方面来进行建设。在能源资本化平台体系方面，首先，应当建设好已有的能源资本化交易平台；其次，构建新的碳排放权交易平台、清洁能源交易平台、煤炭交易平台、天然气交易平台；最后，提升平台国际化程度，完善"一带一路"布局，加强金融科技（大数据、区块链、人工智能）应用，提升研发能力和服务能力。在能源资本化市场运行机制体系方面，应该从完善股权市场交易机制、促进债权市场发育、完善评估机制、促进人民币在国际能源交易结算中的应用、完善法律制度、引入做市商制度、构建风险防范和预警机制、完善监管体制这八个方面进行建设。

第十二章　能源资本化市场支撑体系的内涵及其相互关系

第一节　能源资本化市场支撑体系的内涵

能源资本化市场支撑体系可以促进能源交易效率的提升，也是促进能源开发技术不断进步、能源清洁化转型升级、能源全球化配置不断优化、能源利用和生态保护兼顾的重要体制机制安排。因此，构建符合中国国情，又能适应全球化发展潮流的能源资本化市场支撑体系无疑是能源资本化必须解决的重大命题。

关于能源资本化市场支撑体系建设，学者们从不同角度做了相关研究。

Painuly 等（2003）认为金融有利于提升能源利用效率，政府应该促进能源产业融资，进而提升能源利用效率，促进经济发展。Saunders 等（2012）指出，金融中介可以在一定程度上缓解能源匮乏，应该鼓励能源金融发展。谢贵勇（2018）回顾了中国矿产资源的资本化探索过程，从规范矿业权市场、建立深层次矿产资源资本市场、矿产资源开发的可持续发展等方面提出了矿产资源资本化的建议。

陈建平等（2018）通过对比，得出了世界一流期货交易所的十个相同特征，包括掌握定价权、国际化程度高、交易规模大、品类丰富、服务水平高、产品创新、采用垂直结算方式、交易技术领先、具备特色、实行公司制组织架构。这些特征在一定程度上反映了包括能源交易平台在内的优秀大宗商品交易平台的领先原因，值得我们在构建能源资本化平台体系的过程中借鉴。赵河山、蒋晓全（2018）简要介绍了主要发达国家期货交易所的发展状况，重点梳理了中国期货市场的发展历程，包括最初的无序发展阶段、之后的清理整顿阶段、当前的良性发展阶段，认为由于无法像发达国家一样经历很长时间的制度演化过程，因此政府有必要发挥"有形之手"的作用，采取包括立法在内的措施促进期货市场发展。

周慧羚等（2016）指出价值发现是衡量期货市场效率的核心指标，并使用 Garbade – Silber 模型研究了中国石油期货的价值发现机制，认为当前中国的石油期货市场运行效率还比较低。李辉（2019）重点研究了大宗商品的定价话语权，分析了定价话语权对中国经济崛起的重要意义，并从期货市场国际化角度分析了如何通过设立境外交割库、注册境外期货交易所、与境外交易所合作等方式逐步建立国际贸易中的商品定价基准。刘刚（2009）以两种产品为例，探讨了为什么中国大宗商品缺乏定价权。他分别列举了中国需求占全球需求总量 50% 的铁矿石和中国供给占全球供给 90% 的稀土，经过分析认为：首先，虽然在这两种产品的需求量或供给量上中国具有绝对优势，但是中国的需求或者供给非常分散，无法形成统一的市场声音；其次，中国的期货市场发展滞后，无法形成铁矿石、稀土的价值发现机制；最后，技术附加值低让中国企业处于定价弱势地位。这对于我们探索如何在能源市场形成定价权有一定的启示价值。高蓓等（2016）重点探讨了资产证券化在美国、日本、欧洲的发展历程，认为资产证券化的兴起与金融市场流动性缺乏有关，并论述了美国的伞形监管、日本的统一监管、英国的双峰监管模式，为中国能源资本化市场支撑体系建设中的产品体系建设提供了有益的参考。欧盟委员会于 2004 年指出资产证券化一般以现金流作为偿还证券收益的支撑，2012 年巴塞尔委员会提出各类资产证券化产品具有一定的风险，应该进行金融风险监管。苏建兰、郭苗苗（2015）针对中国碳交易运行中的拍卖机制尚未完全建立、碳交易产品类型不够丰富、市场参与主体活跃度不够等问题，建议中国建立市场拍卖机制来合理确定碳排放额价值，推进参与主体多元化，加强碳排放交易市场建设的国际合作。Babula 和 Price（2012）分析了天然气期货的价值发现功能。保证金制度对于期货或者期权这些金融衍生品来说是比较重要的配套制度，Kao 和 Lin（2010）认为当保证金水平不高时，会导致价格的大幅波动，进一步增加违约风险。柳青、张书军（2013）研究了以期货为标的的期权的保证金模式，即期货期权的保证金模式。保证金制度分为两种：基于投资组合计算的动态保证金制度和基于单笔计算的静态保证金制度。目前欧美市场大多采取动态保证金制度，中国则使用静态保证金制度。Chiu 等（2006）认为交易所在设置保证金制度时应当考虑资金的使用效率和违约的数量。

邹才能等（2021）探讨了世界能源转型的路径以及对碳中和的意义，认为能源生产的清洁、高效、安全才能有效应对全球气候变化，实现能源革命。冯路、何梦舒（2014）围绕碳排放权期货定价，讨论了三种定价模型的特点，分别是完全市场条件下的持有成本定价模型、放松完全市场假设条件下的期货定价模型、不完全市场条件下的期货定价模型。阴宝荣（2013）认为碳交易过程中的结算货币可以在一定程度上反映国际货币的未来格局，可以利用跨境人民币结算发展的机遇，一方面推进中国的碳交易市场，另一方面使用人民币进行结算交易，推进人民币国际化。李志学等（2014）对比欧盟碳排放权交易体系分析了中国的碳排放权交易市场，指出虽然中国有 7 个碳交易试点地区，但是碳排放企业参与交易的积极性较低，市场活跃度远远不够，不利于中国在国际碳排放市场争取定价话语权。

韩茜、胡隽秋（2012）分析了新疆能源矿产资源的开发补偿机制，认为目前的矿产资源开发补偿机制存在补偿标准偏低、分配比例不恰当、地方收益难以体现等问题，并提出提高资源税率、征收生态补偿费等措施。杨泽伟（2008）分析了中国能源安全面临的挑战源于以煤炭为主的结构性危机，以及管理部门过于分散带来的权责不清，认为应该加强国际能源合作，增加石油储备，加快可再生能源开发。张剑虹（2009）对比了中国的能源法律体系与美国、日本能源法律体系的区别，认为相比于美国、日本，中国在能源基本法和能源单行法方面还存在不足。张译文（2012）基于煤炭属于中国主体能源的现状，讨论了建设煤炭期货市场的必要性。

通过国内外文献梳理，可以发现学者们对于发达国家交易平台的先进经验、金融对于能源开发利用的作用、能源期货产品的改进、能源危机、碳排放权交易、市场监管、能源法律等方面进行了较为深入的研究。然而，已有文献尚缺乏以下方面的研究：第一，对于能源资本化市场支撑体系的内涵没有完整地界定，只是零散地论述了其中的某一个部分或者某一个领域；第二，对于如何将大数据、区块链、人工智能等金融科技运用到能源资本化过程中缺乏研究；第三，对于一些与国家战略布局相匹配的能源资本化市场建设缺少研究，例如如何围绕"碳达峰、碳中和"目标推进能源资本化市场建设。以上这些尚缺乏深入研究的问题正是本篇关注的重点。此外，我们还借鉴发达国家在能源资本化产品设计、交易平台建设、能源法律体系、监管手段等方面的经验，结合中国的实际情况提出了合理的能源资本化市场支撑体系建设方案。

本书认为能源资本化市场支撑体系的内涵是通过设计市场化能源交易产品、构建国际化交易平台、完善符合国情的动态化市场运行机制，促进能源资本化交易顺利实现，最终提高能源开发利用及交易效率、推动中国经济高质量发展、提升中国在国际能源领域话语权的一整套体制机制安排。

第二节　产品体系、平台体系、市场运行机制体系
之间的关系

能源资本化市场支撑体系包括产品体系、平台体系、市场运行机制体系三部分。产品体系主要是指符合市场需求、层次丰富的能源资本化品种。平台体系主要是指国际化程度较高、产品研发能力较强、具有领先技术优势、结算结构合理、交易规模较大的能源交易所。市场运行机制体系主要是指能够促进能源产品的供求双方高效率、规模化、标准化交易的机制。从逻辑上来说，产品体系是核心，平台体系是载体，市场运行机制体系是保障。

首先，产品体系是核心。丰富的产品体系是平台体系建设的基础，同时也是市场体系所保障的对象。产品种类和层次的丰富是世界级交易所的一个重要特征。只有丰富的产品体系才能满足交易所客户对多样化产品的需求，增加交易所的收益。只有拥有丰富的产品，才能创造出知名的交易平台。除了期货，知名的交易平台还提供期权等场内衍生品，以及远期和掉期等场外衍生品。产品体系是市场体系所保障的对象，市场体系通过价值评估机制、法律法规、金融衍生品风险防范和预警机制等保障产品体系的运转。

其次，平台体系是载体。平台体系承载能源产品的交易，同时也是市

场体系的集中体现。世界级的交易所一般具有以下特征：更加国际化（会员和产品更加全球化，在国外设有仓库或子公司，交易时间和制度安排符合国际惯例）；具有优秀的产品研发能力（能够快速提供满足用户需求的产品或服务，并获得先于其他交易平台推出产品的先发优势）；具有持续的技术优势（将技术作为经营战略的关键，并不断加大对技术的投入）；采用垂直结算结构（降低投资者的交易成本，增加交易所的确定性）。

最后，市场运行机制体系是保障。一个有影响力的市场体系可以为平台体系的平稳有序运行提供条件。能源资产的供给方和需求方都是由众多分散的市场主体构成的。在法律法规、交易规则、监管制度和评价机制等一系列制度安排下，它们追求各自的效用最大化，在边际成本和边际收益相等的原则下做出相应的交易决策。市场体系提供了评估机制、法律机制、风险防范预警机制等供求双方交易的保障条件，并提供了降低交易成本或促进交易的制度安排，保障了平台体系的平稳有序运行。

能源资本化市场支撑体系可以促进能源革命。首先，能源资本化市场支撑体系丰富了能源交易品种和交易平台，促进了能源利用的深化及相互替代。其次，在能源资本化过程中，随着产品设计的日益合理、平台交易效率的提高和配套市场机制的完善，能源交易更加活跃，优化了全球能源资源的配置，即市场支撑体系连接和激活了全球能源资源，促进了能源革命。最后，清洁能源作为新能源，其发展更需要复杂的能源资本化市场支撑体系，以便合理定价并提高交易效率，从而促进能源革命。

第三节　能源资本化市场支撑体系建设的现实约束条件

首先，产权制度与能源资本化市场支撑体系具有密切的内生关系。产权形成资产的边界和交易的权利，任何交易本质上都是权利的交易。在产权基础之上，才能形成产品交易。能源资本化中能源沿着"资源—资产—资本"的路径演化，不同的能源资源产权制度安排，需要与之相适应的能源资本化市场支撑体系，才能够更好地提供能源产品、发展交易平台、匹配高效市场机制。不同国家的能源资源产权制度有所区别，从国际矿产资源的所有权制度安排来看，所有权制度主要分为私有制、公有制或两种制度并存。美国土地大部分属于私有制，土地与矿产资源所有权统一，所有者可以交易其所有权。德国土地大部分由私人占有，但是土地与矿产资源完全分离，矿产资源属于国家，因此只能交易矿产资源的使用权。中国土地、矿产资源均属于国家所有，可以交易的只是矿产资源的使用权（探矿权、采矿权）。能源资本化市场支撑体系是内生于不同产权制度安排的，中国的能源资本化市场支撑体系建立在公有制基础之上。

其次，能源资本化市场支撑体系建设要考虑国际地缘政治博弈。中国的能源资本化市场支撑体系建设面临国际霸权的遏制和挑战。在世界百年未有之大变局背景下，中国能源资本化市场支撑体系建设还应当考虑地缘政治博弈的影响。能源属于最具有战略价值的商品，能源市场的意义已经超越了纯粹的经济意义，对大国兴衰具有重要影响，是地缘政治格局演化的重要因素。中国不断进行能源资本化市场支撑体系建设，必然会造成中国与美国之间围绕能源市场的政治博弈。此外，能源资本化市场支撑体系建设还关乎中国的能源安全。以石油为例，当前中国是世界上最大的石油进口国，美国可能会通过控制马六甲海峡等石油运输通道制约中国的发展。所以，中国的能源资本化市场支撑体系建设需要考虑国际地缘政治博弈，这样才能保障中国的能源安全，加强中国的国际能源合作，促进经济稳定发展。

最后，能源资本化市场支撑体系建设要关注定价话语权。包括能源在内的国际大宗商品的定价体系经历了从垄断定价到现货定价再到期货定价的转变过程，这也正反映了能源资本化市场支撑体系的变化过程。以原油定价为例，在垄断定价阶段，国际原油定价权先是被欧美垄断性跨国石油公司控制，之后由欧佩克控制。在现货定价阶段，欧佩克的影响力有所下降，原油价格逐渐由国际原油现货交易确定。在期货定价阶段，定价基准由期货交易确定。最开始，拥有产品支配地位就可以定价；到现货定价阶段，除了产品还需要现货交易市场才能定价；最后发展到期货定价阶段，仅有产品、交易市场还不行，还需要一套完备的交易技术手段和市场运行机制。拥有了定价话语权就可以最大限度地实现低成本、高收益地参与国际分工体系。在具备了市场化能源产品、国际化交易平台、持续完善的市场运行机制之后，能源资本化市场支撑体系必然会不断提升中国在国际能源领域的话语权。

第十三章　发达国家能源资本化市场支撑体系

能源资本化市场支撑体系由产品体系、平台体系、市场运行机制体系三个部分组成，三个部分是紧密联系在一起的。本章主要分析发达国家主流能源交易平台（期货交易所）和产品的历史沿革，了解发达国家能源资本化市场支撑体系的发展过程，并总结值得借鉴之处。

第一节　发达国家能源资本化市场支撑体系的发展过程

一　发达国家期货交易所的发展

现代意义上的期货源于19世纪初美国芝加哥的谷物交易，当时粮食贸易因运输困难、仓库狭小和缺乏信息而受阻。芝加哥交易所由82位谷物商人于1848年建立。设立交易所的目的是避免粮食价格波动，并向会员提供价格信息。1851年出现了远期合约。1865年推出了标准化合同，并推出了保证金制度。1883年成立清算协会，向会员提供风险对冲工具，可以解除原有的提货或发货义务。套期保值工具的引入意义重大，期货交易实现了质的飞跃。这种改变吸引了大量投机者，增强了流动性。

芝加哥交易所的成功直接推动了美国各地交易所如雨后春笋一般不断设立，其中就包括纽约商业交易所。同时，其他国家也开始设立交易所，如加拿大设立蒙特利尔交易所，英国设立伦敦金属交易所。

石油期货的产生源于两次石油危机。第一次石油危机是1973年中东产油国的石油企业国有化运动以及第四次中东战争，油价从每桶3美元提高至10美元。第二次石油危机源于1978年伊朗作为第二大石油出口国，产量在政局不稳的背景下出现大幅下滑，致使油价由每桶 13 美元狂飙至 34 美元。经过两次石油危机的价格波动，平抑石油价格风险的需求推动石油期货出现。纽约商业交易所顺应时势，于 1974 年推出燃料油期货、1978 年推出取暖油期货。随着石油期货交易量的不断增加，期货价格逐渐成为石油定价基准。如今，纽约商业交易所拥有制定世界石油价格的实力，已经成为世界上最具影响力的能源产品交易所。

发达国家期货市场的出现源于规避风险的套期保值需求，结合保证金制度、对冲工具等制度安排，不断完善。整个发展过程体现了从现货到期货，从普通合约到标准合约，从套期保值到套期保值和期货投机共存的转变。欧美期货市场经过 100 多年的发展，在对冲风险、促进经济增长等方面发挥了重要作用。发达国家的期货市场经历了相似的发展历程，为新兴经济体建立期货市场提供了参考样本。

二　新兴经济体期货交易所的发展

对于新兴经济体来说，其不需要经过长时间的探索，而可以凭借后发优势迅速移植西方发达国家的期货市场模式。以新加坡和中国香港为例，它们都属于英美法系，与欧美的制度规则安排对接起来没有很大障碍。因此在期货市场的发展上，新加坡和中国香港采取了完全复制的模式，它们将美国期货交易所的法律规则、三级监管体制、交易制度全盘拿来使用，在很短时间就完成了交易落地，拥有了与发达国家一样的期货交易体系。期货市场交易系统的可移植性，也为中国借鉴国外成熟期货市场的发展模式和制度规则提供了便利。我们要在引进、吸收和不断完善的过程中，建立符合中国国情的能源期货市场交易制度。

第二节　发达国家主要能源交易所及交易品种

一　芝加哥商业交易所集团

芝加哥是现代期货交易的发源地，芝加哥商业交易所、芝加哥期货交易所两个交易所都具有广泛影响力，它们于 2006 年合并成为芝加哥商业交易所（CME）集团，成为世界上最大的衍生品交易所。交易种类包括农产品、金属、能源、外汇和其他衍生品，如天气指数。2008 年 3 月，CME 集团完成了对纽约商业交易所（由 NYMEX、COMEX 两个交易所组成）的收购。至此 CME 集团由四部分组成，分别是芝加哥商品交易所（CME）、纽约商业交易所（NYMEX）、芝加哥期货交易所（CBOT）和纽约商品交易所（COMEX），各交易所为期货市场的价值发现和风险管理做出了巨大贡献，共同构成了当今世界期货市场。CME 集团拥有广泛的期货和期权产品，包括作为世界大宗商品价格基准的 WTI 原油期货。

二 纽约商业交易所

纽约商业交易所（NYMEX）的交易品种主要有能源和稀有金属，以能源交易为主，相应的期货产品配有期权合约。该交易所于 1994 年由纽约商品交易所（COMEX）和纽约商业交易所（NYMEX）合并而成，并最终被 CME 集团收购。通过 CME 集团的全球交易系统，日本、新加坡、伦敦等地的期货均可在纽约商业交易所进行交易，纽约商业交易所交易的能源品种主要包括以下品种

轻质低硫原油：西得克萨斯轻质低硫原油是世界原油核心定价基准之一。纽约商业交易所还推出了风险控制产品，包括原油期权、原油和汽油之间的炼油期权等。

电力：纽约商业交易所推出的电力期货在 Clear Port 电子平台上交易。公开喊价交易期间的相关期权交易也可通过 Clear Port 电子平台单独结算。

天然气：天然气期货 Henry Hub 是北美天然气的定价基准。同时，配有与该期货相应的期权。此外，为了解决 30 多个天然气价格中心的价差问题，纽约商业交易所还推出了期货互换合约。

取暖油：纽约商业交易所推出了取暖油期货，即 2 号燃料油期货，还推出了风险管理工具（期权交易、期权价差交易等）。取暖油期货可以成为柴油和喷气燃油的风险对冲工具。

柴油：柴油期货通过 NYMEX - Europe 交易平台报价，也可在 NY-MEX—ACCESS 电子系统进行交易。

甲烷与丙烷：甲烷期货为液化石油气行业创造了有效的价格风险控制

工具，是纽约商业交易所推出的原油、汽油、取暖油和天然气期货的重要补充。丙烷是天然气和石油加工的副产品，可用于工业加热和重要石化产品的生产。

煤炭：煤炭期货可以在纽约商业交易所的 Clear Port 电子平台上 24 小时交易。煤炭期货可以为煤炭开采和电力行业提供有效的风险管理工具。

三 洲际交易所

洲际交易所（ICE）成立于 2000 年 5 月，总部位于美国。该交易所发展迅速，通过收购伦敦国际石油交易所（IPE）进入期货市场，之后整个交易所在纽交所上市，继而收购了 TCC 结算公司。目前在多个国家设有分支机构并服务于全球交易客户。洲际交易所因为收购了 IPE 而拥有了北海布伦特原油期货品种，此外该交易所还可以交易 WTI 原油期货。

四 伦敦国际石油交易所

伦敦国际石油交易所（IPE）是整个欧洲最重要的能源交易所，成立于 1980 年，2001 年被洲际交易所收购。该交易所推出了欧洲第一个能源期货产品重柴油期货，此后推出了被作为世界原油定价基准的北海布伦特原油期货，以及与之对应的期权。

IPE 的交易量目前不及纽约商业交易所，但仍然是欧洲最重要的能源交易平台，基于北海布伦特在原油定价中的基准地位，虽然进入 IPE 的主要参与者数量短期内不会增加，但石油期货交易仍可能会变得更加活跃。

五 东京工业品交易所

东京工业品交易所（TOCOM）1984 年成立于东京，目前是日本最大的综合交易所。交易品种最初以金属为主，后发展为金属、能源并重，拥有原油、汽油期货合约。TOCOM 是一家具有国际影响力的交易所。

东京工业品交易所不断获得国际影响力的原因主要有两个方面：其一，不断研发适应客户需求的新品种，主要体现在 1999 年推出原油期货，之后持续推出汽油、煤油等能源期货，并将能源期货作为重要品种；其二，管理层非常重视技术革新，于 1991 年启用了当时最先进的电子交易系统，此后不断加大技术投入，始终保持技术领先性。

六　新加坡国际金融交易所

新加坡国际金融交易所（SIMEX）成立于 1984 年，是亚洲第一个推出能源期货产品的交易所。该交易所完全复制了美国的期货交易体系和制度规则，并致力于成为一家具有国际影响力的交易机构。

SIMEX 连续数年被英国《国际金融》杂志评为最佳国际交易所。1999年，SIMEX 被评为亚洲最佳的衍生品交易所。目前，SIMEX 与美国、日本等多国的交易平台达成了合作关系。

第三节　发达国家能源资本化市场支撑体系 建设的经验及启示

首先，从历史发展过程来看，发达国家能源资本化市场支撑体系的发展体现出能源交易市场与经济实际发展需求相互匹配的动态化过程。一开始，能源交易套期保值避险需求催生出期货交易所，后来期货投资需求使能源资本化品种日益丰富，体现出能源资本化是一个市场化的动态过程。这让我们认识到，为了满足市场真实需求，能源资本化市场支撑体系建设是动态变化的。

其次，从产品体系来看，发达国家不仅能源资本化品种丰富，而且匹配了与期货相关的期权产品。纽约商业交易所于 1982 年就推出了原油期货，而中国 2018 年才推出了原油期货，相差 36 年。发达国家不仅在传统能源领域，而且在新能源领域也陆续推出了相关期货品种，比如 2008 年纽约商业交易所推出了碳排放权期货，而迄今为止，中国依然处于碳排放权期货探索阶段。此外，发达国家还为相应的能源资本化期货产品匹配了期权。丰富能源期货品种、推出新能源期货产品、匹配相应期权，这些先行经验值得中国借鉴。

再次，从平台体系来看，发达国家能源资本化交易平台注重技术交易手段和制度规则，交易会员国际化程度高。发达国家的交易平台通过不断迭代的技术交易系统，降低客户交易成本、提升交易效率、防范金融风险。

发达国家交易平台的交易基本都能接受境外投资者的参与，因此会员遍布世界各地。此外，为了提高交易效率，降低交易费用，最大限度地保证交易顺畅，各发达国家能源资本化交易平台之间逐渐形成了一套通行的国际制度规则。

最后，从市场体系来看，发达国家在法律法规、做市商制度、监管体制方面比较完善。在法律法规方面，美国既有基本法《2005 国家能源政策法案》，也有单行法《化石燃料法》《节能促进法》《联邦电力法》《2009 美国清洁能源与安全法》等。发达国家的很多交易所引入了做市商制度，例如欧洲期货交易所引入普通、固定、高级三类做市商。至于交易市场的监管，美国的政府、交易所、行业协会三级监管体制比较完备。中国在完善能源资本化市场体系的过程中，可以借鉴发达国家在法律法规、做市商制度、监管体制等方面的经验。

第十四章　中国能源资本化市场支撑体系

第一节　中国能源资本化市场支撑体系发展过程

期货市场综合体现了能源资本化市场支撑体系的发展程度，反映了产品体系、平台体系、市场运行机制体系的发展水平，因此本节通过分析中国能源期货市场的发展过程来透视国内能源资本化市场支撑体系的发展过程。

改革开放后，随着资本市场的快速发展，中国能源交易体系开始逐步完善，整个过程表现出"摸着石头过河"的特点，可分为无序发展、清理整顿和规范发展三个阶段。

一　无序发展阶段（1992 年至 1993 年 10 月）

1992 年之前中国已有相应的现货市场和远期合约，在此基础之上，1992 年国家开始推行期货交易试点。试点开始之后，各地迅速推出金属、能源、粮食、金融等期货品种。虽然整个市场生机勃勃，但是在缺少监管和统一布局的情况下，呈现混乱无序的局面。

第一，交易所大量涌现，市场分散。在短短的一两年之内，就有数十家交易所出现，数量甚至超过世界其他国家交易所之和。这些交易所疯狂推出各种交易品种，出现了大量包括能源期货在内的相同品种期货。只有实现大量交易，期货市场才能具备价值发现功能。当市场被不断分散之后，就出现各种期货品种在各交易所成交量非常低的情况，根本不具备现代期货市场的价值发现功能。

第二，客户盲目参与期货投资，纠纷不断。在这段时间，工商注册并没有做出特殊规定，也没有成熟的监管方式，导致经纪公司大量涌现。这些经纪公司向不明所以的客户进行大肆宣传，形成高收益、高回报的预期，造成客户在投资不达预期或者投资失败后，与经纪公司的纠纷不断。

第三，出现资金外流问题。一些经纪公司从事境外期货交易，这些公司向客户介绍境外期货投资品种，导致大量客户投资境外期货。但是在资本市场发展初期，客户的金融衍生品投资能力有限，而且国家对资本的监管手段不完善，导致大量客户投资失败，造成资金外流问题。

二　清理整顿阶段（1993 年 11 月至 1999 年）

盲目无序扩张的期货市场，导致纠纷不断、资金外流等问题，严重干扰了中国经济发展。因此，证监会开始对中国的期货市场进行大规模、长时间的清理整顿。由于此前设立的交易所分散在全国各地，交易品种涉及粮食、能源、金属等各个方面，投资主体参与人数较多，清理整顿阶段长达数年。

第一，明确期货市场的监管机构为中国证监会。期货市场初期混乱的很重要的一个原因是期货试点由专业部门、行业、地方三个体系同时管理，形成了条块分割的管理体系。这样一来，不仅没有形成良好的管理局面，还使期货市场盲目扩张。1993 年 11 月国务院发布《关于坚决制止期货市场盲目发展的通知》，明确指出由中国证监会统一负责期货市场发展的指导和规划。随后，证监会设立期货部具体执行此项职能。

第二，大量关闭不合规范的期货交易所。当时整个国家有 50 余个大大小小的期货交易所，严重分散了各个品种期货交易量。在证监会的监管之下，关闭大量期货交易所，剩余 14 家，在综合衡量之后，又由 14 家缩减为 3 家，最终在全国范围内，仅保留郑州、上海、大连的 3 家期货交易所。

第三，大规模撤销交易品种。在整个期货市场试点阶段，交易品种约有 35 个之多，包括农产品、化工、金属、能源等。鉴于各交易所交易品种雷同情况较为普遍，证监会撤销了很多不具备交易规模的品种。同时，保留的期货品种安排在不同交易所上市，有效保证了不同交易所之间的品种差异化。在这个阶段，撤销了所有能源类的期货品种。

第四，建立了期货市场法律体系。《期货交易管理暂行条例》《期货业从业人员资格管理办法》等一系列法律法规陆续出台，初步建立了中国期货市场的制度规范。

三　规范发展阶段（2000 年至今）

经历了无序发展、清理整顿两个阶段，期货交易所、品种数量、监管体制、法律规范几个方面都取得了显著成效，投资者也慢慢在这个过程中对期货市场有了一定的理性认识，整个期货市场从 2000 年起进入一个规范发展阶段。

第一，品种结构得到优化。期货市场很重要的功能是价值发现和套期保值，而要发挥价值发现作用，就必须有足够的交易量。证监会在清理整顿过程中，保留交易量较大的品种，撤销了交易量较小的品种，三家交易所形成了差异化的品种体系。整体来看，大宗商品期货市场主要的品种类型有农产品、金属、化工产品、能源，其中上海期货交易所在 2004 年推出了燃料油期货，并存续至今。

第二，期货市场恢复发展。从 2000 年开始，在证监会的合理监管下，交易品种得到优化，法律法规陆续，中国期货市场逐步恢复发展。

第三，资本市场不断改革开放。随着中国资本市场的发展，国家开始注重金融等现代服务业的发展。国务院出台《关于推进资本市场改革开放和稳定发展的若干意见》，提出把证券、期货公司建设成现代金融企业，并指出要在严格控制风险的情况下，稳步发展期货市场，为市场主体提供创新的商品期货品种，这对于发展期货交易乃至整个资本市场都具有深远的意义。

随着期货市场的良性发展，中国陆续推出了燃料油（2004 年）、焦炭（2011 年）、焦煤（2013 年）、动力煤（2013 年）、石油沥青（2013 年）、原油（2018 年）、液化石油气（2020 年）、低硫燃料油（2020 年）共计 8 种能源期货品种。当前中国的能源期货市场在价值发现和套期保值方面都发挥了重要作用，其中上海期货交易所的原油期货交易量已经排在世界前列。但是目前中国的能源期货市场也存在一些问题，主要是品种相对不足、国际化程度不够，还需要持续改进才能缩小与国际能源期货市场的差距。

第二节 中国主要能源交易所及交易品种

一 大连商品交易所

1993 年 2 月，国务院批准设立了大连商品交易所（DCE）。已上市的品种有玉米、鸡蛋等农产品，线性低密度聚乙烯、聚氯乙烯、聚丙烯等化工产品，焦炭、焦煤、液化石油气等能源产品，共计 20 多个期货品种。上市的期权包括液化石油气期权、豆粕期权等。

根据上海期货交易所公布的世界主要衍生品交易所数据，大连商品交易所 2020 年上半年的交易量在全球衍生品交易量中排第 10 名，如果仅统计除了金融期货及期权之外的商品期货及期权交易量排名，则大连商品交易所 2020 年的交易量在全球排名第一。大连商品交易所是全球最大的煤炭、油脂、塑料、铁矿石和农产品期货市场。

二 郑州商品交易所

1990 年 10 月，经国务院批准成立的第一家期货市场试点机构就是郑州商品交易所（ZCE）。郑州商品交易所先进行了两年的现货交易试点，随后在 1993 年正式上市期货交易品种。目前推出的期货品种主要有苹果、菜粕、菜籽、菜油、白糖、早籼稻等农产品，甲醇、PTA（对苯二甲酸）等化工产品，动力煤等能源产品。上市的期权是动力煤期权。

郑州商品交易所实行会员制，以及保证金、大户报告、涨跌停板、每日无负债结算、实物交割等制度。郑州商品交易所不仅拥有完整的风险防范和预警系统，还拥有国内先进的交易系统。郑州商品交易所重视与国际知名交易所的合作关系，与芝加哥商业交易所集团、纽约商业交易所等一线交易所开展合作，也与印度、巴西等发展中国家的交易所建立了合作关系。

三 上海期货交易所

上海期货交易所（SHFE）成立于 1995 年 12 月，晚于大连商品交易所、郑州商品交易所，交易品种主要包括金属和能源期货，能源期货主要有燃料油、石油沥青。

上海期货交易所拥有先进的交易信息系统，借助高传输容量技术保证交易的实时性、可靠性，为客户提供交易、结算、交割等完整的数据信息服务。上海期货交易所是国内期货市场规范发展阶段第一个推出能源期货产品的交易所，其推出的燃料油期货备受市场推崇，交易量不断上升。

上海期货交易所拥有一套完备的制度安排，采取会员制、保证金制度、实物交割制度，保证交易的高效、可靠、便捷。上海期货交易所重视对衍生品市场的研究工作，设有专门的研究机构，并持续发布期货及期权市场动态、衍生品交易数据、国内交易所发展建议等研究成果。

四　上海国际能源交易中心

上海国际能源交易中心股份有限公司 2013 年由上海期货交易所投资设立，定位于能源类国际化交易平台。2018 年 3 月，上海国际能源交易中心推出了第一个产品，即原油期货，产品一经推出就受到市场关注，是中国第一个上市的原油期货，对于中国意义重大。2020 年又推出了低硫燃料油期货，和原油期货一样，也是国际品种，可以接受境外投资者的交易。

根据上海期货交易所的研究统计，2020 年上半年，上海国际能源交易中心推出的原油期货交易量在全球能源期货交易量中占比较大。但是因为原油期货、低硫燃料油期货的推出时间较短，并且也没有相应的期权合约，因此国际影响力还有所不足。

第三节　中国能源资本化市场支撑体系建设的经验

首先，从中国能源资本化市场支撑体系的发展过程可以看出，中国的能源资本化具有"摸着石头过河"的特征。虽然可以借鉴一些先行国家的经验，但是我们要充分认识到中国的实际国情、经济发展阶段，以及与其他国家的能源资源差异和制度环境区别。只有不断地将先进经验与实际国情相结合，在尝试中不断前进，才能找到一条适合中国的能源资本化市场支撑体系建设道路。

其次，中国能源资本化市场支撑体系建设具有一定的优势。中国是世界上最大的能源消费国，对世界能源交易格局具有举足轻重的影响，应当以此为条件全面进行能源资本化市场支撑体系建设。通过分析中国大连商品交易所、郑州商品交易所、上海期货交易所、上海国际能源交易中心的发展情况可以看到，中国的能源市场规模巨大，一些新上市的能源资本化品种很快就能实现交易规模的大幅提升。此外，中国经济发展取得巨大进步，制度环境不断优化，对外开放力度不断加大，为中国建设能源资本化市场支撑体系以及提升定价话语权提供了良好条件。

最后，应该认识到中国的能源资本化市场支撑体系还存在不少短板。无论是从能源资本化产品的丰富程度、交易平台的国际化程度，还是从市场运行机制的角度来看，中国的能源资本化市场支撑体系与发达国家还存在一定的差距，这集中体现在中国在国际能源交易市场的定价话语权比较弱。我们应该充分利用中国特有的优势条件，在符合实际国情的基础上，借鉴发达国家的发展经验，尽快完善中国的能源资本化市场支撑体系。

第四节　中国与发达国家能源资本化市场支撑体系差异比较

一　能源资本化产品体系差异比较

通过发达国家能源资本化产品与中国能源资本化产品的分析，可以做出以下对比。

第一，中国常规能源期货交易品种较少。相比于发达国家的能源期货市场，目前中国尚未推出电力期货、汽油期货等各种常规能源期货产品。资产配置对于投资者来说是非常有效的一种投资风险防范策略，具体到期货市场来说，单一的品种设置无法降低整体的投资风险。因此，只有不断增加能源期货品种，才能吸引到更多的投资者，提高国际化程度，从而逐渐对能源期货品种的市场定价产生影响。

从表 14 - 1 可以看出，中国常规能源期货交易品种较少，其中原油、液化石油气、低硫燃料油 3 种是近几年才推出的新品种。

表14-1　中国、发达国家能源期货品种对比

能源期货交易市场	能源品种及上市年份
中国的交易所	燃料油（2004）、焦炭（2011）、焦煤（2013）、动力煤（2013）、石油沥青（2013）、原油（2018）、液化石油气（2020）、低硫燃料油（2020）
发达国家的交易所（以纽约商业交易所为例）	取暖油（1978）、汽油（1981）、原油（1982）、天然气（1990）、电力（1996）、动力煤（2001）、铀（2007）、碳排放权（2008）、各种能源掉期互换合约（2008年以后）

资料来源：根据各交易所网站整理。

从图14-1可以看出，全球能源类衍生品交易量整体呈攀升态势，在这种背景下，应该增加能源期货的交易品种，以满足市场需求。

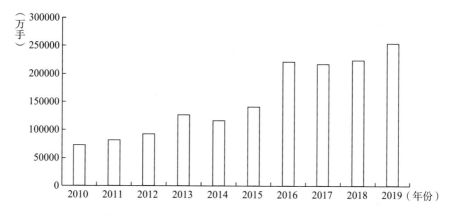

图14-1　2010~2019年全球能源衍生品交易量

资料来源：上海期货交易所网站。

第二，中国能源资本化产品缺少期货期权。发达国家的知名能源交易市场的期货均配有期权，而中国目前仅有动力煤期权、液化石油气期权。比如，芝加哥商业交易所集团凭借其世界最大规范化衍生品市场的安全性与保障性，提供一系列有关标准原油、汽油产品、天然气、煤矿以及电力期货的产品期权。期货期权为交易员提供表达其市场意见的额外工具，以及管理价格风险的灵活性，可作为一种保险方式。期权合约持有者有权但无义务以特定价格在特定时间买入或卖出相关期货，以保持对参与者有益的价格。若市场动向对期权头寸不利，持有人可让其失值无效，仅需支付权利金。期权可以单独使用，或者配合期货合约一同使用。

第三，中国缺少符合国家战略发展目标的碳排放权产品。气候变暖是

人类面临的全球性问题，化石能源消耗造成各国二氧化碳排放量猛增，对生态系统造成破坏。世界各国以全球协约的方式减排温室气体，中国于2020年提出"碳达峰""碳中和"目标。发达国家已经推出碳排放权期货，如纽约商业交易所于2008年推出该产品。作为一个崛起中的大国，中国在国际社会承担着越来越重要的责任，当然应该尽快推出碳排放权期货产品，通过能源资本化为环境改善做出贡献，助推高质量发展和"碳达峰""碳中和"国家战略目标的早日达成。

二 能源资本化平台体系差异比较

第一，中国能源资本化交易平台的国际化程度不够。相比于纽约商业交易所、洲际交易所等交易平台，中国交易所的国际化程度至少在三个方面有所欠缺。首先是品种和会员的国际化程度不够，中国的能源期货品种大部分无法接受境外投资者参与。其次是交割库的国际化程度不够，世界知名交易所在全球很多地方设有交割库或者分支机构。最后是制度规则的国际化程度不够。很多国际交易所实行24小时交易，而中国目前并非如此，这不利于国际化投资人参与到中国的能源资本市场。

第二，中国能源期货品种不多。图14-2显示了除金融期货及期权之外能源、农产品、贵金属等商品期货和期权交易量排名，中国上海期货交易所、大连商品交易所、郑州商品交易所的整体交易规模位居世界前列，但是这些交易量主要是国内交易品种、非能源类交易品种带来的。截至2020年11月底，中国期货和期权品种共有90个，其中允许境外投资者参与的国际化品种仅6个。上海期货交易所之所以交易量全球排名第一，就是因为其子公司上海国际能源交易中心近年来推出的原油期货（2018年）、低硫燃料油期货（2020年）属于国际品种，但由于推出时间较短，还缺乏国际影响力。增加能源交易品种一方面可以让客户更好地通过品种多样性进行风险管理，另一方面也可以增加交易平台的收益。

第三，中国能源资本化交易平台的技术投入不足。现代化的交易平台都需要有一套先进的电子交易系统，并随着复杂产品及交易模式的迭代而不断升级。只有拥有一套技术领先的信息系统，才能够不断降低客户的交易成本、提高客户的交易结算效率、增强抵御风险能力。国际知名交易所

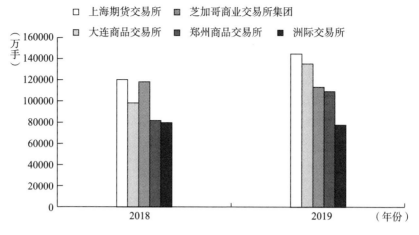

图 14 - 2　2018～2019 年商品期货与期权交易量排名

资料来源：上海期货交易所网站。

都在不断加大对技术的投入，芝加哥商业交易所集团的 Globex 交易平台具有覆盖面广、交易速度快、稳定性高等特点，洲际交易所也为了拥有领先的技术交易系统而不断增加投入，以争取更多的交易量。

三　能源资本化市场运行机制体系差异比较

第一，中国在全球能源贸易格局中的定价话语权仍相对较弱。这与中国自身能源资本化程度较低以及缺乏国际层面的能源贸易金融体系合作建设机制有着密不可分的联系。不同交易所能源产品的交易量对定价机制有重要影响，排名居前的能源类合约见表 14 - 2。在国际能源期货市场，石油期货是最大的交易品种之一，并形成了以 WTI 原油价格、布伦特原油价格为基准的定价体系。天然气的定价基准主要由 Henry Hub、英国 National Balancing Point（NBP）及荷兰天然气交易中心的期货合约价格确定，而煤炭定价基准由 IHS McCloskey 与阿格斯的 API 指数确定。

表 14 - 2　2018～2019 年交易量排名居前的能源类合约

单位：手，%

2019 年排名	2018 年排名	合约	交易所	2019 年	2018 年	同比增长
1	1	布伦特原油	莫斯科交易所	616575153	441379480	39.69

2019 年排名	2018 年排名	合约	交易所	2019 年	2018 年	同比增长
2	2	WTI 轻质低硫原油（CL）	芝加哥商业交易所集团	291465320	306613007	− 4.94
3	3	布伦特原油	洲际交易所	221331490	235001152	− 5.82
4	16	燃料油	上海期货交易所	176719415	39268835	350.02
5	4	北美天然气	洲际交易所	137178580	156488955	− 12.34
6	7	Mini 原油	印度多种商品交易所	135579941	69941785	93.85
7	5	Henry Hub 天然气	芝加哥商业交易所集团	103394504	114256078	− 9.51
8	8	沥青	上海期货交易所	102908784	69802079	47.43
9	6	柴油	洲际交易所	80009445	82672960	− 3.22
10	17	原油	印度大宗商品交易所	60194186	36629307	64.33

资料来源：上海期货交易所网站。

第二，中国目前能源期货市场的法律法规还有待完善。欧美发达国家的期货交易市场制度相对全面，并且经过了上百年的实践检验，可以为后发国家建立期货市场提供借鉴。新兴经济体如新加坡、中国香港的期货市场发展历程，已经表明发达国家制度的可借鉴性。目前，中国还没有出台期货法，期货市场最高层级的立法是《期货交易管理条例》（简称《条例》），《条例》是在《期货交易管理暂行条例》的基础上根据新形势修订而成的。在中国期货市场特定的发展阶段，《条例》对完成期货市场治理整顿、促进期货市场规范发展发挥了重要作用。但是，事变则法移，《条例》作为国务院制定的行政法规主要是从行政规范角度对市场进行规制，对期货市场的很多问题都无法做出准确规定。

第三，中国能源贸易的市场机制不够成熟，不能充分反映市场能源供需结构，导致价格调整与实际情况出现错位。期货的重要功能是价值发现和套期保值，大量的主体，包括商品生产者、销售者、使用者参与期货市场，同时还有一部分参与者是投机者，这些市场参与主体不断进行期货交易，大大提高了流动性，推动了价值发现过程。整个期货市场反映了能源供求双方的关系变化，使价格得到及时准确的调整。但是目前中国期货市场的参与者素质不一，做市商制度有待改进，价格形成机制不完善，能源价格传导机制滞后或错位。

第五节　中国能源资本化市场支撑体系建设方向

一　能源资本化产品体系建设方向

第一，逐步增加能源类期货品种。可以考虑推出碳排放权、电力、汽油、太阳能等能源期货品种，为参与者提供丰富的风险管理工具。2020年液化石油气、低硫燃料油等品种上市后，以油、煤、气为代表的国内能源期货市场体系建设取得重大进展，但是与国际市场相比，依然需要丰富能源期货品种。2018年上海国际能源交易中心推出原油期货，并作为国际化品种引入合格境外投资者，对于发展更高水平的开放型经济意义重大。

第二，加快推出各类能源期货期权。能源期货期权的推出对于完善中国能源资本化产品体系具有重要作用，一方面可以调整原有的衍生品结构，另一方面可以平抑能源期货交易的风险，促进期货交易。国内商品交易所从很早起就开始研究期权，但是期货期权主要集中在非能源期货期权，直到2020年6月30日郑州商品交易所才推出动力煤期权。以原油为例，当前企业套期保值对冲仅可利用原油期货，与海外丰富的场内外市场工具相比，投资工具较为单一，应加快推进原油期权等衍生品工具，为企业提供更多风险对冲工具的选择。

第三，推出碳排放权等符合国家战略发展目标的产品。碳排放权交易市场有利于能源消耗企业控制碳排放，在一定时间内，如果企业排放量超过政府控制的排放上限，它们必须通过碳排放权交易市场购买排放权，而低于政府控制的排放上限的排放权可以转移到市场上，以获得低碳生产活动的额外补偿。2020年9月，中国在联合国大会上向世界宣布了2030年前实现"碳达峰"、2060年前实现"碳中和"的目标。实现"碳达峰""碳中和"是中国贯彻新发展理念，推动高质量发展的必然要求。中国对全世界宣布碳达峰、碳中和目标，除了响应《巴黎协定》、积极应对气候变化、彰显大国责任和担当外，在加速中国经济和能源转型方面还具有深远的战略意义。因此，应当尽快推出碳排放权期货产品，助推中国战略发展目标的顺利实现。

第四，围绕清洁能源推出绿色金融产品。清洁能源主要包括太阳能、风能、地热能、核能等非化石能源，这些清洁能源对于保护生态环境、改善国家能源结构、应对气候变化都具有巨大价值。2020 年 12 月 21 日国务院发布《新时代的中国能源发展》白皮书，指出中国要走高质量发展的新道路，提升非化石能源在能源结构中的比重，推动建设清洁美丽世界。中国提出的"碳达峰""碳中和"目标也必然要求中国走一条发展清洁能源的道路。中国的能源资本化一方面要注重对化石能源的研究，因为它们构成了现实中的绝大部分能源交易和使用场景；另一方面也不能忽视对非化石能源的资本化研究，因为未来中国"碳达峰""碳中和"目标的达成以及整个能源结构的优化都依赖于非化石能源的发展。绿色金融正是助推清洁能源资本化的重要工具，绿色金融是指为清洁能源、生态环保、绿色节能等领域项目提供的金融服务。在绿色金融领域，虽然发达国家先行一步，但是中国的绿色债券市场及绿色信贷市场发展迅猛。未来，围绕清洁能源，中国可以不断推出绿色债券、绿色信贷、绿色保险、绿色股票、绿色 ETF 等相关金融产品。

二 能源资本化平台体系建设方向

第一，提升中国交易平台的国际化水平。中国能源资本化交易平台单从交易品种国际化和参与投资者国际化两个方面来看就远没有达到国际知名交易平台的发展程度。要推动多元化格局形成和多边合作体系建设，在"一带一路"沿线地区逐步建立一个立足区域、辐射全球、多元开放、举足轻重的能源定价中心，这样中国才能提升本国在能源贸易中的话语权。

第二，提升中国能源资本化交易平台的金融科技应用水平。金融科技与期货交易所的融合发展，离不开期货行业内外的交流与合作。大数据、区块链、云计算、人工智能都是前沿科技，专业性强，而期货行业作为金融行业，也具有很强的专业性。金融科技的开发、应用需要多领域的知识储备与运用，需要 IT 人员与期货专业人员加强沟通与交流，通力合作，打造符合现实业务需求的产品体系与服务模式，将金融科技成果转化为生产力。

第三，围绕国家战略发展目标建设交易平台。当前中国期货交易所上市的期货品种包括农产品、贵金属、能源、非贵金属、化工产品等，也有一部分期权。交易平台的发展应该与时俱进，对国家经济增长和综合实力提升起到应有的推动作用。目前中国提出了一些新的国家战略目标，对中国经济转型发展提出了新的思路，包括高质量发展、高水平开放、创新驱动发展、"碳达峰"和"碳中和"等，这些国家战略发展目标对建设能源交易平台提出了新的要求。应当围绕国家战略目标建设交易平台，如碳排放权交易平台、清洁能源交易平台。

三　能源资本化市场运行机制体系建设方向

第一，关注能源定价的研究。能源资本化市场体系涉及降低供求双方交易费用的制度安排。价格正是供求双方动态博弈的体现，能源定价关系到供求双方的交易是否能够高效达成，也关系到国家经济安全。目前世界能源定价基准基本掌握在欧美发达国家手中，并且主要依靠期货交易定价。应当充分认识到能源资本化研究的核心之一是能源定价机制，完善能源资产价值评估机制，加快推进人民币在国际能源交易结算中的应用。

第二，完善市场监管体制并建立风险防范和预警机制。中国的能源资本化需要在适度的监管体制下进行，否则将引发金融风险，破坏经济发展持续性、稳定性。建立能源资本化市场还应该建立风险防范和预警机制，利用各种定量技术手段，预判各种风险，提前采取应对措施避免或者降低损失。

第三，适度推进做市商制度发展。做市商制度是目前国际证券市场上一种被广泛接受的交易制度，但是中国目前在能源期货领域仅有上海期货交易所的原油、燃料油、低硫燃料油少数几个期货品种引入了做市商制度，需要根据期货品种及其市场表现，适度推进做市商制度发展。

第四，完善股权、债权投资等方式，促进能源资本化。在股权交易机制方面，首先应该关注探矿权、采矿权的股权交易，其次应该利用绿色金融股权市场来助推中国清洁能源的发展，最后还应当利用好国家的产业政策基金。在债权交易机制方面，应当利用国际贷款助推能源开发利用，同时还应该加强中国银行体系对能源资本化的支持作用。

第五，完善法律制度和监管体制。法律制度是制度性保障措施，当前中国应该将能源基本法和单行法的整套体系加以完善，对各交易主体、交易环节、交易品种需要有更加细致的法律规范。同时，完善包括政府、交易所、协会的三级监管体制。

　　本章分别从能源资本化产品体系、平台体系、市场运行机制体系三个方面分析了中国与发达国家在能源资本化市场支撑体系方面的差异，并根据这三个方面的差异，提出了建设方向。下面各章将依据这些方向，探索产品体系、平台体系、市场运行机制体系建设的具体路径和方案。

第十五章 能源资本化产品体系建设方案

第一节 能源资本化产品设计路径

一 能源的三种属性

能源的三种属性是指资源属性、资产属性、资本属性。第一个是资源属性，突出能源的自然资源属性，属于能源存在的一种物理状态。第二个是资产属性，突出能源的经济权属属性，属于能源存在的一种物权状态。第三个是资本属性，突出能源的价值增值属性，体现能源在动态交易中产生的价值创造能力。这三者共同构成了能源存在的三种状态，属于逐层递进的关系。首先，能源必须作为一种物理形态存在；其次，物理存在的能源需要在产权清晰的情况下才能被货币化地表现为资产；最后，资产具有价值增值的资本潜力。

马克思对于资本有比较深刻的论述，认为资本是能创造剩余价值的价值，具有以下本质特征：首先，资本具有社会性，资本是一种社会生产关系的体现；其次，资本具有增值性，这是资本存在的目的，即不断突破其量的界限的欲望；最后，资本具有运动性，资本只有在运动中才能实现增值的目的。资产具有经济属性，可以创造价值，具有资本的价值潜能。人们可以将这种资产的价值潜能挖掘并固定下来，利用其创造价值。从资产到资本，必须有一个转化的过程。例如，资产可以作为抵押物，从其他人那里获得某种利益。能源资本作为一种价值创造的载体，它本身不是物质，而是一种能够持续创造价值的能力，这种能力只有在不断运动中才能体现，从一种形式转变为另一种形式，从一个区域转移到另一个区域，从一个阶段过渡到另一个阶段，在这种不断交易的过程中，把"死"的潜能转化为"活"的价值。资本可以把某种资产的价值潜能固定下来，使之持续创造更多、更大的价值。

二　能源资本化产品设计路径

能源资本化产品设计通过三个阶段来达到可以进行资本增值的状态。首先，发现各种资源形态的能源价值；其次，通过价值评估，把能源价值予以货币体现；最后，通过商品的市场交换，将评估定价后的能源价值传递出去，实现增值效应。正是这种能源资产在一定制度规则安排下的交易过程，将能源资本增值的本质属性体现了出来。因此，能源资本化产品设计路径包括能源资源、能源资产、能源资本三个阶段。

能源的资本化产品设计过程体现在"资源—资产—资本"的演变路径中，即先将资源转化为资产，再将资产转化为资本（见图 15 - 1）。

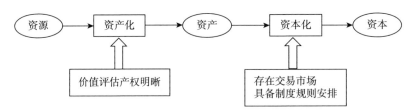

图 15 - 1　资源、资产、资本的转化路径

秘鲁经济学家赫尔南多・德・索托在《资本的秘密》一书中围绕发展中国家为何不能取得像发达国家那样的经济增长进行了深入分析，认为后发国家不能致富的关键是缺少一种资本化表述体系，从而无法将资产转化为流动性、增值性的资本。穷人的资产是足够丰富的，但是因为缺少产权制度，以及政府制定各种增加交易费用的政策，穷人的资产无法进行合法、高效的交易，无法将手中大量资产转化为具有价值增值特征的资本，从而无法实现财富增长，一直处于贫穷落后之中。能源资本化产品设计就是指将大量丰富的能源资产设计成标准化、证券化的资本化产品，从而在各种交易平台实现大规模交易，完成能源的资本化过程。

中国能源资本化产品设计从资产到资本的过程中，尤其要注意与中国的能源资源产权制度相匹配。能源资本化产品交易依据的是产权结构，进一步来讲是由所有权派生出来的其他权益结构。产权形成资产的边界和交易的权利，任何交易本质上都是权利的交易。在产权基础之上，才能形成产品交易。能源资本化中能源沿着"资源—资产—资本"的路径演化，不同的能源资源产权制度安排，需要与之相适应的能源资本化市场支撑体系。中国的土地、矿产资源均属于国家所有，可以交易的只有矿产资源的使用权（探矿权、采矿权），这一点与美国等产权制度以私有制为主的国家不同。能源资本化产品体系是内生于不同的产权制度安排的，中国的能源资本化产品体系建立在公有制基础之上。

能源作为一种自然物理存在物，在已经具备相应产权安排的条件下，经过一定的价值评估过程，可以进行货币化表示之后，就具备了相应的经济属性。此后，实现能源资本化的关键环节就是设计出符合交易市场主体需求的标准化、证券化产品，实现从资产到资本的飞跃，从而以能源资本推动能源开发利用及交易。

第二节　中国能源资产及其资本化产品现状

一　中国能源资产现状

能源资产是能源资本化的前提条件，而能源资产主要是指产权清晰、可进行货币化估值的能源。当前中国的能源资产主要包括产权明晰的煤炭、石油、天然气等能源的矿产或实物，或者由其衍生出来的股权（票）、债权（券）。能源资产在一系列制度规则安排的情况下，就可以作为产品进行交易，进而实现能源资本化过程。

石油、煤炭、天然气都属于不可再生资源，作为提供初始动力的一次能源，不均衡地分布在全球各地。全球石油 48.1% 的探明储量位于中东地区，煤炭 42.7% 的探明储量位于亚太地区，天然气 38.03% 的探明储量位于中东地区，32.29% 的探明储量位于独联体地区（李洪言等，2020）。中国无论是石油、天然气，还是煤炭，储采比全部低于世界平均水平，属于能源储量相对贫瘠的国家。在这种全球能源储量对比之后，再分析中国内部自身的能源结构。目前中国储量最丰富的是煤炭，天然气、石油则相对匮乏，如果将其他种类能源也折算成煤炭来比较的话，煤炭占77.8%（王迪，2013）。从绝对量来看，截至2018年，中国的煤炭储量1.7万亿吨、天然气储量5.79亿立方米、石油储量35.73亿吨，占全世界储量的比重分别约为12.6%、1.3%、1.3%。2017年和2018年中国主要能源资源储量如表15-1。

表15-1 2017～2018年中国主要能源资源储量

矿产	单位	2017年	2018年
石油	亿吨	35.42	35.73
天然气	亿立方米	55220.96	57936.08
煤层气	亿立方米	3025.36	3046.30
页岩气	亿立方米	1982.88	2160.20
煤炭	亿吨	16666.73	17085.73

资料来源：中华人民共和国自然资源部编《中国矿产资源报告（2019）》。

目前中国已经成为全球第一大能源生产和消费国。如图15-2所示，2018年中国一次能源生产总量按照标准煤衡量为37.7亿吨，同比增长5.0%。2018年中国一次能源消费总量按照标准煤衡量为46.4亿吨。如果以生产总量除以消费总量来表示能源自给率，则2018年中国的能源自给率为81.3%。

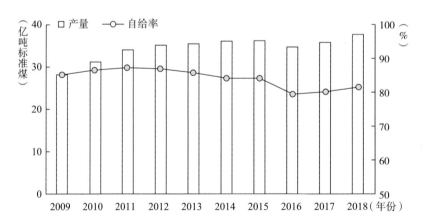

图15-2 2009～2018年中国一次能源生产总量和自给率

资料来源：国家统计局网站。

根据《中国矿产资源报告（2019）》，从能源生产结构来看，中国煤炭产量持续居全球第 1 位，2018 年生产 36.8 亿吨，同比增长 4.5%。石油产量居全球第 7 位，2018 年生产 1.89 亿吨，同比下降 1.3%。天然气产量居全球第 6 位，2018 年生产 1602.7 亿立方米，同比增长 8.3%。

从图 15-3 所示的能源消费结构来看，2018 年煤炭消费占 59.0%，石油消费占 18.9%，天然气消费占 7.8%，其他能源（水能、风能、核能）消费占 14.3%。富煤、贫油、少气的储量结构决定了中国能源消费结构中煤炭约占六成，这种以煤炭为主的消费结构与欧美以石油为主的消费结构差别明显。在短期内中国以煤炭为主的消费结构无法改变，只有不断开发清洁能源、提高能源利用效率才能解决中国的能源结构问题并保证国家能源安全。

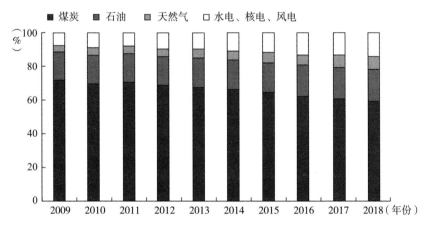

图 15-3　2009～2018 年中国一次能源消费结构变化

资料来源：国家统计局网站。

二　中国能源资本化产品现状

作为世界第一能源生产与消费大国，中国的能源资本化产品却相对欠发达。当前，发展比较成熟的资本化产品交易有能源资源产权流转、股权（票）交易、债权（券）交易，而中国在能源期货、能源期权等金融衍生品交易方面比起发达国家相对落后。

从表 15-2 中可以看出，中国能源类期货有上海期货交易所的燃料油、石油沥青，郑州商品交易所的动力煤，大连商品交易所的焦炭、焦煤、液化石油气，上海国际能源交易中心的原油、低硫燃料油，一共只有 8 种能源期货产品。能源期货期权仅有郑州商品交易所的动力煤期权、大连商品交易所的液化石油气期权2种，非常少，与世界第一梯队交易所的能源期货产品基本都配有期权相去甚远。

表 15 - 2　中国期货及期权品种汇总（截至 2021 年 3 月 15 日）

交易所	分类	品种
上海期货交易所	有色金属	铜、铝、锌、铅、镍、锡、不锈钢
	化工品	天然橡胶、纸浆
	贵金属	黄金、白银
	黑色金属	螺纹钢、线材、热轧卷板
	能源	燃料油、石油沥青
	期权	铜期权、铝期权、锌期权、黄金期权、天胶期权
郑州商品交易所	农产品	强麦、普麦、棉花、白糖、菜籽油、早籼稻、油菜籽、菜籽粕、粳稻、晚籼稻、棉纱、苹果、红枣、花生
	化工品	PTA、甲醇、玻璃、硅铁、锰硅、纯碱、尿素、短纤
	能源	动力煤
	期权	动力煤期权
大连商品交易所	农产品	玉米、玉米淀粉、黄大豆1号、黄大豆2号、豆粕、豆油、棕榈油、纤维板、胶合板、鸡蛋、粳米、生猪
	化工品	聚乙烯（塑料）、聚氯乙烯（PVC）、聚丙烯（PP）、铁矿石、乙二醇、苯乙烯
	能源	焦炭、焦煤、液化石油气
	期权	豆粕期权、玉米期权、铁矿石期权、液化石油气期权、聚乙烯期权、聚氯乙烯期权、聚丙烯期权
上海国际能源交易中心	能源	原油、低硫燃料油
	有色金属	铜
	化工品	20号胶
中国金融期货交易所	股指期货	沪深300股指期货、中证500股指期货、上证50股指期货
	股指期权	沪深300股指期权
	国债期货	2年期国债期货、5年期国债期货、10年期国债期货

资料来源：根据各交易所网站整理。

表 15 - 3 显示，上海期货交易所（通过其下属上海国际能源交易中心）于 2018 年推出的原油期货产品交易量在 2020 年上半年达到 280694398 手，居全球第二位。上海期货交易所的石油沥青期货交易量在 2020 年上半年达

到 105070167 手，居全球第五位。说明市场对原油、石油沥青期货的需求巨大，尤其是原油期货作为国际品种，交易活跃度非常高，仅次于布伦特原油期货。能源期货市场需求巨大，需要进一步将能源类资产进行资本化。

表 15 - 3　2020 年上半年全球交易量排名居前的能源类合约

单位：手，%

2020 年上半年排名	2019 年上半年排名	合约	交易所	2020 年上半年	2019 年上半年	同比增长
1	1	布伦特原油	莫斯科交易所	490537128	274515884	78.69
2	5	原油	上海期货交易所	280694398	63424577	342.56
3	2	WTI 轻质低硫原油（CL）	芝加哥商业交易所集团	174968437	152076255	15.05
4	3	布伦特原油	洲际交易所	137808480	112258016	22.76
5	7	石油沥青	上海期货交易所	105070167	53248597	97.32
6	4	北美天然气	洲际交易所	81936199	63561425	28.91
7	8	Henry Hub 天然气	芝加哥商业交易所集团	66108965	44911795	47.20
8	9	柴油	洲际交易所	48125479	39294576	22.47
9	11	原油	印度大宗商品交易所	37832798	27280082	38.68
10	12	WTI 轻质低硫原油	洲际交易所	30830432	27097168	13.78

资料来源：上海期货交易所网站。

　　能源资源产权流转、股权（票）交易、债权（券）交易的资本化方式相对比较成熟，而能源资产证券化、能源金融衍生品（期货、期权）交易的发展在中国则起步较晚，反映出中国的能源资本化程度不高。因此，能源资本化产品设计应主要关注能源资产证券化产品、能源金融衍生品（期货、期权）的优化设计。

第三节　能源期货产品的优化设计

一　能源期货设计方案

　　能源期货作为商品期货中的一个重要品类，发挥能源资产价值发现和风险管理的重要作用。能源期货的市场参与者有许多是避险需求者,包括燃油经销商、炼油者等,期货价格成为许多现货交易者的参考价格。当前中国的能源期货产品主要包括燃料油、石油沥青、动力煤、焦炭、焦煤、液化石油气、原油、低硫燃料油,能源期货品种比较匮乏且没有清洁能源期货品种,需要适时增加碳排放权、电力、天然气、汽油、风能、太阳能等新品种。

能源期货在市场上取得成功至少需要具备以下三个因素:第一,存在大量同质化的能源商品,这样才能实现标准化的规模交易;第二,能源价格存在大幅波动,这样才会引发投机者的参与;第三,存在大量套期保值需求,这样才能实现期货风险管理的价值。以上三个方面是必要而非充分条件,如20世纪末世界知名交易所均推出电力期货,但在那一段时间都没有得到市场认可。因此,上述三个因素是能源期货产品设计需要考虑的方面,但除此之外还应该根据实际的市场需求综合考虑。

能源期货产品设计的具体方案如下。

第一,筛选合适的能源类新产品。新产品是交易所未来可持续发展的基础和保障。能否从纷繁复杂的现货商品中,根据商品期货标的物特性,筛选出符合交易所发展战略要求、成交比较活跃以及发展前景良好的新产品,实际上关系到交易所是否能够实现快速、可持续发展。具体的筛选要考察以下维度:价格的市场化程度(政府价格管制程度、买卖双方对价格的垄断程度)、价格波动性(商品价格较大的波动性是开展期货交易的必要条件)、市场规模性(期货标的商品必须具备较大的市场规模才能有较多参与者)、易交割性(品质标准化程度高、评价指标客观性强、耐储存、易运输)、品种特性(较少存在已上市的替代品种、应当是关系到国计民生的重要品种、具有良好前景、在产业链中应处于前端或上游位置)、投资者熟悉程度、国内外期货交易的实践情况。

第二,收集及分析资料。围绕新产品筛选的目标及原则,新产品研究人员多方收集整理该品种及相关品种的资料,具体形式包括利用互联网搜索、购买现货市场及相关行业研究报告、订阅相关信息及网站、参加行业会议、加入行业协会、电话咨询、专家咨询等。如果有多个品种同时进入筛选,这时就需要对比分析。在完成相关资料的收集后,对该品种及相关品种进行对比分析，为初步筛选并确定品种做好准备工作。并非所有的相关品种都要进行比较，只有那些基本情况类似的品种才有比较的必要。对于那些有一两条理由就足以否定的品种，则果断放弃。

第三，初步调研现货市场。适时前往拟研究品种的生产、消费、仓储等环节涉及的单位考察调研，增加对现货市场的认识，重点了解交割可行性、品种是否存在开展期货交易的制约因素。在此基础上，适时前往政府部门、行业协会，征求其对研究品种的意见，重点了解该品种上市有无政策障碍，以及政府、协会对品种上市的态度。相关调研完成后，撰写重点突出的调研报告。在此阶段，如果交易所交割部门、市场部门等相关部门能够联合调研，并就研究品种提出其建议，集思广益，则可减少品种筛选过程中的信息不对称。

第四，论证并适时推出期货品种。综合上述研究及调研成果，撰写研究品种上市的可行性报告，报告内容的重点是研究品种的基本情况及上市该品种的必要性、可行性等。将研究品种的相关资料发送交易所，交易所对该品种的可行性进行内部论证。如果交易所及相关部门否定研究品种，则该品种的筛选工作终止，研究部门启动另一轮新产品筛选工作；如果交易所同意研究该品种，则进入下一阶段即新产品推出阶段。将新产品筛选立项过程中的相关资料整理存档，以备后续品种研究参考。

二 能源期货定价

1. 持有成本定价

持有成本理论认为期货与现货之间的价格差异主要是由现货持有到期成本导致的。持有成本可以分解为三部分：融资利息、仓储费用和持有收益。

基本假设：

①借贷利率（无风险利率）相同且维持不变；

②无信用风险，即无远期合约的违约风险及期货合约的保证金结算风险；

③无税收和交易成本；

④基础资产可以无限分割；

⑤基础资产卖空无限制；

⑥期货和现货头寸均持有至期货合约到期日。

在上述假设条件下，期货价格形式为：

$$F = S + W - R$$

F 代表期货价格，S 代表现货价格，W 代表持有成本，R 代表持有收益。持有成本 W 包括购买资产的资金利息成本、资产的储存及保险费用。持有收益 R 指资产本身带给持有者的收益，如股票分红、商品便利收益。

2. 完全市场假设下的期货定价

商品有储存成本和便利收益。在连续复利情况下，使用 u 表示商品储存成本率、z 表示商品便利收益率。商品期货的定价公式如下：

$$F_t = S_t e^{[r+u-z(T-t)]}$$

3. 不完全市场假设下的期货定价

在现实中，无法满足完全市场的假设条件，此时持有成本模型由定价公式变为定价区间。

在存在交易成本的情况下，假定每笔交易的费率为 Y，则期货的价格区间为：

$$\left[S_t(1-Y)e^{[r+u-z(T-t)]}, S_t(1+Y)e^{[r+u-z(T-t)]} \right]$$

该区间又被称为无套利区间。当期货的实际价格高于区间上限时，可以买入现货同时卖出期货进行套利；当期货的实际价格低于区间下限时，可以买入期货同时卖出现货进行套利。

4. 无套利定价

在无套利市场上，假如两种金融产品的现金流在未来一致，则当前的价格应该相同，否则，投资者可以获得无风险收益。

假设 F_0 是一个产品的终值，S_0 是另一个产品的现值，两者符合无套利定价理论。

若 $F_0 > S_0 e^{rT}$，其中 F_0 是市场价格，$S_0 e^{rT}$ 是理论价格。此时，市场参与者愿意借入 S_0 现金购买一单位标的资产，同时持有一单位标的资产的期货空头。在到期日 T 交割期货头寸，即可获利（$F_0 - S_0 e^{rT}$）。这种收益激励市场中的套利者不断重复该操作，直至套利机会消失，此时 $F_0 = S_0 e^{rT}$。

三 案例：原油期货产品的中外比较

上海期货交易所（通过其下属上海国际能源交易中心）于 2018 年推出了原油期货产品，该产品交易量在 2020 年上半年达到全球第二位。上海国际能源交易中心推出的原油期货属于中质含硫原油期货，在交易品种、最后交易日、每日价格最大波动限制、最低交易保证金、合约月份、交易时间等方面与其他原油期货存在区别。我们将布伦特原油、WTI 原油、阿曼原油这三种国际知名原油期货与上海国际能源交易中心的原油期货进行对比，具体见表 15 - 4。

表 15 - 4　中外原油期货产品对比

对比项目	上海国际能源交易中心中质含硫原油	伦敦国际石油交易所布伦特原油	纽约商业交易所 WTI 原油	迪拜商品交易所阿曼原油
交易品种	中质含硫原油，基准品质为 API 度 32，含硫量 1.5%	BFOE（布伦特、Forties、Oseberg、Ekofick）	低硫轻质原油，API 度为 37～42，含硫量不高于 0.42%	阿曼原油
交易单位	1000 桶/手	1000 桶/手	1000 桶/手	1000 桶/手
报价单位	元/桶	美元/桶	美元/桶	美元/桶
最小变动价位	0.1 元/桶	0.01 美元/桶	0.01 美元/桶	0.01 美元/桶
交割类型	现货交割	现金结算	现货交割	现货交割
每日结算价	日成交加权平均价	伦敦时间 19：28 起 2 分钟的成交加权平均价	纽约时间 14：28～14：30 的成交加权平均价	新加坡时间 16：25～16：30 的成交加权平均价
最后交易日	合约交割月份前一个月的最后一个交易日	合约交易月份前第二个月的最后一个工作日	当前交割月交易应在交割月前一个月的第 25 个工作日前的第三个交易日停止	交易应在交割月前两个月的最后一个交易日停止
每日价格最大波动限制	不超过上一个交易日结算价正负 4%	无	涨跌幅限制为上一个交易日结算价正负 5%	无
最低交易保证金	合约价值的 5%	2700～3700 美元/手	近月合约初始保证金 2700 美元/手，最低保证金 2300 美元/手，远月合约逐额递减	初始保证金 4750 美元/手，最低保证金 3750 美元/手

续表

对比项目	上海国际能源交易中心中质含硫原油	伦敦国际石油交易所布伦特原油	纽约商业交易所WTI原油	迪拜商品交易所阿曼原油
合约月份	1~36个月	96个连续月份	挂牌未来9年的合约；交易当年及其后5年的连续月份合约；6年后的6月和12月合约	交易当年及其后5年月份挂牌。当年12月合约交易终止后，将新增一个日历年
交易时间	北京时间：9：00~11：30，13：30~15：00	纽约：20：00至次日18：00 伦敦：1：00至次日6：00	美东时间18：00~17：15 美中时间17：00~15：15	周日美中时间16：00，周一至周四16：45

资料来源：中信建投期货上海分公司网站。

从原油期货的产品设计来说，上海国际能源交易中心选择中质含硫原油作为品种，首先是为了与国外的轻质低硫原油有所区别，其次是因为中国进口最多的就是中质含硫原油。通过上海国际能源交易中心原油期货上市之后的交易量可以看出，其原油期货的设计是比较成功的。但同时也应该认识到，相比于国际主流原油期货产品，上海国际能源交易中心推出的中质含硫原油期货品种目前还没有对应的期货期权产品，在国际原油期货定价权方面也还处于比较弱势的地位，这些是上海国际能源交易中心原油期货品种的不足，也是未来的发展方向。

通过中外原油期货产品的对比案例可以看到：首先，期货产品的设计直接关乎定价话语权；其次，期货产品的设计要结合自身能源产品供需实际情况；最后，中国应借鉴发达国家的规律性经验，结合中国能源市场的规模优势，快速推出和迭代各种能源期货产品。

第四节 能源期货期权产品的优化设计

一 中国能源期货期权现状

期货期权（Options on Futures）包含商品期货期权和金融期货期权，是以期货合约买卖权为交易标的的权利。大家日常接触的期权多是现货期权，而期货期权正是为了满足期货合约避险需求而产生的一种交易权利。简单地说，商品期货为现货交易提供了风险管理工具，商品期货期权则为期货交易提供了风险管理工具。

国际金融市场不断发展，期货期权正是这种发展的重要体现。1982 年芝加哥期货交易所首先推出了针对美国国库券期货的期权合约，自此期货期权逐渐应用于各种商品期货与金融期货。当前期货期权已经从美国传播到日本、韩国、印度等很多国家。二元期权因为简单易懂、门槛较低和风险预先可控等特点迅速发展，传统金融机构目前大多提供柜台市场（OTC）的二元期权合约，而在线的二元期权则更受到投资者欢迎。目前全球最大的二元期权交易平台 Meetrader 提供包括期货期权、外汇期权、指数期权、股票期权等在内的多种期权合约。国际市场期货期权的大面积推广，为中国衍生品市场使用期货期权提供了良好的借鉴。

目前国际市场上的大部分期货交易品种引进了期权交易，但是中国能源期货期权仅有郑州商品交易所的动力煤期权、大连商品交易所的液化石油气期权两种，遑论清洁能源期货期权。因此，亟待增加期货期权品种，为能源期货商提供避险工具。

当前在中国推广能源期货期权的时机已经逐渐成熟，表现在以下四个方面：第一，经济金融领域关于期权理论的研究已经比较成熟，可以为能源期货期权的推出提供理论基础；第二，国际知名交易平台推出的期货合约均配有期权合约，可以为能源期货期权的推出提供实践指导；第三，中国期货市场经过几十年的发展已经具备足够的交易量，为能源期货期权的推出提供了物质保障；第四，中国的法律法规和监管体系为能源期货期权的推出提供了制度基础。

二 能源期货期权产品设计

第一，权利金（Premium）。权利金是以期货合约为标的资产的期货期权交易双方达成的合约成交价格，即期权费。对于买方来说，获得了一个在未来固定时点或者这个时点以内行权的权利，实现了规避风险的作用，最大损失就是期货期权价格。对于卖方来说，在成交当时就能获得权利金收益，但是负有在未来按照期货期权合约履行期货交易的义务，无论在这期间期货价格如何变动。在交易所内交易的期货期权产品都是标准化合约，唯一能够改变的就是权利金，而权利金本身是通过买卖双方公开竞价产生的价格。

第二，执行价格（Strike Price）。执行价格是指期货期权的买入方选择行权时按此价格卖出或买入期货合约的价格。执行价格与权利金是完全不同的概念。权利金是获取这种期货期权合约权利的费用，只有付出权利金才能获得这种权利。执行价格是指当买入期货期权合约后，按照执行价格去实现期货合约交易。当买入看涨期权时，若未来期货合约价格上涨且高于期权执行价格，则期权买入方有权利按照较低的执行价格买入期货合约；相应地，期权卖出方也需要按照执行价格卖出期货合约，虽然此时期货合约价格高于执行价格。当买入看跌期权时，若未来期货合约价格下跌且低于期权执行价格，则期权买入方有权利按照较高的执行价格卖出期货合约，相应地，期权卖出方也需要按照执行价格买入期货合约。

第三，合约到期日。合约到期日是指期货期权的买卖双方所签订合约的终止时间。欧式期权规定只有在合约到期日才能执行期权，美式期权则赋予期权买入方在期权到期日之前任何一天都可以行权的权利。通常情况下，合约到期日在期货合约交割日之前一个月。这种安排是为了保证在期权买入方决定行权的情况下，期权卖出方履行相应的期货合约卖出或买入义务之后，有时间进行反向对冲，以避免实物交割。

第四，监管方式。能源期货期权品种的设计也需要满足通行的金融衍生品监管规则。目前中国建立了政府、交易所、协会三级监管体制，这种监管体制与世界发达国家的金融衍生品监管体制是一致的，都源于美国的三级监管体制。中国证监会负责统一制定监管规则并作为最高级别监管机构，四大期货交易所在证监会监管规则的指导下行使监管职能，协会发挥补充作用。

三 能源期货期权定价

能源期货期权定价可以使用前述第三篇中基于时空离散的参数设置期权定价模型，此外，简要说明三种比较经典的期权定价模型，可供能源期货期权定价使用。

1. Black – Scholes 期权定价方法

标的资产及其衍生资产的价格受到相同不确定因素的影响，遵循相同的维纳过程（布朗运动）。如果建立一个合适的资产组合，同时包含衍生资产头寸和标的资产头寸，通过该资产组合可以消除维纳过程，则标的资产头寸与衍生资产头寸的盈亏可以相互抵消。该资产组合为无风险组合，在不存在无风险套利机会的情况下，该资产组合的收益就应该与无风险利率相等，由此可得到欧式看涨期权的定价公式：

$$c = SN(d_1) - Xe^{-r(T-t)}N(d_2) \qquad (15-1)$$

式中：

$$d_1 = \frac{\ln(S/X) + (r + \sigma^2/2)(T-t)}{\sigma\sqrt{T-t}}$$

$$d_2 = \frac{\ln(S/X) + (r - \sigma^2/2)(T-t)}{\sigma\sqrt{T-t}} = d_1 - \sigma\sqrt{T-t}$$

c ——标的资产欧式看涨期权的价格；

$N(x)$ ——标准正态分布变量的累计概率分布函数，即这个变量小于 x 的概率，根据标准正态分布函数特性，有 $N(-x) = 1 - N(x)$；

S ——资产价格；

σ ——证券的波动率；

r ——无风险利率。

Black-Scholes 定价的使用需要满足一定的假设条件，包括：标的资产的价格服从对数正态分布、可以使用全部收益卖空衍生资产、不存在无风险套利机会、不存在交易费用和税收、无风险利率在所有到期日相同且为常数。

2. 二叉树期权定价方法

将期权的有效期分为若干个微小的时间间隔，在每一个微小的时间间隔内假定标的资产价格从初始价格运动到两个新值，运动到比现价高的值的概率为 p，运动到比现价低的值的概率为 $(1-p)$。由于标的资产价格的变动率服从正态分布，运用风险中性定价原理，$(T-\Delta t)$ 时刻每个节点上期权的价格都可以通过 T 时刻期权价格的期望值以无风险利率 r 折现求出。

以此类推，可由期权的未来值回溯期权的初始值。因为二叉树法由期权的未来值回溯期权的初始值，所以既可以用于计算欧式期权价格，也可以用于计算美式期权价格。

3. 蒙特卡洛模拟期权定价方法

在标的资产价格的分布函数已知的情况下，可将期权的有效期限分为若干个微小的时间间隔，在分布的样本中进行随机抽样，以此对每个时间间隔价格的变动和价格的一条可能运行路径进行模拟，从而计算出期权的最终价值。该最终价值可以被看作全部可能终值集合中的一个随机样本。使用价格运动的另一条路径可以获得另一个随机样本，使用更多的样本路径可以得出更多的随机样本。重复数千次，得到 T 时刻期权终值的集合，对数千个随机样本进行简单的算术平均，就可求出 T 时刻期权的预期收益。根据无套利定价原则，用无风险利率对未来 T 时刻期权的预期收益进行折现就可以得到当前期权的价格。蒙特卡洛模拟法只能用于欧式期权定价。

第五节　能源资产证券化产品的优化设计

一　资产证券化要素

资产证券化是指资产以未来现金流为支撑，通过结构化设计和信用增级发行资产证券的过程。资产证券化主要用于提高资产流动性，获取融资以支持资源开发或者企业经营。资产证券化对于能源这种资金需求较大、开发周期较长、收益相对稳定的资产类型是非常适合的，有利于借助资本的力量对传统能源及清洁能源进行高效的开发利用。

资产证券化流程：第一，对能源资产进行现金流回收规划和测算，组建资产池；第二，构建 SPV 结构，实现资产风险隔离；第三，采用分级结构或者担保措施进行信用增级；第四，对能源资产证券化产品进行信用评级；第五，通过券商等证券承销机构发行能源资产证券化产品；第六，在交易所挂牌上市；第七，按照约定管理现金流收支并如期兑付投资人本息；第八，到期清算。

资产证券化涉及主体：作为资产原始持有人的发起人；作为能源资产

证券化整个运营核心并起到发起人与证券化产品风险隔离作用的特殊目的机构（SPV）；能源资产证券化的资金资产托管机构；提供信用增级的担保机构或流动性支持机构；提供风险承压能力测试的信评机构；负责承销能源资产证券化产品的券商等投资机构；投资能源资产证券化产品的投资人；现金流管理的服务机构。

二　能源资产证券化产品设计

第一，确定产品要素。能源资产证券化的产品要素主要包括发行规模、存续周期、层级结构、投资人、发行利息、清仓回购等方面。能源资产开发需要的资金规模一般较大，故证券化产品的发行规模相应不能太小。存续周期也要体现出能源开发周期长、投资回收期限较长的特点。层级结构主要是为了考虑信用增级，设置优先级投资人、次级投资人的双层结构，让投资人因为承担风险不同而获得差异化的收益。对投资人的选择应倾向于银行、保险公司、基金公司等机构投资人，一来这类机构比较专业，沟通成本低，二来其对自身的风险承受度也有理性的认识。发行利息要根据发行时投资人的竞价确定，但是可以在前期根据市场同类产品推算出一个相对合理的偿付利息区间，用于测算产品发行的成本。清仓回购关系到发起人的利益，对平衡发起人与投资人的收益起到关键作用。

第二，组建资产池。资产池是能源资产证券化的底层资产，是所有能源资产证券化工作的基础。资产池的组建涉及筛选标准确定、筛选入池、动态或静态池安排、确定资产池相应服务机构等工作。资产池的质量好坏完全由资产池的筛选标准确定，筛选标准包括能源资产的区域分布、状态分布、各种细分品类的占比分布、所处加工阶段分布等。制定了标准之后就要根据标准筛选合格资产入池，在组建阶段可以根据入池情况再反向调整入池标准，以便满足产品预定的要素。筛选入池完成之后，还需要明确资产池是属于动态资产池还是静态资产池。如果是动态资产池，在一部分资产因处于能源加工生产阶段等原因不在资产池时，应增补新的能源资产入池；如果是静态资产池，则没有这个增补的过程。组建资产池同时附带的一个工作是选定资产池服务机构，一般就是资产池之前的相关机构，因为其熟悉情况，没有转换成本。

第三，设立 SPV。能源资产证券化产品是根据发起人的融资需求而产生的，发起人为了降低自身风险，将持有能源资产的权利转移给 SPV，同时将能源资产运营后续的风险也一并转移。SPV 连接了发起人与投资人，一方面承接了发起人的资产并承担相应的风险，另一方面接受投资人的资金，向投资人兑付本金利息。此外，SPV 还与托管方、信用评级机构、承销机构、各种服务商都建立了协议关系。因此，SPV 除了具有风险隔离作用，也是整个能源资产证券化产品设计运营的核心机构。

第四，资产移交及风险隔离。能源资产证券化的发起人，也就是能源资产原始权益人的目的是获得投资人的资金进行能源资产的开发利用，并通过后续的开发利用回收现金流，支付能源资产证券化产品投资人的本金、利息以及整个证券化过程中涉及的相关费用。在这个过程中，SPV 获得了能源资产的收益权并承担了相应的风险，此时即使能源资产证券化产品的现金流不足以兑付投资人的本息，投资人也只能向 SPV 追偿，而无法让原始权益人即发起人承担还本付息的义务。因此，发起人完成了对 SPV 的资产移交及风险隔离。

第五，信用增级。信用增级在能源资产证券化设计的过程中起到了提高投资吸引力的作用。信用增级的手段一般有设置分级结构、提供担保、设置流动性支持机构等方式。设置分级结构是指将投资人分层为优先级和次级投资人，甚至中间还可以增加一层中间级投资人。在投资出现风险时，优先级投资人的风险或者损失首先由次级投资人承担，因而投资收益的不确定性小了很多，相应地，获得的利息也会较低。在出现投资风险或者损失时次级投资人最先进行承担，因而在能源资产证券化产品不出现投资失败的情况下会获得一部分超额收益。提供担保是指第三方或者发起人对投资收益进行部分或全部的担保。设置流动性支持机构是指第三方对现金流回收提供保证，在现金流回收不足以支付约定本息的时候承担支付本息的责任。这三种常用的信用增级措施降低了投资风险，让投资人更有积极性投资能源资产证券化产品。

第六，信用评级。信用评级是能源资产证券化的重要环节，能够综合体现证券化产品的风险等级。这也是投资人考察是否投资能源资产证券化产品至关重要的一个方面。信用评级一般包括三个方面的工作：其一，对能源资产证券化的底层资产池进行评估，包括资产池的筛选标准、资产池的分布状况、资产池在打包完成之后的实际表现；其二，对能源资产证券化主体进行评级，包括发起人、托管人、服务机构等，尤其是其自身的信用状况、参与能源资产证券化的经验等情况；其三，对整个能源资产证券化产品进行压力测试，预测现金流回收和现金流支出之间的对比情况，判断在多大程度上能够兑付投资人的本金利息。

第七，证券定价发售与管理。在经过了资产池构建、SPV设立、信用增级、信用评级几个阶段之后，能源资产证券化产品就可以通过券商等投资机构发售了。在面向投资人发售时，投资人相互之间会进行竞价，这个过程称为簿记竞价。在一定的竞价规则之下，一部分投资人取得能源资产证券化产品的投资额度，并按照约定的价格享受还本付息的权利。定价发售之后，获得的大部分投资本金将会转移给发起人，此时发起人完成了融资。发售之后的能源资产证券化产品可以在交易所挂牌，投资人可以选择在交易所按照相应的交易规则进行买卖交易。能源资产证券化产品进入后期管理阶段，投资人将在约定的时间持续收到本金和利息，获取投资收益。

三　案例：陕西煤业化工集团公司发行20亿元资产证券化产品

资产证券化作为一种金融产品设计方案，比较适用于能源企业融资。下面以陕西煤业化工集团公司（简称"陕煤集团"）成功发行20亿元资产证券化产品为案例，简要分析整个能源资本化过程中如何进行资产证券化产品设计。

2019年12月31日，陕煤集团作为资产证券化发起人、西安善美商业保理有限公司作为资产服务机构、开源证券作为主办券商、中诚信作为信用评级机构、西格玛作为财务会计顾问，在上海证券交易所成功发行了名为"开源－陕煤应收账款第一期资产支持专项计划"的资产证券化产品。该产品的底层资产是陕煤集团控股的西安重工装备制造集团有限公司对其供应链下游客户的应收账款债权。该产品发行规模为20亿元，优先级发行的年化利率为3.9%，期限3年。

此笔资产证券化产品属于全国煤炭行业首单出表型应收账款证券化产品，也是陕煤集团首次发行的资产证券化产品。20亿元规模的资产证券化产品为陕煤集团持续开发煤炭资源融到了一笔资金，拓宽了陕煤集团的融资方式，解决了煤炭产业链上下游企业融资金额大、使用周期长、抵押担保物单一的问题，增强了陕煤集团的抗流动性风险能力，有利于陕煤集团开发新技术，走高质量发展道路。

通过陕煤集团的资产证券化案例可以看到：首先，资产证券化产品作为能源资本化产品的一种重要形式，在能源企业融资方面具有较好效果；其次，资产证券化产品尤其适用于能源开发利用阶段；最后，资产证券化产品是一种加强能源产业链上下游合作的良好能源资本化工具。

第十六章　能源资本化平台体系建设方案

第一节　已有能源资本化交易平台建设

中国当前燃料油、动力煤、焦煤、焦炭、液化石油气等期货品种分散在综合性商品交易所如郑州商品交易所、大连商品交易所，专门性的能源资本化交易平台仅有上海国际能源交易中心，可以说能源资本化平台建设相对比较滞后。上海国际能源交易中心成立于2013年，目前该中心的能源类品种只有原油期货、低硫燃料油期货两种。为了更快地将中国目前唯一的能源资本化交易平台发展成为一个具有国际影响力的交易平台，应该从以下三个方面进行建设。

首先，推出更多能源资本化期货及其期权品种。上海国际能源交易中心的原油期货交易规模迅速攀升，很重要的原因是该期货品种属于国际化品种，允许跨境交易的存在。我们应该尽快推出更多的国际能源期货品种，并且为各个能源期货品种匹配相应的期权产品。

其次，提高上海国际能源交易中心的国际化程度。中国目前是世界上最大的能源生产国和消费国，拥有巨大的能源交易市场规模优势，但是长期以来中国在能源资本化领域的国际参与度比较低，导致能源定价权普遍掌控在发达国家手中。上海国际能源交易中心的原油期货虽然交易规模居全球第二位，但是作为一个新品种，还缺乏国际影响力。因此，应该不断提升上海国际能源交易中心的国际化程度，开放境外会员注册、对接国际交易规则、推出更多国际交易品种，以此提升中国在能源资本化领域的国际影响力。

最后，运用金融科技提升上海国际能源交易中心的技术水平。能源资本化交易平台的技术水平直接关系到交易效率、服务客户能力、风险预警能力、交易工具兼容性等各方面的业务能力。目前上海国际能源交易中心不断提升会员端、监控中心端、交易端的技术水平，还应该不断借助金融科技手段如大数据、区块链、人工智能等不断提升交易平台的业务能力，利用新平台没有技术路径依赖的优势，实现弯道超车。

第二节 新构建的能源资本化交易平台建设

一 构建能源资本化碳排放权等碳资产交易平台

减少温室气体排放、积极应对气候变化，已成为全球共识。2020 年 9 月中国向全球承诺，2030 年前二氧化碳排放量达到峰值，继而在 2060 年前实现碳中和。这一战略部署表明中国应对气候变化工作进入一个新的阶段，也使碳排放权交易作为一种低成本减排工具促进碳减排、助力碳中和的价值得到凸显，加速推进了全国统一碳市场建设进程。2020 年 12 月底，《2019～2020 年全国碳排放权交易配额总量设定与分配实施方案（发电行业）》《碳排放权交易管理办法（试行）》《纳入 2019～2020 年全国碳排放权交易配额管理的重点排放单位名单》颁布，中国碳排放权交易市场进入一个新的发展阶段。推动形成丰富的碳金融产品体系，有利于满足市场参与主体的多样化需求，更有利于充分发挥碳市场在价值发现、资产配置、风险管理、资金融通等方面的功能。

目前，中国正在借鉴国际经验，推进碳资产交易平台构建工作。2019 年发布的《粤港澳大湾区发展规划纲要》提出在广州设立以碳排放权为主题的交易平台。2020 年 5 月发布的《关于金融支持粤港澳大湾区建设的意见》进一步提出，要研究建立广州期货交易所，开展碳排放试点。2021 年 1 月 22 日，证监会批准设立广州期货交易所。广州期货交易所立足服务实体经济，服务绿色发展，秉持创新型、市场化、国际化的发展定位，对完善中国资本市场体系，助力粤港澳大湾区和国家"一带一路"建设，服务经济高质量发展具有重要意义。

碳排放权等碳资产交易平台构建工作应该注重以下四个方面。

第一，关注碳排放权交易市场的试点工作。中国开展碳排放权交易市场试点工作是从 2011 年开始的，为后续建立以碳排放权为代表性品种的碳资产交易平台提供了宝贵的经验。2013 年，深圳市排放权交易所作为中国第一家碳排放权交易所正式启动。可以在碳排放配额或减排量等传统碳资产交易业务的基础上，适时推出碳期货、碳掉期、碳期权等碳金融衍生产品，大力推动碳质押、碳回购、碳托管等融资业务发展。

第二，加快全国碳市场制度体系建设。立法先行，以较高层级的立法保证碳市场的权威性，尽快出台"全国碳排放权交易管理条例"，为碳市场体系建设提供法律支撑。另外，在《碳排放权交易管理办法（试行）》的基础上，进一步制定和完善相关配套制度和细则，指导企业开展碳交易工作。

第三，制定科学的碳配额分配机制。构建碳排放权交易平台的很重要的一点是必须具备科学合理的碳配额分配机制。目前国际上使用较多的分配方式有两种，一种是免费分配，另一种是有偿分配。碳配额直接决定了企业拥有的碳排放权可交易额度，实际上分配的是一种财产权。碳配额分配完成之后，就会在碳排放权市场上形成交易价格，也就是说碳配额分配机制对碳排放权期货的定价产生重大影响，当然也关系到碳资产交易平台能否稳定高效运行。

第四，扩大覆盖范围和参与主体。逐步扩大全国碳市场覆盖行业范围，适时将石化、建材、钢铁、有色、航空等行业纳入碳市场，设计更多的交易品种和准入机制，吸引更多的参与主体，提高碳市场活跃度，提升全社会对"碳达峰""碳中和"战略的实施参与度。

二　构建能源资本化清洁能源交易平台

清洁能源主要是指风能、太阳能、水能、地热能、核能等非化石能源，清洁能源发展对于保护生态、优化能源结构、改善全球气候意义重大。一方面，可以推出绿色债券、绿色信贷、绿色保险、绿色股票、绿色 ETF 等相关金融产品；另一方面，可以参照碳排放权等碳金融交易平台的构建模式适时推出清洁能源交易平台。中国提出了"碳达峰""碳中和"目标，这必然要求中国持续发展非化石能源。中国作为一个负责任的大国，在全球主要能源交易平台尚围绕化石能源展开的现状下，可以利用中国绿色金融的发展，推出清洁能源交易平台。例如，中国风能利用较多，尤其是在西北风力资源丰富的地区，可以考虑推出风力发电相关品种期货，以此构建清洁能源交易平台并逐渐丰富交易品种。清洁能源交易平台要注重国际化，与"一带一路"沿线国家加强合作，逐渐增强全球影响力。清洁能源交易平台还应当将大数据、区块链、人工智能等最新的金融科技运用起来，从而精准了解客户需求、合理进行风险定价、提升交易效率。

此处需要特别指出的是，在美国采取全面遏制中国经济发展的时代背景下，中国进行能源资本化市场支撑体系建设必然加剧中美之间在国际能源领域的政治博弈，使得利用美元霸权占据传统能源市场优势地位的美国不断打压中国。此时，以应对全球气候问题、保护生态环境为出发点，构建清洁能源或者非化石能源交易平台，恰恰是中国打破美国在国际能源市场支配局面的着力点。

三　构建能源资本化煤炭交易平台

中国的能源结构以煤炭资源为主，天然气、石油相对匮乏，将其他种类能源折算成煤炭进行对比，煤炭储量占 75% 以上。从能源生产结构来看，中国煤炭产量持续居全球第 1 位，2018 年生产 36.8 亿吨。从能源消费结构来看，约六成为煤炭，这种以煤炭为主的消费结构与欧美以石油为主的消费结构差别明显。[①] 当前中国的煤炭期货相关品种有郑州商品交易所的动力煤，大连商品交易所的焦炭、焦煤。全球煤炭定价基准由 HIS McCloskey 与阿格斯的 API 指数确定，相对于石油而言，煤炭定价没有那么稳固。

基于中国以煤炭为主的能源生产结构、消费结构，以及当前世界上煤炭定价基准并不像石油定价基准那样稳固，可以考虑构建煤炭交易平台。在煤炭交易平台上交易以煤炭期货、煤炭期货期权为主的能源资本化产品，同时，持续开发上市煤炭高附加值深加工、煤炭能源清洁化的新品种，并将这些品种设计为国际化交易品种，使用人民币进行交易结算，通过中国煤炭产量大国、消费大国的地位，不断提升中国在煤炭能源资本化领域的

---

① 数据来源于《中国矿产资源报告（2019）》。

国际定价话语权，最终在全球传统化石能源领域占有一席之地。

四 构建能源资本化天然气交易平台

中国天然气产量居全球第 6 位，2018 年产量为 1602.7 亿立方米；天然气消费量居全球第 3 位，2018 年消费量为 2850.0 亿立方米。[①] 天然气是中国除煤炭、石油之外的重要生产和消费能源。与国际石油市场由美国石油美元主导有所不同，天然气市场由欧洲、北美、亚太三个市场构成，彼此具有一定的独立性。在亚太地区，新加坡、韩国、日本纷纷争夺天然气的定价权，寻求通过设立天然气交易平台形成天然气的亚太基准价格。中国作为亚太地区的大国，具有天然气生产、消费规模巨大的优势，理应构建天然气交易平台，提升中国在该领域的国际影响力。

当前构建天然气交易平台的优势有中国天然气市场交易规模相对较大、天然气现货合约交易取得较大进展、天然气市场化制度不断落地、天然气管道基础设施发展迅速。可以考虑在华东地区建立中国的天然气交易平台，因为华东地区拥有西气东输、川气东输的主干运输管道，并且周边有江苏、福建等地的六座天然气接收站，此外华东地区的市场经济相对发达，制度环境相对有利于推进能源资本化。

第三节 能源资本化交易平台建设的关键措施

一 国际化：品种国际化、会员国际化、规则国际化

第一，增加能源资本化国际化品种。中国已经成为全球第二大经济体和第一大货物贸易国，大宗商品的进出口交易也非常频繁，但是国际化品种非常有限。截至 2020 年 11 月底，中国期货和期权品种共有 90 个，其中允许境外投资者参与的国际化品种仅 6 个。如果没有国际化能源期货品种以及配套的期权等其他金融衍生品，就无法让更多的境外投资者参与中国的能源品种交易，也就没有可能提升中国能源品种的国际影响力。

---

① 数据来源于《中国矿产资源报告（2019）》。

第二，增加能源交易的国际化会员。2007 年颁布的《中国金融期货交易所会员管理办法》限制了境外投资机构成为期货交易所会员。随着中国金融开放步伐的加快，2021 年 2 月 10 日，南华金融（英国）有限公司被正式批准成为大连商品交易所、郑州商品交易所和上海国际能源交易中心的境外会员中介机构。国际知名交易所的交易量有很大比例源于国际会员，这与中国期货交易量基本源于国内会员形成了鲜明对比。因此，应当持续增加能源交易的国际化会员，这样才能更快地扩大交易所的交易规模。

第三，能源交易规则与国际接轨。建立全球能源市场规则对接、产品服务互认、监管协同、基础设施互联互通机制，以及与国际交易规则衔接的纠纷解决机制。能源交易规则当然要符合一国实际情况，这样才能让本国资本更好地服务于能源开发利用，而为了提升国际影响力，中国的能源交易规则也应该在建立高水平开放体系的新发展格局下不断与国际接轨。

二 "一带一路"布局：合作机制、定价中心、境外交割库

根据美国期货业协会的数据，除中国之外，"一带一路"沿线国家 2016 年的商品期货交易量为 7.71 亿手，仅占全球商品期货市场交易量的 11.1%。而且这 64 个国家的 12 家交易所之间差异巨大，莫斯科交易所、印度多种商品交易所成交量之和占"一带一路"沿线国家商品期货市场总成交量的 91.7%。由此可见，"一带一路"沿线国家的商品期货市场并不发达，且发展不均衡。表 16-1 显示了美国期货业协会统计的 2016 年"一带一路"沿线国家交易所交易量，表格上半部分显示了除中国之外 64 个国家 12 家交易所的全球交易量排名情况，表格下半部分显示了中国各商品交易所的全球交易量排名情况。

表 16-1 2016 年"一带一路"沿线国家商品期货交易量排名

单位：万手，%

排名	交易所	商品期货交易量	总交易量	商品期货交易量占比	全球商品期货交易量排名	所属国家
1	莫斯科交易所	46224	187817	24.61	6	俄罗斯

续表

排名	交易所	商品期货交易量	总交易量	商品期货交易量占比	全球商品期货交易量排名	所属国家
2	印度多种商品交易所	24508	24508	100.00	7	印度
3	印度国家商品和衍生品交易所	2034	2034	100.00	11	印度
4	新加坡交易所	1703	17242	9.88	12	新加坡
5	马来西亚衍生品交易所	1142	1418	80.54	14	马来西亚
6	伊斯坦布尔证券交易所	502	9801	5.13	15	土耳其
7	巴基斯坦商品交易所	348	348	100.00	16	巴基斯坦
8	泰国期货交易所	292	6915	4.23	18	泰国
9	迪拜商品交易所	195	195	100.00	20	阿联酋
10	迪拜黄金与商品交易所	97	1967	4.94	22	阿联酋
11	印度尼西亚商品和衍生品交易所	56	56	100.00	24	印度尼西亚
12	布达佩斯证券交易所	0.2616	781	0.03	34	匈牙利
中国商品期货交易所（不包含港澳台）						
1	上海期货交易所	168071	168071	100.00	1	中国
2	大连商品交易所	153748	153748	100.00	2	中国
3	郑州商品交易所	107034	107034	100.00	4	中国

资料来源：美国期货业协会（FIA）。

针对"一带一路"沿线国家交易所的现状，可以从以下方面着手推进中国能源资本化平台的"一带一路"布局。

第一，与"一带一路"沿线国家交易所建立合作机制。"一带一路"沿线国家期货交易所的发展水平参差不齐，所以中国应该与这些国家的交易所建立差异化的合作机制。对于商品期货与期权交易相对发达的国家，如俄罗斯和印度，应主要在产品设计、信息交流等方面进行合作；对于马来西亚、巴基斯坦、土耳其等商品期货与期权交易相对落后的国家，应加强在技术手段、监管体制、交易规则层面的合作，为其提供一定程度上的借鉴。

第二，建立能源定价中心。可以上海期货交易所推出的原油期货为突破口，大力推进现有能源品种的对外开放。在"一带一路"沿线国家中，沙特阿拉伯、阿曼、阿联酋、伊拉克、卡塔尔、也门是全球能源供给国。中国目前是全球最大的原油进口国和消费国，应当利用中国在"一带一路"沿线的影响力，逐步建立一个立足区域、辐射全球、多元开放、举足轻重的能源定价中心，这样中国才能在提升本国国际实力的过程中，提升本国在能源贸易金融体系中的话语权。

第三，积极开展境外品牌注册及境外设立交割库工作。一方面，在品种开放过程中，可扩展境外品牌注册，丰富期货市场可交割资源量，有利于国际投资者参与，同时提升中国期货市场注册品牌和交割标准的国际影响力。另一方面，在"一带一路"沿线国家建立交割库，扩大资源配置范围，服务区域内贸易便利化。

三 推进大数据在能源资本化平台上的应用

大数据是基于现代信息技术的高度发达和信息获取方式的丰富多样而诞生的海量数据分析技术。大数据具有数据规模庞大、数据处理速度极高、数据种类繁多、价值密度较低的特征。大数据在各个方面都区别于传统的数据处理技术或手段，能够以一种极度细腻而庞杂的存在实现对自然世界和人类社会的全方位映射，从中提炼出规律，对未来做出一定的预判。

大数据分析技术可以被广泛地应用到能源资本化平台建设中。首先，可以使用海量交易数据对投资者行为进行分析，大幅提高期货交易所和期货公司的服务精准度，提升客户体验。其次，可以使用大数据分析技术建立并完善风险防范和预警机制，构建出基于大数据分析的强大量化指标体系，精准判断风险状态，进而采取有效措施予以应对。最后，可以使用大数据分析技术进行精准的交易客户画像，建立诚信信息系统，提高交易的可靠性和稳定性，极大地提高交易流动性。

四　推进区块链在能源资本化平台上的应用

区块链是基于分布式记账原理，使用去中心化共识机制维护具有不可篡改和分布特征的账本数据库，形成一个具有公信力的记账簿。区块链技术源于比特币交易的自动记录，环环相扣、不可修改、不可删除，每笔交易记录信息公开且准确无误。

区块链中的分布式总账技术允许能源品种交易商和其他市场参与者创造期货等衍生品的智能合约，这些衍生品合约本质上是加了"算法"（也就是能形成计算机代码基础的逻辑指令）并用法律语言来描述的法定协议。这些"可编程的"分布式账本能够公布和记录的不仅仅是贸易和结算记录，还有智能合约的条款和"输出"，如合同股价、价格变动押金的结算、原始押金的结算、原始押金的保管、债务更替和净额结算，以及与对手违约相关的出清存货管理。

五　推进人工智能在能源资本化平台上的应用

人工智能是对人的意识、思维的信息过程的模拟，其在初级阶段实现对简单劳动的替代，在第二阶段则尝试替代复杂劳动。人工智能目前已经在很多领域体现出超强运算能力和处理复杂模型的能力，主要表现为机器学习等自我进化过程。

将人工智能应用到能源商品期货及期权的交易平台，可以不断地识别出过往交易平台不断进步的关键因素，以及导致交易平台出现效率低下的原因。在不断的自我学习机制下，不断提升能源期货及期权交易平台的交易效率、服务水平，完善技术手段和交易规则。此外，机器学习还可以通过大量的交易数据学习过程，不断优化期货及期权的定价模型，帮助交易平台以更低成本、更高效率提升价值发现能力，合理进行风险定价。

六　提高能源资本化平台的研发能力

研发新的能源品种时要重点考察以下因素：第一，存在大量同质化的能源商品，这样才能实现标准化的规模交易；第二，能源价格存在大幅波动，这样才会引发投机者的参与；第三，存在大量套期保值需求，这样才能实现期货风险管理的价值；第四，其他能源交易所是否推出相关产品，以及同类能源期货产品的市场竞争状况。

要努力实现能源期货品种期权全覆盖，拓宽风险管理工具谱系，助力更多行业实现各产业环节畅通。注重产业链品种体系构建，助力稳定国内国际双循环。推进电力期货品种研发，实现煤电品种避险联动。推动碳排放权等碳期货产品的落地。

七 提高能源资本化平台的服务能力

配合新品种上市和期货市场对外开放，及时跟进开户规则完善、保证金监控、保障基金管理及使用等配套支持工作，提升市场服务质量，更加精准高效地满足市场需求。

引入银行、保险公司等金融机构，区块链、物联网等高新技术及相关产业组织，提供融资、保险、技术、仓储、物流等配套服务，构建场内与场外结合、金融与科技等多方位赋能的大宗商品生态圈。丰富场外工具体系。做好市场架构搭建和交易产品供给，提供交易后管理和清算等服务，满足实体企业在现货贸易、资源配置及风险管理中的多样性及个性化需求。

第十七章　能源资本化市场运行机制体系建设方案

第一节　完善能源资本化股权市场交易机制

一　推进探矿权、采矿权的股权市场交易

中国的矿产资源所有权属于国家，而矿业权（探矿权、采矿权）则可以进行转让。矿业权的市场化促进了矿产资源的开发利用，但是矿产资源的股权交易必须合法合规地进行。探矿权、采矿权的一级市场转让主要是指政府通过招拍挂等竞价方式将矿产资源的探矿权、采矿权有偿转让给民事主体。二级市场转让表现为平等的市场主体之间进行有偿转让，此时如果进行的是公司股权交易，则公司股权对应的探矿权、采矿权需要经过政府相关监管部门的审批，才能确认是否可以随同公司股权一并交易。

二　利用绿色金融股权市场助推能源资本化

绿色金融是指以金融资源支持绿色环保、节能减排、新型能源、废旧循环等项目发展的金融服务。

《中华人民共和国国民经济和社会发展第十四个五年规划和 2035 年远景目标纲要》已经正式发布，其中提到构建现代能源体系。加快发展非化石能源，坚持集中式和分布式并举，大力提升风电、光伏发电规模，加快发展东中部分布式能源，有序发展海上风电，加快西南水电基地建设，安全稳妥推动沿海核电建设，建设一批多能互补的清洁能源基地，非化石能

源占能源消费总量比重提高到 20% 左右。合理控制煤电建设规模和发展节奏，推进以电代煤。现代能源体系建设的关键一点就是绿色能源发展，这与绿色金融股权市场相当契合，因此，可以利用绿色金融股权市场助推能源资本化。

三 利用国家产业基金促进能源资本化股权交易

国家为了支持不同产业发展，会出台相应的产业政策，并配套相应的产业基金，诸如煤炭整合基金、煤炭可持续发展基金、智能电网产业基金、氢能产业投资基金、新能源产业投资基金等。国家能源产业基金具有投资周期长、投资金额大的特征，我们应当利用国家产业基金促进能源资本化股权交易。国家能源局于 2021 年 1 月牵头发起的新能源产业基金，发起规模 100 亿元，预计将撬动 500 亿元社会资金流向新能源产业。

第二节　促进能源资本化债权市场发育

一 利用世界银行等国际机构贷款助推能源资本化

以世界银行为代表的国际多边开发金融机构，是各国能源、交通、水利等基础设施融资的重要来源。世界银行是二战以后整个世界建立新秩序的一部分，致力于向后发国家提供贷款，并对后发国家的发展方式提供建议，倡导后发国家积极采取自由市场经济的发展方式。世界银行的资金主要用于教育、医疗、基础设施等领域的发展。按照《国际复兴开发银行协定》的规定，协助成员国经济的复兴与建设，鼓励不发达国家对资源进行开发是世界银行的核心目标。可以利用世界银行等国际机构的低息贷款助推能源资本化，对金融市场落后但能源资源丰富的地区提供支持作用。

二 利用中国政策性及商业银行贷款助推能源资本化

政策性贷款在能源领域相关的机构主要是国家开发银行。国家开发银行具有开发性金融的职责，根据国家的战略发展目标如"碳达峰""碳中和"及高质量发展等，结合国民经济发展"十四五"规划，对国家不同产业、不同地区进行相应的金融贷款支持。国家开发银行 2000～2017 年向能源基础设施项目投放了大量贷款，包括煤炭、石油、水电、天然气、核电和可再生能源等领域。商业银行的信贷融资一般以矿产资源矿业权和运输管道作为抵押品。围绕国家提出的"一带一路"发展倡议，国家开发银行及商业银行对"一带一路"沿线国家投资了相应的煤炭、天然气、石油等能源项目。

第三节　完善能源资本化资产评估机制

一　增加专业化评估机构并培养专业人才

能源资本化资产评估需要一批专业的评估机构及评估人才，这样才能为能源资产进行合理的价值评估。常规的资产评估机构不能胜任专业的能源资产评估，以矿产资源的评估为例，首先需要对矿产资源的潜在储量进行评估，其次要对矿产资源的产值进行评估，最后要对矿产资源的净值（扣除投资、税费、收益）进行评估。这样一套专业的能源资产价值评估流程需要特定的评估机构和专业人才，才能保证能源资本化的过程顺畅。目前中国虽然有部分专业的评估机构，但是依然难以满足市场需求，并且人才队伍的专业能力有待提升。因此，要完善能源资本化评估机制，应当增加专业化评估机构，并且提升人才队伍的专业能力。

二　改进能源资产价值评估方法

资产价值评估需要使用专业方法对资产的价值进行评估，最终形成可以货币表示的价值结果。资产价值评估的目的是为资产交易双方提供价格参考，从第三方角度增加交易价格确认过程的客观性。资产价值评估的方法主要有四种，这四种方法各有适用的场景，应该因地制宜、因时制宜地采纳，必要的时候应该采取组合评估的方式。

重置成本法是指在现实条件下重新购置或建造一个全新状态的被评估对象，以所需的全部成本减去资产贬值之后的差额作为被评估对象现有价值的一种评估方法。需要注意的是，重置成本法中的成本与历史成本不同。

历史成本是资产在设计或者存续之初花费的成本总和，而重置成本法中的成本是以当下的市场价格计算的成本。现金流折现法是用折现率或者最低收益率将资产产生的未来收益现金流与现在的投资本金进行换算。能源资产理论上是可以产生未来收益的，这种未来的收益表现为每年的现金流入。市场比较法是一种使用较多的方法，是指根据能源资产当前市场交易过程中的价格来确定被评估资产的价格的评估方法。市场比较法运用的前提是市场上有比较多的同类资产进行交易，已经在一定程度上形成了价值发现的局面。清算价格法使用的情况较为特定，即资产运营主体即将破产清算，用剩余的价值清偿债务和分配剩余权益。此时，不良资产处置的规则就会使得资产清算价值远低于该资产的市价。能源资产的价值评估应该结合具体的目的、情况，综合使用四种评估方法，客观、科学地为能源资本化交易提供参考依据。

三　能源资产价值评估的独立性

因为能源资产交易金额较大，所以更应该关注资产价值评估的独立性、客观性、科学性。在实际市场交易中，很多资产的价值评估行为缺少独立性，无法保证评估结果的客观合理。究其原因，主要是价值评估的费用由交易双方的其中一方支付，评估资料也主要由一方提供，假如资产评估机构无法提供符合委托人心理预期的评估结果，则可能收不到评估报酬。此外，资产价值评估委托方不关心评估方法和评估本身的工作质量，只关注评估收费价格，导致评估机构不再追求专业的服务质量。在这种情况下，资产价值评估的独立性受到严重影响，也就不能很客观地提供交易参考价格，不利于达成交易。

要解决能源资产价值评估机构独立性不足的问题，需要由监管部门设立一个资产价值评估机构数据库。能源监管部门进行市场化的遴选，并采取动态化的淘汰机制，筛选出专业度、公正性比较高的能源资产价值评估机构进入数据库。在能源交易双方需要进行价值评估时，从该数据库选择资产价值评估机构。

此外，对资产价值评估机构及从业人员加强监督。建立资产价值评估机构的基础数据库，使用信息化技术建立随机抽查机制，确保抽取过程客观、公正、透明。加强信息化建设，构建资产价值评估行业监管一体化管理信息平台，实现行政监管和行业自律信息共享，并接入国家"互联网＋监管"系统。加大监管成果运用，对发现的严重违反有关法律法规、屡查屡犯的资产价值评估机构及人员，将其列入失信"黑名单"，与其他监督部门共享。

第四节　促进人民币在国际能源交易结算中的应用

美元作为国际主要计价和结算货币，对美国获得能源国际定价权的作用不言而喻。考虑到石油存在的金融属性，中国与世界石油强国的能源金融博弈在所难免。中国应当不断加强人民币跨境支付系统等跨境业务基础设施建设，利用以区块链技术为典型代表的数字货币技术提高人民币跨境支付便捷度，不断增加境外人民币国际储备，提升国际业务人民币结算比率，基本保持人民币汇率稳定在合理的均衡区间内，实现人民币国际计价结算能力逐步提升。

依托"一带一路"倡议，通过亚投行等金融组织积极参与"一带一路"沿线金融投融资，稳固人民币的国际地位，降低石油美元汇率的变化所引致的价格风险，促进人民币在国际能源交易结算中的应用，提升人民币对能源的国际标价能力。

第五节　完善能源资本化法律制度

一　构建能源基本法与单行法完整体系

对比美国、日本与中国的能源法律体系可以发现，中国在能源基本法及单行法方面还存在较多缺失。美国的能源法律体系具有联邦和州两个层面，非常完备。在基本法方面，美国有《2005 国家能源政策法案》；在单行法方面，有《联邦电力法案》《国家节能政策法案》等。日本也已经具备完整的基本法和单行法，基本法为《日本能源政策基本法》，单行法包括对石油、煤炭、天然气、矿产资源等不同能源的单独立法。中国的能源法律体系还不完善，首先缺乏能源基本法，其次单行法不完备。中国的能源基本法《中华人民共和国能源法（草案）》已经提出十年有余，但是正式的能源基本法至今没有出台，严重制约了中国能源开发利用及能源资本化进程。单行法仅有《中华人民共和国电力法》《中华人民共和国煤炭法》等少数几部，石油、天然气等均没有出台单行法。能源基本法与单行法的缺失与中国作为世界上主要能源生产和消费大国的地位不相匹配，制约了能源资本化市场体系的构建，不利于能源开发利用，阻碍了经济高质量发展。因此，完善能源资本化法律制度，首先应该从构建中国能源基本法与单行法的完备体系着手。

二　出台期货法

中国期货市场基础制度建设已取得长足进步，但目前期货交易依据的最高法是《期货交易管理条例》，立法层级较低，不足以支撑当前日新月异的发展格局。目前中国还没有系统的期货法出台，应进一步完善期货市场法律制度体系。尽快出台期货法具有但不限于以下三个方面的必要性。第一，中国在大量期货交易的基础上取得了一些卓有成效的经验，这些成功的做法需要通过期货法固定下来。第二，期货交易属于高风险的金融衍生品交易，应该加大投资者保护力度。在期货公司遇到风险时如何通过风险隔离机制保护投资者权益，对一些不法市场主体的欺诈交易、操纵市场行为如何追究相关责任，这些都需要期货法予以规定。第三，随着中国期货交易的不断发展壮大，尤其是随着国际品种的推出，国际交易中的沟通协调机制需要期货法予以明确。

三　建立证券期货行业的专业仲裁机构

中国证券期货多元化纠纷解决机制正在不断完善，调解、诉讼、仲裁各有特点，各具优势。专业仲裁机构能够直接做出具有强制执行力的裁决，不必经过司法机关而将证券期货纠纷在行业内快速化解，有效提升证券期货行业纠纷化解效率。另外，裁决范围更为宽泛，能够适应日新月异的市场变化，对现有法律体系形成有效补充。仲裁裁决还具有广泛的域外执行效力，能够为中国资本市场对外开放提供有力支持。应当探索建立证券期货行业专业仲裁机构，进一步丰富投资者的权利救济渠道，更好地保护投资者的合法权益。

第六节　引入能源资本化做市商制度

一　适度引入做市商制度

当前证券交易机制有两种：一种是竞价交易制度，或者指令驱动制度；另一种是做市商交易制度，或者报价驱动制度。在竞价交易制度下，交易双方直接下达指令给经纪人即交易所会员，经纪人再下达指令至交易所，交易所按照价格优先和时间优先的原则进行竞价配对交易。此时，投资者直接与其他投资者交易而非与中间特定的做市商交易，成交价格完全由买卖双方确定。做市商交易制度是指由具备一定实力的法人作为做市商，不断向交易双方提供买卖报价，并按照自己所报价格接受买卖双方的交易要求，使用自己持有的资金或证券与买卖双方进行交易。做市商通过报价价差赚取收益。做市商的重要价值体现在为不活跃的期货市场提供流动性，避免出现交易活跃度的不连续，从而保证期货市场价值发现和套期保值功能的实现。

竞价交易制度与做市商交易制度之间的区别主要体现在三个方面。首先，价格形成机制不同。竞价交易制度的价格是系统内部生成的价格。做市商交易制度的价格是由做市商报价形成的，属于交易系统外部接受的价格。其次，交易成本不同。竞价交易制度中投资人承担的费用只有经纪人手续费，而做市商交易制度中投资人需要承担做市商报价的价差，也就是做市商的收益。最后，处理大额交易的能力不同。竞价交易制度在处理大额交易时效率不高，必须等到有匹配的指令价格才能成交。做市商交易制度则可以由做市商作为大额交易的对手方，不需要等到与投资者相匹配的其他投资人出现，因而提高了交易效率。

这两种证券交易机制各有优缺点，做市商交易制度在大额交易效率、价格持续稳定方面有明显优势，但是其对于投资人来说在交易费用、交易透明度方面不及竞价交易制度。当然，两种制度并非完全对立，可以逐渐融合使用。

中国两大证券交易所和三家期货交易所均采用竞价交易制度，而国际知名证券交易机构很多采用做市商交易制度。中国曾经在贵金属交易市场使用过做市商交易制度，但是当时市场发展程度还较低，监管不到位，做市商交易制度带来了操纵市场的情况，于是做市商交易制度很快被叫停。但是现在随着市场监管制度的完善，结合特有商品的交易，做市商制度可以作为一种辅助性的交易制度。

当前中国上海期货交易所的燃料油期货、低硫燃料油期货、原油期货引入了做市商制度，有利于提高期货合约的流动性，从而使得能源期货产品能够发挥价值发现和风险管理作用。未来中国的能源资本化市场体系可以针对更多能源品种适度引入做市商制度。

二 引入做市商制度的配套措施

第一，优化中国期货市场投资者结构。从中国期货市场投资者的现状来看，占有较大份额的仍是中小散户投资者，缺乏机构投资者。这样的投资者结构不利于做市商制度的引入。因为做市商需要承担连续双向报价义务，必须拥有雄厚的资金和具备存货条件，中小散户投资者多数达不到这样的要求。

第二，强化对做市商的监管。做市商制度的引入具有诸多积极作用，但同样具有风险。做市商应该承担的是创造市场、稳定市场的职能，因为其承担了市场不活跃时提高活跃度的义务，因此也相应地享有一定的特殊权利。如果做市商以实现个人利益为目的，恶意使用其优势地位欺诈投资者、合谋操纵价格损害市场，则不仅有违引入做市商的目的，也会带来更大市场风险。因此，与做市商相应的监管制度一定要及时到位。

第三，增加风险对冲工具。做市商在很大程度上承担了风险，为了避免做市风险需要进行风险对冲操作。如果缺乏风险对冲工具，当市场发生对做市商严重不利的情况时，要么做市商损失惨重，要么做市商拒绝履行应尽义务，这就导致做市商制度不能顺利实施，进而影响期货市场的健康发展。当前中国的金融市场还不足以为做市商提供充足的风险对冲工具，成为引入做市商制度的一大障碍。因此，需要增加风险对冲工具，加快做市商制度的推行。

第七节　构建能源资本化风险防范和预警机制

一　金融衍生品风险防范机制

针对中国能源金融衍生品可能面临的各种风险，要从风险防范主体、风范防范制度两大方面着手，构建风险防范机制。

从风险防范主体来说，加强五个方面的风险防范工作。第一，加强政府部门在防范风险中的作用。中国证监会是国务院授权的期货市场管理部门，负责制定期货市场的法律法规，批准设立期货交易机构，管理期货从业人员的资格，调查和处罚违反期货法律法规的行为。第二，加强行业协会在风险防范中的作用。行业协会是自律组织，作用体现在加强从业道德管理，具体为管理从业人员的资格、开展相关培训、仲裁解决交易中的纠纷。第三，加强交易所在风险防范中的作用。交易所是风险防范工作中的重要环节，应该从交易所层面加强风险防范。第四，加强经纪人在风险防范中的作用。应该加强经纪人单位的内部控制工作，使其行为符合衍生品交易的制度法规。第五，加强投资者在风险防范中的作用。对投资者持续进行教育，保护投资者权益。

从风险防范制度来说，加强两个方面的风险防范工作。第一，建立风险防范的流程化体系。梳理衍生品交易的常规风险点和例外风险可能之处，采用流程化体系定期巡查交易过程中是否存在风险，同时适当地结合随机抽查模式对风险控制情况进行及时跟踪。第二，完善风险防范法律法规。风险防范工作是金融衍生品交易市场必须持久进行的工作，而且需要由相应的法律法规进行保障，这样才能使金融衍生品的风险防范机制成为常态化的机制。

二　金融衍生品风险预警机制

金融衍生品的风险预警主要是指通过对市场交易数据的种种监控，建立分析指标体系，评估风险状况是否接近或达到风险阈值，根据风险等级发出风险警示信息，并根据预先设定的处置方案对应操作，降低或者消除风险造成的危害。风险预警机制由风险识别、风险度量、风险控制多个环节共同构成。

金融衍生品风险预警机制要发挥作用，一定要建立一套稳定可靠的风险预警指标体系。这套指标体系确定了需要观测的风险相关指标，并赋予其不同的权重，根据指标数值变化，量化显示风险等级。风险预警指标体系的建立应该考虑到以下方面：首先，指标数据的可得性，只有指标数据是可以比较便捷收集到的，才能提供及时的风险指标测算；其次，指标灵敏度要足够高，只有高灵敏度的指标体系才能实时反馈金融衍生品市场的真实情况；最后，指标权重设置要合理，不同的指标组合在一起，孰轻孰重是必须严谨对待的问题。

三　资本无序扩张的风险防范

中国能源富集区与金融发达区呈互不匹配的状态，东部金融资源较为丰富，大量资金需要寻找合适资产进行投资，而西部能源资源比较丰富但资本助力有待加强。在国内金融资本流动相对自由的环境中，只要政策上允许并且商业上存在赢利空间，资本就具有极强的激励进入西部能源产业，而不会存在资本稀缺的情况。因此，更重要的是防止资本引入过程中出现无序扩张的情况。

能源产业领域资本无序扩张的第一个重要问题就是权力、资本的贪腐交易。在能源资源领域探矿权证、采矿权证等各种审批过程中，可能会存在权力、资本的贪腐交易。例如，2020年根据中央纪委国家监委的建议，内蒙古自治区针对煤炭领域的违规违法行为，包括违法获取煤炭资源、违法审批配置煤炭资源、违法倒卖煤炭资源进行专项整治工作。专项整治的起始时间是2000年，也就是说要"倒查20年"，这基本上是从内蒙古煤炭资源开发利用之初就开始，可见问题之严重。针对权力、资本的贪腐交易，首先，应该加强行政审批的公开性、透明性，在符合国家能源安全的条件下，整个过程要进行信息公开；其次，加大对违法违纪人员的处罚力度，增加官员贪腐的成本；最后，加强外部监督，组织国家相关力量进行随机性督查。

能源产业领域资本无序扩张的第二个重要问题是收入分配差距扩大。

资本的引入有利于开发利用能源资源，有利于推进能源资本化整体进程。但在解放和发展生产力、提高能源资源利用效率的过程中，也应当关注收入分配的公平问题。当前中国已经消除了绝对贫困问题，正在朝着共同富裕的方向迈进，初次分配和再分配过程中都要兼顾效率和公平。针对资本无序扩张可能带来的收入差距扩大问题，首先，应该制定与能源开发利用配套的税收政策，以调节收入差距；其次，引导具有资本实力的大企业关注社会责任，履行其对员工、社区、社会的慈善责任。

四　国际能源危机的预警及风险防范

世界能源资源的分布是不均衡的，这就产生了能源危机的问题。国际能源危机是国际政治博弈与经济贸易发展到一定阶段的产物。当前中国面临的国际能源危机可能源于两个方面：一方面，能源输出垄断国或相应组织大幅提升能源价格；另一方面，美国为了遏制中国发展，利用美元霸权、军事霸权等手段限制其他能源输出国与中国的能源贸易。面对国际能源危机的冲击，在能源资本化过程中应该从以下方面做好防范措施：第一，建立国际能源交易市场及能源政治博弈动态指标预警体系；第二，防止中国自有能源资源在能源资本化过程中的过度开发和严重浪费，如关停低附加值开采的小煤窑；第三，持续鼓励支持清洁能源、非化石能源的技术研发和持续发展；第四，积极扩大国际能源合作，建立多边能源合作关系；第五，开展战略能源储备工作，以应对突发事件，保障国家安全。

第八节　完善能源资本化监管体制

一　完善三级监管体制

能源资本化作为一种与金融市场交易高度相关的行为，必须接受相应的监管。中国的金融监管基本实行的是三级监管体制。这套监管体制主要源于美国的政府、交易所、行业协会三层监管结构设计。三级监管体制虽然已经形成了稳定框架，但是在具体的工作中还需要不断细化、完善。

首先，政府监管主要是国务院授权中国证监会对证券、期货交易市场进行监管。中国证监会在各地又有下属分支机构，共同构成了政府监管这个层级。政府监管的主要工作是对证券或期货交易进行法律法规的立法工作、对交易所设立与否的审批工作、对从业人员的资格管理工作、对违反法律法规市场主体的调查和处罚工作。

其次，交易所监管主要是由各依法设立的证券、期货交易所进行的监管工作，包括交易会员审查工作，风险预警工作，以及保证金、涨跌停板等制度安排工作。

最后，行业协会监管主要是由证券协会对市场交易及其主体进行的自律行为监管。行业协会是自律组织，监管工作包括从业道德监管、从业人员资格和相关培训监管、交易纠纷仲裁监管。

二　完善监管关键举措

第一，简化行政审批。中国政府职能转变的一个重要体现就是简化行政审批，这也是国家治理能力和治理体系现代化的应有之义。能源资本化是一种借助市场力量达成的行为，必然会有很多创新和发展，只有简化行政审批，才能提高监管效能，让市场在资源配置中起决定性作用，更好地发挥政府的作用。

第二，加强事中、事后监管。能源资本化作为一种金融相关行为，需要大量的创新和尝试，以找到助推能源资源开发利用的资本利用方式。除了利用股权市场、债权市场，还需要利用期货、期权，甚至远期、收益互换、掉期等各种金融衍生产品，真正实现能源的定价机制有效和风险管理工具有效。这种情况下要事前制定能源资本化金融行为的规则，让其在规则范围内发挥创造性，更要通过事中、事后严格监管来坚决查处违反法律法规的行为，保证市场稳健运行。

第三，强调依法监管。中国正在不断完善依法治国，在能源资本化市场体系的完善过程中同样应该强调依法治国的重要性。在有法可依这个阶段已经取得较为明确的成效，但是还需要不断完善，如尽快出台期货法。有法必依也是依法治国很重要的一个体现。在当前能源资本化市场体系的完善过程中，应当减少窗口指导等临时性、不确定性的监管方式，更多地采取可预期的、确定性的法律法规进行监管。

参考文献

蔡纯，2009，《石油价格波动金融影响因素的实证研究——基于月度数据的 VAR 模型分析》，《价格理论与实践》第 10 期。

蔡纯，2010，《本次经济危机主要大宗商品期货价格波动性研究》，《金融理论与实践》第 2 期。

曹明德，2007，《矿产资源生态补偿法律制度之探究》，《法商研究》第 2 期。

曹霞，2014，《他山之"石"可以攻"玉"——国外矿产资源生态补偿法律制度考察》，《中国政法大学学报》第 1 期。

曹耀，2014，《要素分配理论视角下矿产资源资本化问题研究》，硕士学位论文，石家庄经济学院。

陈建平、黄伟、石松，2018，《对标世界一流交易所》，《中国证券期货》第 4 期。

陈德敏、姜凌舟，2013，《论城市矿产再生利用的法律规制》，《重庆大学学报》（社会科学版）第 5 期。

陈明华，2012，《基于金融因素的国际石油价格波动研究》，博士学位论文，山东大学。

陈明敏，2006，《国际石油定价权机制研究》，硕士学位论文，江西财经大学。

陈蓉、郑振龙，2008，《无偏估计、价格发现与期货市场效率——期货与现货价格关系》，《系统工程理论与实践》第 8 期。

陈曦，2019，《中国自然资源资产收益分配研究》，《中央财经大学学报》第 5 期。

崔雅斐，2016，《易逝品供应链的柔性回购契约协调研究》，硕士学位论文，重庆交通大学。

戴家权、田大地，2005，《从美国对油价的承受力看"高油价"之持续》，《国际石油经济》第9期。

杜海涛，2016，《中国清洁能源发展的主要问题与对策》，《化工管理》第26期。

杜辉、陈德敏，2012，《论〈矿产资源法〉制度重构的模式选择与具体路向》，《资源科学》第1期。

杜伟，2007，《原油期货投机与油价变动的关系》，《国际石油经济》第4期。

段进朋、许道荣，2007，《中国资源资本化过程中的资源产权问题及对策》，《郑州航空工业管理学院学报》第6期。

段进朋、许道荣，2008，《试述中国资源资本化过程中的产权问题》，《经济问题探索》第7期。

樊梦薇，2018，《欧盟强化可再生能源目标》，《能源研究与利用》第2期。

范林娟，1998，《资源资本化：欠发达地区摆脱贫困的根本出路》，《发展》第5期。

范振林，2011，《浅论矿产资源资产资本"三位一体"管理》，《中国矿业》第4期。

冯路、何梦舒，2014，《碳排放权期货定价模型的构建与比较》，《经济问题》第5期。

付英，2011，《论矿产资源、资产、资本一体化管理新机制》，《中国国土资源经济》第4期。

傅英，2006，《矿产资源法修订理论研究与制度设计》，中国大地出版社。

傅晶晶，2012，《中美石油资源法律制度比较研究》，《资源开发与市场》第11期。

高蓓、张明、邹晓梅，2016，《美、欧、日资产证券化比较：历程、产品、模式及监管》，《国际经济评论》第4期。

高征西，2013，《省级公益性地质调查队伍职能建设的思考》，《西部资源》第5期。

关伟、许淑婷，2015，《中国能源生态效率的空间格局与空间效应》，《地理学报》第6期。

管清友，2008，《国际油价波动的周期模型及其政策含义》，《国际石油经济》第 1 期。

郭冬卉，2012，《东北矿产资源的利用问题的探讨》，《科技创新导报》第
25 期。

韩继深、李欣蓓、冯林霏，2014，《矿业权流转问题及法律规制——矿业权
流转问题研究系列之三》，《中国国土资源经济》第 12 期。

韩茜、胡隽秋，2012，《新疆能源矿产资源开发补偿机制研究》，《能源环境
保护》第 5 期。

韩旺红、马瑞超，2013，《低碳约束下中国金融发展与全要素能源效率》，
《云南财经大学学报》第 4 期。

韩卫平、黄锡生，2020，《公民资源权的内涵及法律实现》，《中国地质大学
学报》（社会科学版）第 5 期。

郝鸿毅、曲会、庞雄奇、冯连勇，2008，《石油峰值是高油价的"幕后推
手"》，《国际石油经济》第 6 期。

何林兰、隋志纯，2018，《浅谈中国清洁能源的现状与存在问题》，《南方农
机》第 11 期。

侯佳贝，2016，《国际石油价格波动及其对中国经济影响研究》，博士学位
论文，吉林大学。

胡文伟、李湛，2012，《基于二叉树方法的障碍期权与标准期权价差分析模
型》，《上海交通大学学报》第 5 期。

胡中华，2011，《强化〈矿产资源法〉的执行力：〈矿产资源法〉修改的重
中之重》，《理论月刊》第 11 期。

胡中华，2020，《自然资源调查制度的建构逻辑与路径》，《中国地质大学学
报》（社会科学版）第 6 期。

胡自灵，2014，《资本市场对全要素能源效率的影响研究》，硕士学位论文，
湖南大学。

花永剑，2013，《大宗商品交易平台的风险防范机制浅析》，《特区经济》第
9 期。

黄国良、许之前、朱学义，2002，《矿产资源资本化问题的研究》，《煤炭学
报》第 6 期。

黄建初，1986，《中华人民共和国矿产资源法》，法律出版社。

简志宏、李霜、鲁娟，2011，《货币供应机制与财政支出的乘数效应——基于 DSGE 的分析》，《中国管理科学》第 2 期。

姜玉敬，2012，《将石油焦作为二次能源消耗限额定标铝用炭素行业值得商榷》，《中国金属通报》第 35 期。

蒋高振，2017，《可再生能源消费对经济增长影响的实证研究》，硕士学位论文，山东大学。

蒋加强，2005，《关于资源资本化问题的分析及思考》，《四川行政学院学报》第 06 期。

蒋文军、郭庆、郑海波，2011，《矿业权交易法律制度与实务操作》，中国法制出版社。

蒋正举，2014，《"资源－资产－资本"视角下矿山废弃地转化理论及其应用研究》，博士学位论文，中国矿业大学。

［美］克莱默、［美］沙雷西，2004，《石油市场模型——理论与应用经济学基础译丛》，王芳译，北京大学出版社。

李繁荣、郭丕斌、齐晓燕，2018，《以能源生产和消费革命推进绿色发展——基于马克思人与自然物质变换思想的研究》，《经济问题》第 10 期。

李国民，2005，《农村资源资本化运作问题探析》，《经济问题》第 7 期。

李国平、李恒炜、彭思奇，2011，《西方发达国家矿产资源所有权制度比较》，《西安交通大学学报》（社会科学版）第 2 期。

李辉，2019，《提升中国大宗商品定价话语权之我见》，《上海金融》第 11 期。

李德进，2013，《试论中国矿产资源法律制度的现况和缺陷》，《中国矿业》第 7 期。

李洪言、赵朔、林傲丹、刘飞、李雷、代晓东，2020，《2019 年全球能源供需分析——基于〈BP 世界能源统计年鉴（2020）〉》，《天然气与石油》第 6 期。

李瑞，2020，《矿业权转让法律和实务探讨——评〈矿业权转让法律实务〉》，《矿业研究与开发》第 1 期。

李若瀚，2017，《比较法视野下中国海外能源投资保障法律机制的构建》，《法学评论》第 6 期。

李霞、郭素文，2011，《从投资者角度看银行理财产品》，《中国证券期货》

第 12 期。

李显冬、杨城，2013，《关于〈矿产资源法〉修改的若干问题》，《中国国土资源经济》第 4 期。

李晓燕，2013，《矿产资源权利理论的历史演变——兼论私权理论在矿产资源法律制度构建中的基础地位》，《山西大学学报》（哲学社会科学版）第 6 期。

李因果、陈学法，2014，《农村资源资本化与地方政府引导》，《中国行政管理》第 12 期。

李志学、张肖杰、董英宇，2014，《中国碳排放权交易市场运行状况、问题和对策研究》，《生态环境学报》第 11 期。

李忠民、夏德水，2014，《国际能源金融问题研究进展》，《当代经济管理》第 9 期。

梁将，2014，《现阶段国际石油价格决定研究》，博士学位论文，南开大学。

梁将，2017，《国际石油价格历史博弈分析及未来走势预测》，《当代石油石化》第 8 期。

林永生、李小忠、阿依吐逊·玉素甫，2010，《石油价格、经济增长与可持续发展》，《北京师范大学学报》（社会科学版）第 1 期。

刘邦凡、张贝、连凯宇，2015，《论中国清洁能源的发展及其对策分析》，《生态经济》第 8 期。

刘超，2015，《中国页岩气开发管理的法律制度需求与架构——以波兰页岩气开发管理制度为镜鉴》，《社会科学研究》第 2 期。

刘超，2017，《可燃冰开发环境风险法律规制制度探究》，《中国地质大学学报》（社会科学版）第 2 期。

刘存柱，2004，《石油市场风险管理理论与方法研究》，博士学位论文，天津大学。

刘刚，2009，《中国大宗商品定价权缺失问题探析——以国际市场铁矿石与稀土定价为例》，《价格理论与实践》第 11 期。

刘惠杰，2005，《国际市场石油价格运行机制与中国的政策选择》，《上海财经大学学报》第 6 期。

刘练军，2016，《自然资源国家所有的制度性保障功能》，《中国法学》第

6 期。

刘顺、胡涵锦，2014，《自然资本化：福斯特生态学马克思主义批判的关键命题》，《中国地质大学学报》（社会科学版）第 1 期。

柳青、张书军，2013，《期货期权的保证金模式比较研究》，《证券市场导报》第 8 期。

陆曹懿，2018，《国际原油价格影响因素研究及对中国原油市场建设的启示》，硕士学位论文，上海社会科学院。

陆丰、顾元媚、黄思远，2017，《中国期货市场国际化的现状及路径研究》，《开发性金融研究》第 2 期。

鹿爱莉，2017，《中国矿产资源法律制度研究》，《国土资源情报》第 5 期。

吕铖钢，2016，《资源保护视域下资源税法律制度的完善》，《重庆工商大学学报》（社会科学版）第 5 期。

吕文生、杨鹏编，2009，《矿产资源法基础》，化学工业出版社。

栾政明，2013，《俄罗斯中亚国家矿产资源法》，中国政法大学出版社。

骆云、李文渊、臧遇时，2013，《论民国时期矿产资源法律制度的发展历程及其经验教训》，《国土资源科技管理》第 4 期。

马登科、张昕，2010，《国际石油价格决定的四个新特点》，《中国石油大学学报》（社会科学版）第 2 期。

马瑾，2008，《商品期货合约定价及影响因素研究》，博士学位论文，西南财经大学。

马俊海、张秀峰，2011，《专利实物期权定价的蒙特卡罗模拟方法及其改进技术》，《财经论丛》第 2 期。

梅孝峰，2001，《国际市场油价波动分析》，北京大学中国经济研究中心。

牟旷凝，2010，《蒙特卡洛方法和拟蒙特卡洛方法在期权定价中应用的比较研究》，《科学技术与工程》第 8 期。

聂华林、高新才，1999，《欠发达地区区域经济发展的战略创新》，《中国人民大学学报》第 2 期。

欧阳天健，2016，《论矿产资源补偿费与资源税法律制度的再协调》，《中国人口·资源与环境》第 1 期。

潘泽江，2011，《资源资本化：构筑特困民族地区经济社会内源式发展的长效机制——以恩施州鹤峰县为例》，《三峡大学学报》（人文社会科学版）第 5 期。

庞胜军，2014，《基于 G 布朗运动环境下的期权定价研究》，硕士学位论文，宁夏大学。

庞晓波、刘刚、何彬、李晓东，2008，《国际石油价格对中国宏观经济的影响——一个基于 MS—VECM 的分析框架》，《社会科学战线》第 7 期。

彭实戈，1997，《倒向随机微分方程及其应用》，《数学进展》第 2 期。

蒲勇健，1995，《斯塔克伯格垄断：世界石油产量与价格变动之谜的一种理论解释》，《经济科学》第 6 期。

祁兰夫、王禾，1990，《矿产资源立法的若干问题》，《中外法学》第 5 期。

秦扬、胡实，2012，《矿权法律制度问题基本探讨》，《改革与战略》第 1 期。

芮玉品、李军，2017，《中国进口原油情况与特性分析》，《炼油技术与工程》第 12 期。

沈振宇、王秀芹，2001，《自然资源资本化研究》，《生态经济》第 3 期。

沈振宇、朱学义，2000，《矿产资源总价值计量模型》，《有色金属（矿山部分）》第 3 期。

师博、单豪杰，2012，《能源消费、经济资本化与节能减排》，《财经科学》第 9 期。

施志源，2017，《自然资源用途的整体性管制及其制度设计》，《中国特色社会主义研究》第 1 期。

施志源，2019，《自然资源资产有偿使用的改革难点与规则完善》，《中国特色社会主义研究》第 2 期。

宋承国，2010，《中国期货市场的历史与发展研究》，博士学位论文，苏州大学。

宋玉华、林治乾，2007，《国际石油期货价格与现货价格动态关系的实证研究》，《中国石油大学学报》（社会科学版）第 5 期。

宋玉华、林治乾、孙泽生，2008，《期货市场、对冲基金与国际原油价格波动》，《国际石油经济》第 4 期。

苏建兰、郭苗苗，2015，《中国碳交易市场发展现状、问题及其对策》，《林业经济》第 1 期。

孙雪妍，2019，《国际海底矿产资源法的价值追求与制度模式》，《中国政法大学学报》第 3 期。

孙阳、郝举，2016，《中国与俄罗斯油气合作的法律环境分析》，《资源与产业》第 4 期。

孙泽生、管清友，2009，《投机与国际石油价格波动——基于贸易中介视角的分析》，《国际经济评论》第 2 期。

孙泽生、齐一蔚、赵红军，2021，《国际原油价格、管制与成品油价格不对称反应》，《中国矿业大学学报》（社会科学版）第 2 期。

佟新宇，2015，《油价波动对中国经济和产业的影响及对策研究》，硕士学位论文，对外经济贸易大学。

王博文，2016，《国际石油价格波动的影响因素分析研究》，硕士学位论文，北京交通大学。

王旦、王业斌，2021，《地方经济增长目标与产业结构升级——基于 2004～2016 年中国 260 个地级市的经验证据》，《商业研究》第 4 期。

王迪，2013，《中国煤炭产能综合评价与调控政策研究》，博士学位论文，中国矿业大学。

王继军，2008，《矿产资源有偿取得法律问题研究——以山西煤炭资源有偿使用为例》，《政法论坛》第 6 期。

王俭，1995，《洗煤产品是一次能源，还是二次能源?》，《中国统计》第 5 期。

王建刚，2017，《中国矿业权法律性质研究综述》，《昆明理工大学学报》（社会科学版）第 3 期。

王静，2012，《资源枯竭型城市经济转型问题研究》，硕士学位论文，西北师范大学。

王克稳，2019，《自然资源国家所有权的性质反思与制度重构》，《社会科学文摘》第 8 期。

王丽萍、许作良、马青华、乔海英，2012，《美式看跌期权定价的两种有限差分格式》，《数学的实践与认识》第 24 期。

王鹏、文琦，2018，《基于博弈论的矿产资源生态补偿机制研究——以榆林市为例》，《农村经济与科技》第 3 期。

王其营，2015，《能源生产力的分析和利用》，《现代橡胶工程》第 3 期。

王群勇、张晓峒，2005，《中国在 NYSE 上市公司的价格发现机制——基于永久短暂模型的实证分析》，《经济问题探索》第 6 期。

王士亨，2020，《采矿权法律属性的理论重构与制度改革》，《经济问题》第 1 期。

王维兴，2017，《中国钢铁工业能耗现状与节能潜力分析》，《冶金管理》第 8 期。

王雯，2012，《国际石油价格波动实证研究》，硕士学位论文，湖南大学。

王小萍、闫立宏，2014，《中国矿产资源生态补偿法律制度研究——以现行矿产资源税费法律制度为分析视角》，《中国政法大学学报》第 1 期。

王艳龙，2012，《中国西部地区矿产资源资本化研究》，博士学位论文，北京邮电大学。

王玉涛、俞华军、王成栋、解伟，2019，《生态资产核算与生态补偿机制研究》，《中国环境管理》第 3 期。

王中庆、王继军，2020，《新时代矿产资源国有化模式的探讨》，《云南财经大学学报》第 8 期。

魏帅、黄光球、聂兴信，2019，《多因素影响贡献度视角下矿产资源开发利益分配研究》，《煤炭工程》第 1 期。

魏一鸣、廖华，2010，《能源效率的七类测度指标及其测度方法》，《中国软科学》第 1 期。

魏一鸣、张跃军，2013，《中国能源经济数字图解 2012~2013》，科学出版社。

吴丽华、傅春，2007，《石油价格与汇率的相关性研究》，《福建金融》第 3 期。

吴鹏，2013，《论〈矿产资源法〉的修订：以矿区生态修复为要点的思考》，《南京工业大学学报》（社会科学版）第 1 期。

吴顺昌，2017，《大力发展清洁能源 打造云霄经济新引擎》，《经济师》第 11 期。

吴翔，2009，《国际原油价格波动与中国经济增长内在关联机制的计量研究》，博士学位论文，吉林大学。

吴志刚、张锦河、朱学义，2009，《新会计准则应用研究——煤炭企业会计核算办法设计》，中国矿业大学出版社。

伍世安，2016，《矿产的新资源观：从资源、资产到资本》，《企业经济》第1期。

向建群、刘云忠、尤孝才，2013，《矿产的资源化、资产化、资本化三位一体管理的经济研究》，《中国矿业》第1期。

谢贵勇，2018，《中国矿产资源资本化改革探索》，《南通大学学报》（社会科学版）第1期。

谢青霞、戴茂华，2011，《中国矿产资源法研究综述》，《生态经济》第1期。

谢远健，2020，《中国矿产资源保护立法现状与完善——评〈中国矿产资源保护立法创新研究〉》，《矿业研究与开发》第4期。

许利娟，2018，《中国新能源与可再生能源立法分析》，《法制博览》第8期。

许旭红、谢志忠、胥烨，2018，《中国金融发展对能源效率变动影响的实证研究——以省际面板数据为分析依据》，《东南学术》第6期。

严立冬、李平衡、邓远建、屈志光，2018，《自然资源资本化价值诠释——基于自然资源经济学文献的思考》，《干旱区资源与环境》第10期。

杨利雅、马秋，2004，《从物的角度对矿产资源法律制度的构筑分析》，《法学杂志》第6期。

杨柳、李力，2011，《货币冲击与中国经济波动——基于DSGE模型的数量分析》，《当代经济科学》第5期。

杨泽伟，2008，《中国能源安全问题：挑战与应对》，《世界经济与政治》第8期。

叶海洋，2019，《矿产资源基本问题与法律制度研究》，《中国国土资源经济》第3期。

阴宝荣，2013，《碳交易计价结算货币选择与人民币国际化展望》，《华北金融》第10期。

殷孟波、马瑾，2008，《国际油价变动比较分析》，《经济学动态》第9期。

余红燕，2003，《地方经济增长与资源资本化初探》，《山东行政学院山东省经济管理干部学院学报》第4期。

余泳泽、潘妍，2019，《中国经济高速增长与服务业结构升级滞后并存之谜——

基于地方经济增长目标约束视角的解释》，《经济研究》第 3 期。

张敦富、孙久文，2002，《论资源资本化、价格化是构建中国资源保障体系的基础工作》，《资源·产业》第 1 期。

张厚和、陈蓉，2007，《油气储量增长趋势预测方法及其在中国近海油气资源评价中的应用》，《天然气地球科学》第 5 期。

张剑虹，2009，《美国、日本和中国能源法律体系比较研究》，《中国矿业》第 11 期。

张维宸，2019，《论矿产资源属于国家所有》，《当代经济管理》第 8 期。

张文明、张孝德，2019，《生态资源资本化：一个框架性阐述》，《改革》第 1 期。

张昕、马登科，2010，《投机基金持仓头寸与国际油价动荡：1994—2009》，《广东金融学院学报》第 1 期。

张德英、杨银阁，2018，《浅谈对能源与环境的认识》，《居舍》第 19 期。

张译文，2012，《探索新时期中国煤炭期货交易发展前景》，《时代金融》第 21 期。

张德勇，2017，《资源税改革中的租、税、费关系》，《税务研究》第 4 期。

张忠民，2019，《矿业权纠纷司法救济的学理与裁判》，《求索》第 4 期。

赵河山、蒋晓全，2018，《中国大宗商品交易市场现状及发展建议》，《中国证券期货》第 6 期。

钟晓勇、潘弘韬、李彦华，2020，《中国自然资源资产产权制度改革的思考》，《中国矿业》第 4 期。

周慧羚、唐葆君、胡玉杰，2016，《中国石油期货市场的价格发现功能研究》，《中国能源》第 9 期。

周立、蒋莉莉、黎振宇，2010，《资源资本化推动下的中国货币化进程（1978～2008）》，《广东金融学院学报》第 5 期。

周丽婷，2018，《中国台湾地区可再生能源政策推动现状及未来展望》，《中外能源》第 8 期。

周明磊，2004，《事件对国际石油价格影响的时间序列分析》，《数学的实践与认识》第 8 期。

周子康、王实、杨衡，2005，《世界石油产量峰年的模拟分析》，《管理现代化》第 5 期。

朱清，2015，《矿产资源、资产与资本三位一体化研究》，《国土资源科技管理》第 2 期。

朱学义、戴新颖，2010，《论中国矿产资源资本化改革的新思路》，《中国地质大学学报》（社会科学版）第 6 期。

朱学义、黄国良、李强、黄元元、沈振宇，2000，《论矿产资源整体价值资本化》，《中南工业大学学报》（社会科学版）第 4 期。

朱燕、王有强，2016，《论矿产资源开发生态补偿税费制度的完善》，《税务研究》第 7 期。

庄元、薛东前、张茹茹，2017，《陕北黄土高原生态补偿机制研究》，《生态经济》第 1 期。

邹才能、王长会、崔玉波，2021，《碳中和目标与能源革命》，《石油知识》第 6 期。

邹敏，2015，《发展清洁能源相关问题分析及措施探讨》，《智富时代》第 12 期。

Adelman, M. A. , 1972, *The World Petroleum Market*, Washington, D. C. : Johns Hopkins University Press.

Alfano, S. J. , et al. , 2015, "Driven by News Tone? Understanding Information Processing When Covariates are Unknown: The Case of Natural Gas Price Movements", *Social Science Electronic Publishing*.

Alhajji, A. F. , D. Huettner, 2000, "OPEC and Other Commodity Cartels: A Comparison", *Energy Policy*, 28 (15): 1151 – 1164.

Ali, E. , 1976, "Future OPEC Price and Production Strategies as Affected by its Capacity to Absorb Oil Revenues", *European Economic Review*, 8 (2): 107 – 138.

Alquist, R. , 2013, "Forecasting the Price of Oil", CEPR Discussion Papers, 2 (A): 427 – 507.

Alquist, R. , L. Kilian, 2010, "What do We Learn from the Price of Crude Oil Futures?", *Journal of Applied Econometrics*, 25 (4): 539 – 573.

Alyousef, N. A. , 1998, *Economic Models of OPEC Behaviour and the Role of Sau-*

di Arabia, Guildford: Surrey Energy Economics Centre (SEEC), School of Economics Discussion Papers.

Arrow, K. J. , S. Chang, 1980, "Optimal Pricing, Use, and Exploration of Uncertain Natural Resource Stocks", *Journal of Environmental Economics and Management*, 9 (1) : 1 – 10.

Babula, R. A. , G. K. Price, 2012, "New Regulatory Authority Over Significant Price Discovery Contracts: An Example of Natural Gas Swaps With Econometric Applications", *Journal of Policy Modeling*, 34 (3): 372 – 388.

Bally, V. , G. Pagès, 2003, "Error Analysis of the Optimal Quantization Algorithm for Obstacle Problems", *Stochastic Processes & Their Applications*, 106 (1): 1 – 40.

Barsky, R. B. , L. Kilian, 2002, "Do We Really Know that Oil Caused the Great Stagflation? A Monetary Alternative", *NBER Macroeconomics Annual*, 16: 137.

Baumeister, C. , L. Kilian, 2012, "Real – Time Forecasts of the Real Price of Oil", *Journal of Business & Economic Statistics*, 30 (2) : 326 – 336.

Baumeister, C. , L. Kilian, 2013, "Forecasting the Real Price of Oil in a Changing World: A Forecast Combination Approach", *Social Science Electronic Publishing*, 33 (3): 338 – 351.

Bencivenga, V. R. , B. D. Smith, 1991, "Financial Intermediation and Economic Growth", *Review of Economic Studies*, 58 (2): 195 – 209.

Bencivenga, V. R. , B. D. Smith, 1993, "Some Consequences of Credit Rationing in an Endogenous Growth Model", *Journal of Economic Dynamics and Control*, 17 (1 – 2): 97 – 122.

Blanchard, O. J. , J. Galí, 2007, "The Macroeconomic Effects of Oil Price Shocks: Why Are the 2000s so Different from the 1970s?", MIT Department of Economics Working Paper: 7 – 21.

Brett, H. 1997, *Applications of GARCH Models to Energy Commodities*. Philadelphia: The Pennsylvania State University Press.

Chatrath, A., et al., 2016, "An Examination of the Flow Characteristics of Crude Oil: Evidence From Risk – neutral Moments", *Energy Economics*, 54: 213 – 223.

Chen, Y., K. He and G. Tso, 2017, "Forecasting Crude Oil Prices: A Deep Learning Based Model", *Procedia Computer Science*, 122: 300 – 307.

Chiu, C. L., et al., 2006, "Clearing Margin System in the Futures Markets—Applying the Value – at – risk Model to Taiwanese Data", *Physica A Statistical Mechanics & Its Applications*, 367: 353 – 374.

Coleman, L., 2011, "Explaining Crude Oil Prices Using Fundamental Measures", *Energ Policy*, 40 (1): 318 – 324.

Cremer, J., D. S. Isfahani, 1980, "A Theory of Competitive Pricing in the Oil Market: What Does OPEC Really Do", Working Paper.

Cremer, J., D. S. Isfahani, 1991, *Models of the Oil Market*, London: Taylor & Francis.

Cremer, J., M. L. Weitzman, 1976, "OPEC and the Monopoly Price of World Oil", *European Economic Review*, 8 (2): 155 – 164.

Dai, B., Y. Peng and B. Gong, 2010, "Parallel Option Pricing with BSDE Method on GPU", 9th International Conference on Grid and Cloud Computing (GCC 2010): 191 – 195.

Danielsen, A. L., E. B. Selby, 1980, "World Oil Price Increases: Sources and Solutions", *The Energy Journal*, 1 (4): 59 – 74.

Dean, J., S. Ghemawat, 2008, "Map Reduce: Simplified Data Processing on Large Clusters", *Communications of the ACM*, 51 (1): 107 – 113.

Dees, S., et al., 2007, "Exploring the International Linkages of the Euro Area: A Global VAR Analysis", *Journal of Applied Econometrics*, 22 (1): 1 – 38.

Diebold, F. X., R. S. Mariano, 1995, "Comparing Predictive Accuracy", *Journal of Business and Economic Statistics*, 13 (1): 134 – 144.

Doncker, E. D., et al., 2000, "Distributed Quasi Monte – Carlo Methods in a Heterogeneous Environment", 9th Heterogeneous Computing Workshop (HCW 2000): 200 – 206.

Efron, B. , et al. , 2004, "Least Angle Regression (with Discussions)", *The Annals of Statistics*, 32 (2): 465 – 469.

Eika, T. , K. A. Magnussen, 2000, "Did Norway Gain from the 1979 – 1985 Oil Price Shock?", *Economic Modelling*, 17 (1): 107 – 137.

Ewing, B. T. , M. A. Thompson, 2007, "Dynamic Cyclical Comovements of Oil Prices With Industrial Production, Consumer Prices, Unemployment, and Stock Prices", *Energy Policy*, 35 (11): 5535 – 5540.

Ezzati, A. , 1976, "Future OPEC Price and Production Strategies as Affected by its Capacity to Absorb Oil Revenues", *European Economic Review*, 8 (2): 107 – 138.

Fan, L. W. , et al. , 2016, "An ICA – based Support Vector Regression Scheme for Forecasting Crude Oil Prices", *Technological Forecasting and Social Change*, 112: 245 – 253.

Fan, Y. , J. H. Xu, 2011, "What has Driven Oil Prices Since 2000? A Structural Change Perspective", *Energy Economics*, 33 (6): 1082 – 1094.

Filippín, C. , F. Ricard and S. F. Larsen, 2013, "Evaluation of Heating Energy Consumption Patterns in the Residential Building Sector Using Stepwise Selection and Multivariate Analysis", *Energy & Buildings*, 66: 571 – 581.

Frankel, J. A. , 2006, "The Effect of Monetary Policy on Real Commodity Prices", NBER Working Papers.

Gately, D. , 1984, "A Ten – year Retrospective: OPEC and the World Oil Market", *Journal of Economic Literature*, 22 (3): 1100 – 1114.

Gerbessiotis, A. V. , 2010, "Parallel Option Price Valuations with the Explicit Finite Difference Method", *International Journal of Parallel Programming*, 38 (2): 159 – 182.

Ghosh, S. , 2009, "Import Demand of Crude Oil and Economic Growth: Evidence from India", *Energy Policy*, 37 (2): 699 – 702.

Gonzalo, J. , C. W. J. Granger, 1995, " Estimation of Common Long – Memory Components in Cointegrated Systems", *Journal of Business & Economic Statistics*, 13 (1): 27 – 35.

Greenwood, J. , B. Jovanovic, 1990, "Financial Development, Growth, and the Distribution of Income", *Journal of Political Economy*, 98 (5, Part 1): 1076 – 1107.

Haidar, I. , S. Kulkarni and H. Pan, 2009, "Forecasting Model for Crude Oil Prices Based on Artificial Neural Networks", 2008 International Conference on Intelligent Sensors, Sensor Networks and Information Processing: 103 – 108.

Hallock, J. L. , et al. , 2004, "Forecasting the Limits to the Availability and Diversity of Global Conventional Oil Supply", *Energy*, 29 (11): 1673 – 1696.

Hamilton, J. D. , 2009, "Understanding Crude Oil Prices", *The Energy Journal*, 0 (No. 2): 179 – 206.

Hammoudeh, S. , H. Li, 2005, "Oil Sensitivity and Systematic Risk in Oil – sensitive Stock Indices", *Journal of Economics and Business*, 57 (1): 1 – 21.

Hansheng, W. , L. Guodong and C. Tsai, 2010, "Regression Coefficient and Autoregressive Order Shrinkage and Selection via the Lasso", *Journal of the Royal Statistical Society*, 69 (1): 63 – 78.

Han, Y. , T. Hu and J. Yang, 2016, "Are there Exploitable Trends in Commodity Futures Prices?", *Journal of Banking & Finance*, 70 (C): 214 – 234.

Hart, O. , J. Moore, 1996, "The Governance of Exchanges: Members' Cooperatives Versus Outside Ownership", *Oxford Review of Economic Policy*, 12 (4): 53 – 69.

Hasbrouck, J. , 1995, "One Security, Many Markets: Determining the Contributions to Price Discovery", *The Journal of Finance*, 50 (4): 1175 – 1199.

Heal, G. , G. Chichilnisky, 1991, "Oil and the International Economy", *International Affairs*, 67 (3): 592.

He, B. , et al. , 2008, "Mars: A Map Reduce Framework on Graphics Processors", 2008 International Conference on Parallel Architectures and Compilation Techniques.

Hnyilicza, E. , R. S. Pindyck, 1976, "Pricing Policies for a Two – part Exhaustible Resource Cartel: The Case of OPEC", *European Economic Review*, 8

(2): 139 – 154.

Hotelling, H. , 1931, "The Economics of Exhaustible Resources", *Bulletin of Mathematical Biology*, 53 (1 – 2): 281 – 312.

Hout, I. , K. Ji and S. Foulon, 2010, "ADI Finite Difference Schemes for Option Pricing in the Heston Model with Correlation", *International Journal of Numerical Analysis & Modeling*, 7 (2): 303 – 320.

Humphreys, H. B. , 1997, *Applications of GARCH Models to Energy Commodities*, Philadelphia: The Pennsylvania State University Press.

Hyndman, R. J. , Y. Khandakar, 2008, "Automatic Time Series Forecasting: The Forecast Package for R", *Journal of Statistical Software*, 27 (3) : 1 – 22.

Jacquinot, P. , et al. , 2009, "An Assessment of the Inflationary Impact of Oil Shocks in the Euro Area", *Energy Journal*, 30 (1): 49 – 83.

Jing, Q. , 1992, "Two – step Testing Procedure for Price Discovery Role of Futures Prices", *Journal of Futures Markets*, 12 (2): 139 – 149.

Jin, M. , P. Protter and J. Yong, 1994, "Solving Forward – backward Stochastic Differential Equations Explicitly—A Four Step Scheme", *Probability Theory & Related Fields*, 98 (3): 339 – 359.

Jin, Q. , D. B. Thomas and W. Luk, 2009, "Exploring Reconfigurable Architectures for Explicit Finite Difference Option Pricing Models", 2009 International Conference on Field Programmable Logic and Applications: 73 – 78.

Johany, A. D. , 1981, "The Myth of the OPEC Cartel: The Role of Saudi Arabia", *The Economic Journal*, 91 (363): 767.

Kao, T. C. , C. H. Lin, 2010, "Setting Margin Levels in Futures Markets: An Extreme Value Method", *Nonlinear Analysis Real World Applications*, 11 (3): 1704 – 1713.

Kaufmann, R. K. , 2011, "The Role of Market Fundamentals and Speculation in Recent Price Changes for Crude Oil", *Energy Policy*, 39 (1): 105 – 115.

Kaufmann, R. K. , et al. , 2008, "Oil Prices: The Role of Refinery Utilization, Futures Markets and Non – linearities", *Energy Economics*, 30 (5): 2609 –

2622.

Kausik, C. , B. C. Daniel, 1998, "Long – run Equilibrium Real Exchange Rates and Oil Prices", *Economics Letters*, 58 (2): 231 – 238.

Kennedy, L. , M. Slaney and K. Weinberger, 2009, "Reliable Tags Using Image Similarity: Mining Specificity and Expertise from Large – scale Multimedia Databases", Workshop on Web – scale Multimedia Corpus (WSMC): 17 – 24.

Kilian, L. , B. Hicks, 2013, "Did Unexpectedly Strong Economic Growth Cause the Oil Price Shock of 2003 – 2008?", *Journal of Forecasting*, 32 (5): 385 – 394.

Kilian, L. , M. Dan, 2014, "The Role of Inventories and Speculative Trading in the Global Market for Crude Oil", *Journal of Applied Econometrics*, 29 (3): 454 – 478.

Kilian, L. , T. K. Lee, 2013, "Quantifying the Speculative Component in the Real Price of Oil: The Role of Global Oil Inventories", *Journal of International Money and Finance*, 42: 71 – 87.

Krugman, P. , 2000a, "Thinking About the Liquidity Trap", *Journal of the Japanese and International Economies*, 14 (4): 221 – 237.

Krugman, P. , 2000b, "The Energy Crisis Revisited", http://web. mit. edu/krugman/www/opec. html.

Krzak, M. , 2012, "Conception of Strategic Behaviours on the Local Mineral Market in the N – person Game Model – Issue Outline", *Gospodarka Surowcami Mineralnymi – Mineral Resources Management*, 28 (2): 67 – 86.

Kulkarni, S. , I. Haidar, 2009, "Forecasting Model for Crude Oil Price Using Artificial Neural Networks and Commodity Futures Prices", *International Journal of Computer Science and Information Security* , 2 (1): 1 – 8.

Leduc, S. , K. Sill, 2001, "A Quantitative Analysis of Oil – price Shocks, Systematic Monetary Policy, and Economic Downturns", *Journal of Monetary Economics*, 51 (4): 781 – 808.

Levine, R. , 1997, "Financial Development and Economic Growth: Views and

Agenda", *Journal of Economic Literature*, 35 (2): 688 – 726.

Levine, R. , 2012, "Stock Markets, Growth, and Tax Policy", *Journal of Finance Association*, 46 (4): 1445 – 1465.

Li, L. , et al. , 2018, "Travel Time Prediction for Highway Network Based on the Ensemble Empirical Mode Decomposition and Random Vector Functional Link Network", *Applied Soft Computing*, 73: 921 – 932.

Li, Y. , D. J. Crandall and D. P. Huttenlocher, 2009, "Landmark Classification in Large – scale Image Collections", 2009 IEEE 12th International Conference on Computer Vision : 1957 – 1964.

Lutz, K. , 2006, "Not All Oil Price Shocks Are Alike: Disentangling Demand and Supply Shocks in the Crude Oil Market", CEPR Discussion Papers, 99 (3): 1053 – 1069.

Lutz, K. , 2010, "Explaining Fluctuations in Gasoline Prices: A Joint Model of the Global Crude Oil Market and the U. S. Retail Gasoline Market", *Energy Journal*, 31 (2): 87 – 112.

Mabro, R. , 1987, *OPEC and the World Oil Market*, New York: Oxford University Press.

Ma, J. , P. Protter and J. Torres, 2002, "Numerical Method for Backward Stochastic Differential Equations", *Annals of Applied Probability*, 12 (1): 302 – 316.

Marcus, M. , L. Zhang, 1996, "Oil Price Hikes and Development Triggers in Peace and War", *Economic Journal* , 106 (435) : 445 – 457.

Mead, 1979, "Performance of Government in Energy Regulations", *American Economic Review*, 69 (2) : 352 – 356.

Miao, H. , et al. , 2017, "Influential Factors in Crude Oil Price Forecasting", *Energy Economics*, 68: 77 – 88.

Miao, H. , et al. , 2018, "The Impact of Crude Oil Inventory Announcements on Prices: Evidence from Derivatives Markets", *Journal of Futures Markets*, 38 (1): 38 – 65.

Mileva, E. , N. Siegfried, 2012, "Oil Market Structure, Network Effects and the Choice of Currency for Oil Invoicing", *Energy Policy*, 44 : 385 – 394.

Milunovich, G. , R. D. Ripple, 2006, *Hedgers, Investors and Futures Return Volatility: The Case of NYMEX Crude Oil*, Sydney: Macquarie University Press.

Moosa, I. A. , 1994, "The Monetary Model of Exchange Rates Revisited", *Financial Economics*, 4 (4): 279 – 287.

Nan, F. , et al. , 2014, "The Forecasting Accuracy of Electricity Price Formation Models", *International Journal of Energy and Statistics*, 2 (1): 1 – 26.

Nasseri, M. , K. Asghari and M. J. Abedini, 2008, "Optimized Scenario for Rainfall Forecasting Using Genetic Algorithm Coupled with Artificial Neural Network", *Expert Systems with Applications*, 35 (3): 1415 – 1421.

Nvidia, 2010, "Nvidia Cuda C Programming Guide", http://developer. nvidia. com/object/cuda_3_2_downloads. html.

Painuly, J. P. , H. Park, M. K. Lee and J. Noh , 2003, "Promoting Energy Efficiency Financing and ESCOs in Developing Countries: Mechanisms and Barriers", *Journal of Cleaner Production*, 11 (6): 659 – 665.

Panagiotidis, T. , E. Rutledge, 2007, "Oil and Gas Markets in the UK: Evidence from a Cointegrating Approach", *Energy Economics*, 29 (2): 329 – 347.

Papadimitriou, S. , J. Sun, 2008, "Disco: Distributed Co – clustering with Map Reduce: A Case Study towards Petabyte – Scale End – to – End Mining", *2008 8th IEEE International Conference on Data Mining*: 512 – 521.

Pardoux, E. , S. Peng, 1990," Adapted Solution of a Backward Stochastic Differential Equation", *Systems and Control Letters*, 14: 55 – 61.

Patterson, M. G. , 1996, "What is Energy Efficiency?", *Energy Policy*, 24 (5): 377 – 390.

Peng, S. G. , 1991, "Probabilistic Interpretation for Systems of Quasilinear Parabolic Partial Difierential Equations", *Stochastics and Stochastics Reports*, 37 (1): 61 – 74.

Peng, Y. , et al. , 2009, "Parallel Computing for Option Pricing Based on the Backward Stochastic Differential Equation", *Performance Computing and Ap-*

plications, 5938: 325 – 330.

Pesaran, M. H. , A. Timmermann, 1990, "A Simple Nonparametric Test of Predictive Performance", *Journal of Business and Economic Statistics*, 10 (4): 461 – 465.

Pindyck, R. S. , 1978, "Higher Energy Prices and the Supply of Natural Gas", *Social Science Electronic Publishing*, 2: 2.

Pindyck, R. S. , 1991, "Irreversibility, Uncertainty, and Investment", *Journal of Economic Literature*, 29 (3): 1110 – 1148.

Prast, G. W. , H. Lax, 1983, *Oil – futures Markets*, Lexington : Lexington Books.

Quan, J. 1992, "Two – step Testing Procedure for Price Discovery Role of Futures Prices", *Journal of Futures Markets*, 12 (2): 139 – 149.

Radchenko, S. , 2005, "Oil Price Volatility and the Asymmetric Response of Gasoline Prices to Oil Price Increases and Decreases", *Energy Economics*, 27 (5): 708 – 730.

Ravazzolo, F. , J. Vespignani, 2015, "A New Monthly Indicator of Global Real Economic Activity", Working Papers.

Robert, M. G. , C. Renato, 1996, "Strategy, Structure and Market Turbulence: The International Oil Majors, 1970 – 1991", *Scandinavian Journal of Management*, 12 (2): 165 – 188.

Rosenberg, N. , 1980, "Historical Relationship Between Energy and Economic Growth", *The Economic of Energy*, (1): 135 – 150.

Safari, A. , M. Davallou, 2018, "Oil Price Forecasting Using a Hybrid Model", *Energy*, 148: 49 – 58.

Sanders, D. R. , S. H. Irwin and R. M. Leuthold, 2000, "Noise Trader Sentiment in Futures Markets", *Models of Futures Markets*, 21 (5): 86 – 116.

Sari, R. , U. Soytas and E. Hacihasanoglu, 2011, "Do Global Risk Perceptions Influence World Oil Prices?", *Energy Economics*, 33 (3): 515 – 524.

Saunders, R. W. , R. J. K. Gross and J. Wade, 2012, "Can Premium Tariffs for Micro – generation and Small Scale Renewable Heat Help the Fuel Poor, and If So, How? Case Studies of Innovative Finance for Community Energy

Schemes in the UK", *Energy Policy*, 42 (1): 78 – 88.

Scotti, C. , 2016, "Surprise and Uncertainty Indexes: Real – Time Aggregation of Real – Activity Macro Surprises", *Journal of Monetary Economics*, 82: 1 – 19.

Serletis, A. , D. Banack, 1990, "Market Efficiency and Cointegration: An Application to Petroleum Markets", *Review of Futures Markets*, 9 (2): 372 – 385.

Shan, Y. , et al. , 2010, "FPMR: Map Reduce Framework on FPGA", *FPGA*, 10: 93 – 102.

Sill, L. K. , 2007, "Monetary Policy, Oil Shocks, and TFP: Accounting for the Decline in US Volatility", *Review of Economic Dynamics*, 10 (4): 595 – 614.

Silvapulle, P. , I. A. Moosa, 1999, "The Relationship Between Spot and Futures Prices: Evidence from the Crude Oil Market", *Journal of Futures Markets*, 19 (2): 175 – 193.

Slade, M. E. , C. D. Kolstad and R. J. Weiner, 1993, "Buying Energy and Non-fuel Minerals: Final, Derived, and Speculative Demand", *Handbook of Natural Resource & Energy Economics*, 3 (5): 935 – 1009.

Spooner, D. J. , R. Mabro, 1986, "OPEC and the World Oil Market: The Genesis of the 1986 Oil Price Crisis", *Journal of Rheumatol*, 38 (2): 2089 – 2091.

Stevens, P. , 2000, *The Economics of Energy*, Cheltenham: Edword Elgar Press.

Suard, F. , S. Goutier and D. Mercier, 2010, "Extracting Relevant Features to Explain Electricity Price Variations", 2010 7th International Conference on the European Energy Market: 1 – 6.

Sun, S. , et al. , 2018, "Interval Decomposition Ensemble Approach for Crude Oil Price Forecasting", *Energy Economics*, 76 : 274 – 287.

Tao, W. , Y. Jiang, 2010, "Nonlinearity and Intraday Efficiency Tests on Energy Futures Markets – Science Direct", *Energy Economics*, 32 (2): 496 – 503.

Verleger, P. , 1982, "The Determinants of Official OPEC Crude Prices", *Review of Economics and Statistics*, 64 (2): 177 – 183.

Wang, J. , et al. , 2018, "A Semi – heterogeneous Approach to Combining Crude Oil Price Forecasts", *Information Sciences*, 460 – 461: 279 – 292.

Wang, Y. , C. Wu, 2012, "Energy Prices and Exchange Rates of the U. S. Dollar: Further Evidence from Linear and Nonlinear Causality Analysis", *Economic Modelling*, 29 (6): 2289 – 2297.

Wan, J. , et al. , 2006, "A Parallel Quasi – Monte Carlo Approach to Pricing Multidimensional American Options", *International Journal of High Performance Computing and Networking*, 4 (5 – 6): 321 – 330.

White, T. , 2010, *Hadoop: The Definitive Guide*, California: O'Reilly Media Inc. Press.

Yang, H. , et al. , 2007, "Map – reduce – merge: Simplified Relational Data Processing on Large Clusters", *Database Systems for Advanced Applications*, 5463: 308 – 322.

Zhang, J. L. , Y. J. Zhang and L. Zhang, 2015, "A Novel Hybrid Method for Crude Oil Price Forecasting", *Energy Economics*, 49: 649 – 659.

Zhang, N. , et al. , 2012, "CPU – GPU Hybrid Parallel Binomial American Option Pricing", *Lecture Notes in Engineering and Computer Science*, 2196 (1): 1157 – 1162.

Zhang, T. , S. Zhang and D. Zhu, 2009, "Finite Difference Approximation for Pricing the American Lookback Option", *Journal of Computational Mathematics*, (4): 11.

Zhao, W. , L. Chen and S. Peng, 2006, "A New Kind of Accurate Numerical Method for Backward Stochastic Differential Equations", *Siam Journal on Science Computing*, 28 (4): 1563 – 1581.

Zhong, M. , A. F. Darrat and R. Otero, 2004, "Price Discovery and Volatility Spillovers in Index Futures Markets: Some Evidence from Mexico", *Journal of Banking and Finance*, 28 (12): 3037 – 3054.

图书在版编目(CIP)数据

能源资本化及其市场支撑体系建设研究／冯涛等著
. -- 北京：社会科学文献出版社，2023.1
ISBN 978 - 7 - 5228 - 0894 - 9

Ⅰ.①能… Ⅱ.①冯… Ⅲ.①能源经济 - 资本市场 -
市场建设 - 研究 - 中国 Ⅳ.①F426.2

中国版本图书馆 CIP 数据核字(2022)第 198413 号

能源资本化及其市场支撑体系建设研究

著　　者／冯　涛 等

出 版 人／王利民
责任编辑／颜林柯
责任印制／王京美

出　　版／社会科学文献出版社·经济与管理分社 (010) 59367226
　　　　　　地址：北京市北三环中路甲 29 号院华龙大厦　邮编：100029
　　　　　　网址：www.ssap.com.cn
发　　行／社会科学文献出版社 (010) 59367028
印　　装／三河市龙林印务有限公司

规　　格／开　本：787mm×1092mm　1/16
　　　　　　印　张：17.25　字　数：275 千字
版　　次／2023 年 1 月第 1 版　2023 年 1 月第 1 次印刷
书　　号／ISBN 978 - 7 - 5228 - 0894 - 9
定　　价／138.00 元

读者服务电话：4008918866